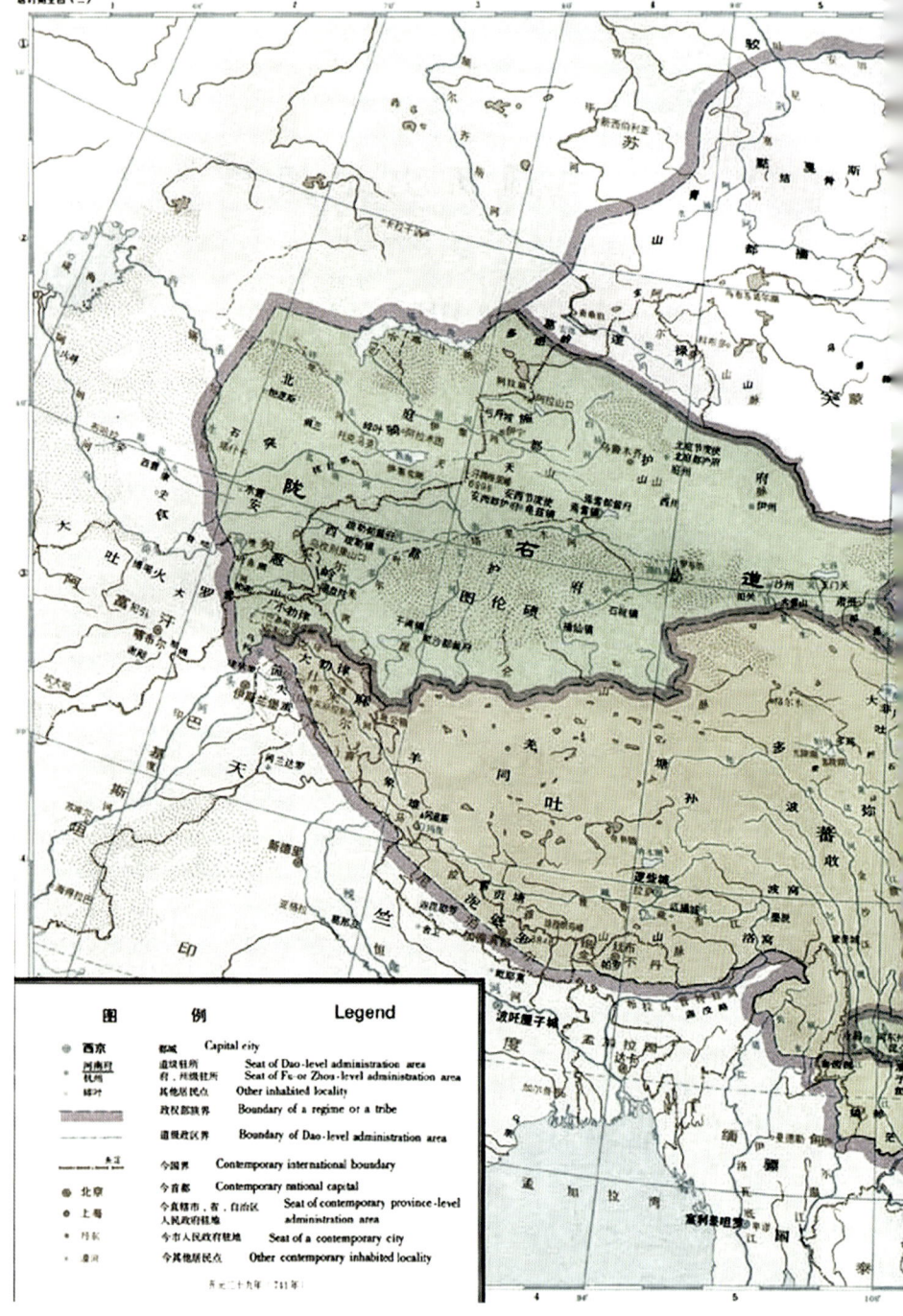

唐开元二十九年（741年）疆域图

安禄山史思明评传

牛致功 著

陕西新华出版传媒集团
三秦出版社

图书在版编目（CIP）数据

安禄山史思明评传 / 牛致功著. —西安：三秦出版社, 2000.06（2020.10重印）
（隋唐历史人物丛书 / 赵文润主编）
ISBN 978-7-80628-408-7

Ⅰ.①安… Ⅱ.①牛… Ⅲ.①安禄山（？~757）-评传②史思明（？~761）-评传 Ⅳ.①K827=42

中国版本图书馆CIP数据核字(2000)第22284号

安禄山史思明评传

牛致功 著

出版发行	陕西新华出版传媒集团　三秦出版社
社　　址	西安市雁塔区曲江新区登高路1388号
电　　话	（029）81205236
邮政编码	710061
印　　刷	西安创维印务有限公司
开　　本	850mm×1168mm　1/32
印　　张	10.5
插　　页	16
字　　数	216千字
版　　次	2000年5月第1版 2020年10月第2次印刷
印　　数	5001-11000
标准书号	ISBN 978-7-80628-408-7
定　　价	82.00元
网　　址	http://www.sqcbs.cn

唐玄宗像

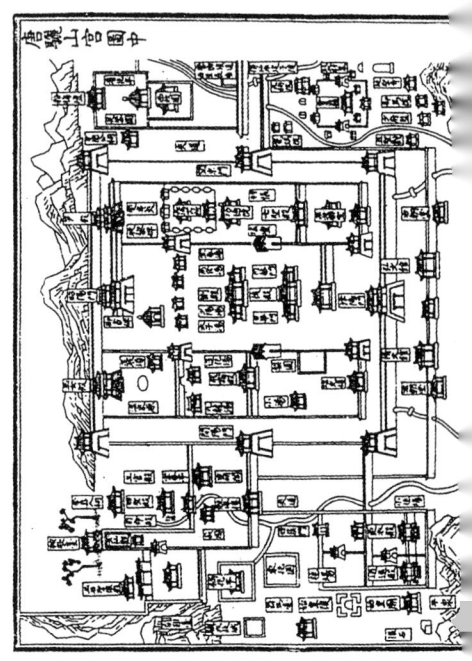
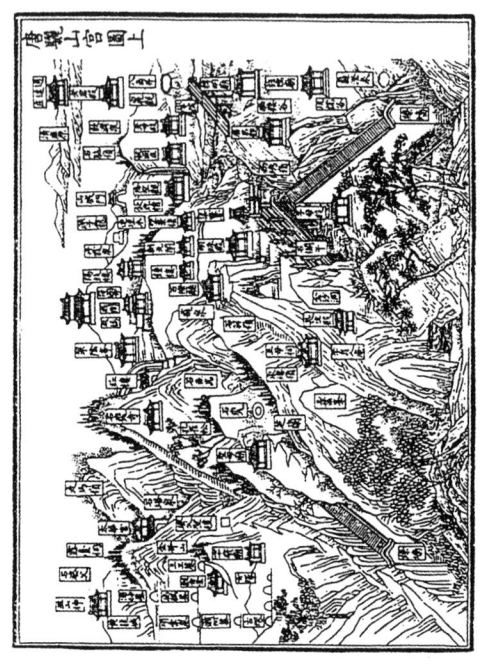
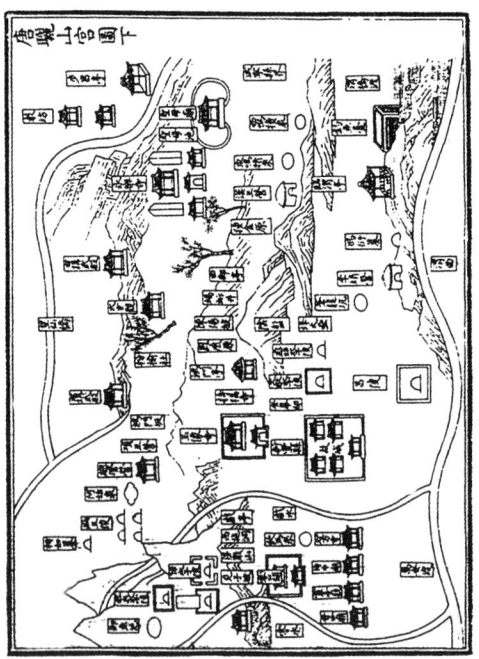

驪山溫泉自秦漢以來為遊幸之所唐貞觀十八年始營宮殿名曰湯泉宮咸亨二年改名溫泉宮天寶六載更加脩治環山列宮殿又築羅城置百司區署改名華清宮以所湯為御湯又造長生殿名集靈臺以祀天神其他殿宇以千百數不可勝紀樓觀之名曰飛霜曰九龍曰鬭雞曰鬬鷄曰宜春曰玉女曰明珠曰長生曰集靈曰朝元曰羯鼓以備奏樂玉蓮曰芙蓉曰宜春曰七聖殿其內湯有九一曰御湯一曰貴妃湯一曰長湯一曰太子湯一曰少陽湯其餘以賜公卿故楊妃浴處曰海棠湯明皇浴處曰蓮花湯以石甃之雕鐫魚龍鳧雁瑞蓮之狀又嘗為白石雕瑩如玉又湯中壘瑟瑟及丁香為山以狀瀛洲方丈殿前有望京樓中宗神龍三年中宗幸新豐之溫湯

欽定四庫全書　長安志圖卷下

驪山今在臨潼縣之北古之新豐縣在今臨潼縣東北五里驪山北麓即華清宮之故址也又有故驪邑城在縣東北三十里亦驪山北麓也此圖在長安之東舊志未知孰是

長安志圖卷下

清乾隆五十五年，偃师县知事汤毓倬重修颜真卿墓，河南尹张松孙题写墓碑。

明·万历三十三年偃师知县吴江进士吕纯如重修颜真卿墓，撰写重修墓碑记碑。

康熙四十六年 吉旦 立
文林郎知偃师县事清湘蒋如昇撰文

现存陕西富平文管所的李光弼碑

明皇避暑图(声)

杜甫在偃师娶妻成室，殁后又归葬偃师。

位于河南偃师的杜甫墓

位于陕西兴平西的杨贵妃墓

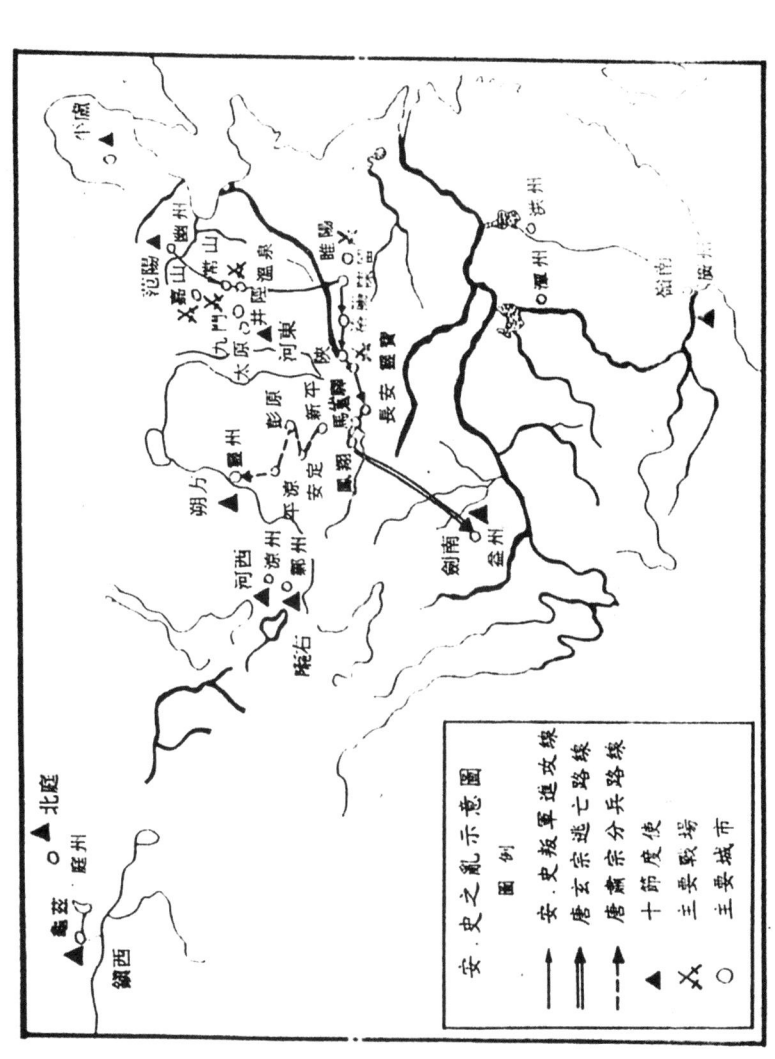

山东陵县唐平原郡城墙遗址

山东陵县唐平原郡护城河遗址

颜真卿平原太守任上为防御安禄山烧制的绊马石

序

牛致功教授是著名的唐史专家，学识渊博，名重士林，道德文章，受到学界的推崇。在牛先生众多的研究成果中，《安禄山史思明评传》是很有特色的一种。此书于2000年被纳入"隋唐历史人物丛书"，由三秦出版社出版。当时印了5000册，不久即告售罄。现在，三秦出版社应广大读者要求再版此书，说明此书是深受欢迎的。在此书重印之际，牛先生同门诸弟子委托我写序，我感到非常荣幸。

历史人物是历史的创造者，特别是一些重要的历史人物，在历史发展的关节点上往往起到举足轻重的作用。因此，古往今来，历史学家都很重视对历史人物的研究，为历史人物树碑立传的也不在少数。但人们关注的历史人物，一般都是正面人物，很少有人给反面人物写传。牛致功教授认为，一些重要的反面人物也有重要的研究价值，因为他们也对历史的发展产生了重大影响。正是基于这种考虑，他撰写了这部《安禄山史思明评传》。安禄山和史思明是"安史之乱"的罪魁祸首。他们所发动的叛乱历时八年，导致了唐朝由盛到衰的转变。为罪大恶极的人物立传，是本书的一大特色。

前人所写的人物传记，无论是"正传""本传""大传"，还是"评传"，传主基本上都是一个。比如《孔子评传》《司马迁大传》《武则天本传》《王安石评传》等，都是给一个人立传。本书则与此不同，传主是两个人物，一个是安禄山，一个是史思明。为什么要在一本书中给这两个人物同时立传？因为这两个人物的关系十分密切。正如牛致功先生的好友赵文润教授所说："二人不仅同年生，而且同日发动叛乱。写二人可以完整地叙述安史之乱的全过程，可以深刻揭示安史之乱爆发的原因及影响。"为两个历史人物同时立传，是本书的另一特色。

二十年来，我曾多次拜读过牛致功老师的这部著作。之所以多次拜读，不仅是因为此书很有特色，而且是因为此书很有价值。在这本书中，牛致功教授根据大量史料，对安史之乱发生和演变的全部经过进行了详细的论述，表现出杰出的驾驭史料的能力，仿佛他亲身经历了安史之乱，娓娓道来，生动逼真。通读本书，我们似乎穿越历史，回到了战火纷飞的动乱年代，亲眼目睹了唐朝由盛到衰的转变，心灵会受到震撼。在这本书中，牛致功教授还以史学家的神来之笔，对安史之乱的前因后果和演变机制进行了独到的研究，深入分析了安禄山、史思明叛乱的性质和影响，认真总结了历史的经验和教训。通读本书，我们可以清楚地看到，唐王朝在进入"开元盛世"之后，统治者居安忘危，骄奢淫逸，为安史之乱的发生埋下了祸根。安禄山和史思明虽然一时得计，但又重蹈玄宗覆辙，最终没有逃脱失败的命运。安史之乱不仅打破了唐朝统一强盛的格局，直接导致了唐朝的衰落，而且对整个东亚的政治格局产生了深远的影响，其教训是极为深刻的。我们学习历史，就是要当好历史的学生，以历史为镜鉴，纵观波谲云诡的历史画卷，思考王朝演变的历史规律，吸取历史的经验和教训。

牛致功教授已经是九十多岁的老人，但对历史文化的传承依然极为关心。去年，他捐款一百万元为陕西师范大学历史文化学院设立了"隋唐史研究传承奖学金"。今年，又精选了自己数十年来所撰写的学术论文，准备出版精品学术论文集。对此，我们都非常敬佩。在这里，我想把最好的祝福送给牛致功教授：祝牛先生健康长寿！愿我国优秀的历史文化得到传承。本书的出版，得到西安开顿国际工程有限公司的资助，谨代表牛门弟子表示感谢。

王双怀

2020年8月18日

王双怀，陕西师范大学历史文化学院教授、博士生导师，兼任中国武则天研究会会长、央视《百家讲坛》主讲人。长期从事中国古代史、中国文化史和中国历史地理的教学与研究。主持建设国家级精品资源共享课——中国古代史和国家级视频公开课——灿烂的唐代文化。出版学术著作40部，发表论文近200篇。

目 录

序 …………………………………………… 王双怀
引言 ……………………………………………（1）
一 太平盛世中孕育危机 ……………………（6）
  1 频繁的宫廷动乱 ………………………（6）
  2 玄宗结束宫廷动乱，稳定政局 ………（9）
  3 玄宗积极进取的精神状态 ……………（11）
  4 政治革新 ………………………………（12）
  5 重视发展农业生产 ……………………（16）
  6 发展学术文化 …………………………（18）
  7 经济文化的繁荣 ………………………（20）
  8 玄宗的转变 ……………………………（22）
  9 政治腐败 ………………………………（24）
  10 危机四伏 ……………………………（28）

二 从营州杂胡到镇边大吏 ……………………………… （33）
1. 安禄山的家世 ……………………………………… （33）
2. 阳奉阴违，诈取高官 ……………………………… （36）
3. 得寸进尺，身兼三镇节度使 ……………………… （40）

三 安禄山与杨贵妃 ……………………………………… （44）
1. 杨贵妃其人 ………………………………………… （44）
2. 安禄山视杨贵妃为母 ……………………………… （46）
3. 安禄山叛乱与杨贵妃无关 ………………………… （49）

四 安禄山与杨国忠争斗，叛唐阴谋日益得逞 ………… （51）
1. 杨国忠其人 ………………………………………… （51）
2. 安禄山与杨国忠的明争暗斗 ……………………… （56）
3. 厉兵秣马，准备叛唐 ……………………………… （60）

五 范阳举兵，进陷东都 ………………………………… （64）
1. 杨国忠为安禄山叛乱提供了口实 ………………… （64）
2. 借口讨伐杨国忠，举兵南下 ……………………… （68）
3. 长驱直入，攻陷东都 ……………………………… （71）

六 安禄山叛军所到之处，屡遭军民痛击 ……………… （76）
1. 颜杲卿以身殉职 …………………………………… （76）
2. 颜真卿屡挫叛军 …………………………………… （80）

3　张巡、许远苦战睢阳 …………………………… (85)
　　4　鲁炅捍卫江、汉 ………………………………… (95)
七　郭子仪、李光弼直捣安禄山后方 ………………… (98)
　　1　郭子仪率军东进 ………………………………… (98)
　　2　李光弼初建战功 ………………………………… (99)
　　3　常山大战 ……………………………………… (102)
　　4　安禄山惊慌失措，怒斥幕僚 ………………… (104)
八　安禄山洛阳称帝，唐玄宗离京出走 ……………… (107)
　　1　唐军溃退，封常清、高仙芝被杀 …………… (107)
　　2　安禄山自称大燕皇帝 ………………………… (111)
　　3　叛军攻陷潼关 ………………………………… (112)
　　4　玄宗放弃长安，仓皇出走 …………………… (117)
　　5　叛军进占长安 ………………………………… (120)
九　肃宗灵武即位，决心平定安禄山叛乱 …………… (123)
　　1　马嵬驿兵变，玄宗南走成都 ………………… (123)
　　2　太子顺水推舟，北去灵武即位 ……………… (128)
　　3　肃宗重用李泌，巩固其地位 ………………… (133)
　　4　开始反攻，初战失利 ………………………… (137)
十　安禄山被杀，安庆绪继续叛乱 …………………… (141)

1 众叛亲离，安禄山被杀 …………………………（141）

2 安庆绪继续叛乱 …………………………………（145）

3 郭子仪攻取河东 …………………………………（146）

4 叛军西进，威胁肃宗 ……………………………（149）

十一 史思明力量日益强大 ………………………………（151）

1 史思明的出身 ……………………………………（151）

2 史思明与安禄山叛乱 ……………………………（154）

3 太原之战 …………………………………………（156）

4 史思明与安庆绪 …………………………………（160）

十二 唐军反攻长安，安庆绪弃洛北走 …………………（162）

1 叛军在长安的溃败 ………………………………（162）

2 肃宗稳定长安 ……………………………………（167）

3 唐军步步东进，安庆绪退保邺郡 ………………（171）

4 肃宗怎样处理投降安禄山的唐朝官员 …………（174）

5 史思明降唐复叛 …………………………………（181）

十三 邺郡大战与史思明取代安庆绪 ……………………（187）

1 唐军进逼邺郡 ……………………………………（187）

2 史思明援邺实为夺权 ……………………………（190）

3 唐军重新调整部署力量 …………………………（197）

十四　史思明大举南下，再陷洛阳 ………………………（202）

1　汴州唐军受挫，史思明进据洛阳 ………………………（202）

2　河阳之战 …………………………………………………（206）

3　史思明继续扩张势力 ……………………………………（211）

4　唐军进攻洛阳失败 ………………………………………（213）

十五　祸起萧墙，史思明被杀 ……………………………（216）

1　父子不和，史思明被杀 …………………………………（217）

2　唐内部矛盾重重，影响平叛 ……………………………（222）

3　李光弼、郭子仪东山再起 ………………………………（231）

十六　安禄山、史思明与洛阳 ……………………………（236）

1　洛阳具有京师的作用 ……………………………………（236）

2　洛阳是唐与安禄山、史思明争夺的主要目标 …………（241）

3　洛阳的得失与安禄山、史思明的兴亡 …………………（246）

十七　唐军反攻洛阳，史朝义垂死挣扎 …………………（252）

1　唐廷调整部署联络回纥，准备反攻 ……………………（252）

2　唐军围攻洛阳，史朝义失败出走 ………………………（257）

3　史朝义走投无路，自缢而死 ……………………………（262）

4　史朝义的败亡与仆固怀恩叛唐 …………………………（266）

5　史朝义的败亡与回纥 ……………………………………（270）

十八 安禄山、史思明叛乱的后果 …………………… (273)
  1 西北边防失控,吐蕃大举东进 ………………… (274)
  2 藩镇割据局面的形成 …………………………… (282)
  3 战争对经济的破坏 ……………………………… (289)
  4 宦官干预政事,朝廷涣散无力 ………………… (291)

十九 安禄山、史思明评说 …………………………… (294)
  1 安禄山、史思明叛乱的性质 …………………… (294)
  2 安禄山、史思明叛乱的影响 …………………… (296)
  3 历史的经验和教训 ……………………………… (298)

附录 安禄山、史思明事迹系年表 ………………… (301)
后记 ……………………………………………………… (318)

引　言

安禄山、史思明是唐中叶进行叛乱的罪魁祸首。安禄山从范阳（今北京）举兵造反，好像晴天霹雳，粉碎了唐玄宗穷奢极欲、高枕无忧的美梦，使久已不知战端、不习兵事的广大地区和人民，又陷入了战争的灾难之中。

安禄山能够举兵叛乱不是偶然的，首先，是唐玄宗骄奢淫逸，走上了醉生梦死之路。由于他怠于政事，闭目塞听，故而权臣狐假虎威，为所欲为，使贤臣有为之士遭到排斥，善于投其所好者受宠于朝廷。这样一来，政治腐败，为安禄山叛乱提供了机遇。其次，安禄山善于察言观色，投机钻营，他瞅准了玄宗的致命要害，极力对其阿谀奉迎，进而取得玄宗信任，致使其很快成为手握重兵的镇边大吏，有了进行叛乱的资本。再者，贞观以后，虽然宫廷政变接连不断，但大规模的战争很少发生，在统治阶层中逐步形成了太平观念，从朝廷到地方，都缺少应付战争的准备，这就给安禄山长驱南下，直捣两京，提供了有利条件。由此看来，安禄山叛乱既是一定历史时代的产物，也是安禄山、史思明这样的野心家，利用有利于自己的机遇实行改朝换代的一次表演。这次叛乱，导致了唐朝由盛到衰的转变。可见，安禄山叛乱是一次重大历史事件，安禄山、史思明这样的罪魁祸首也是重要的历史人物。通过这次事件来认识这样的历史人物，无疑是有重要意义的。

认识安禄山、史思明的叛乱有什么重要历史意义呢？

其一，玄宗居安忘危，导致了自己身败名裂，国破家散，被逐出京。居安思危，这是中国的传统观念，早在《左传·襄公一一年》中就曾提到："居安思危。思则有备，有备无患。"唐朝初年，唐太宗特别重视居安思危，大力反对居安忘危。他在评论晋武帝时说："见土地之广，谓万叶而无虞；靓天下之安，谓千年而永治。不知处广以思狭，则广可以长广，居治而忘危，则治无常治。"① 所以，他认为最高统治者必须做到"然安不忘危，治不忘乱，虽知今日无事，亦须思其终始。"② 魏徵也认为："自古失国之主，皆为居安忘危，处治忘乱，所以不能长久。"③ 正因为太宗、魏徵君臣重视居安思危，反对居安忘危，所以，贞观之治是有始有终，影响极为深远。

玄宗本来也是个很有作为的政治家，他是在结束多次宫廷政变以后登上皇帝宝座的。为了巩固自己的帝位，他重用有治理国家才能的政治家，实行多种改革，注意节俭，发展经济，致使国家富强，社会安定，所谓开元之治就是这样形成的。由于太平盛世的出现，玄宗居安忘危了。他对有益的建议充耳不闻，对投其所好者的阿谀奉迎津津乐道；正直有才的贤臣不受重用，巧言谄媚的佞人飞黄腾达；他沉溺于酒色不理政事，自认为太平无事，高枕无忧。因此，他对安禄山的叛乱毫无思想准备。当他逃难到咸阳时，有位老人批评他道："禄山包藏祸心，固非一日；亦有诣阙告其谋者，陛下往往诛之，使得逞其奸逆，致陛下播越。是以先王务延访忠良以广聪明，盖为此

---

① 《晋书》卷3《武帝纪·论》。
② 《贞观政要》卷10《慎终》。
③ 《贞观政要》卷1《政体》。

也。臣犹记宋璟为相,数进直言,天下赖以安平。自顷以来,在廷之臣以言为讳,惟阿谀取容,是以阙门之外,陛下皆不得而知。草野之臣,必知有今日久矣,但九重严邃,区区之心无路上达。事不至此,臣何由得睹陛下之面而诉之乎!"这时,玄宗才如梦初醒道:"此朕之不明,悔无所及。"① 老人的批评,尖锐地指出玄宗不能"访忠良以广聪明",故而没有像宋璟那样的"直言"之臣,反而是"惟阿谀取容",所以天下大事"皆不得而知"。宋人范祖禹对此事评论说:"天宝之乱,田夫野人皆能知之,而其君不得闻,岂不哀哉。夫壅蔽之祸,至白刃流矢交于前,六亲不能相保,而始觉也,不亦晚乎!"② 不言而喻,玄宗的后悔,已经无补于事。总而言之,玄宗的居安忘危,为安禄山举兵叛乱提供了良机。

通过实际事例说明居安忘危的危害,当然其历史意义是极为深远的。

其二,安禄山虽然抓住机遇,举兵叛乱,也取得了很大胜利;但他没有吸取玄宗败逃的教训,改弦更张,而是又走玄宗的老路,重蹈覆辙。所以,他和史思明都没摆脱失败的命运。

玄宗的政治腐败,给安禄山叛乱提供了良机,安禄山利用投机钻营的手段,很快成为手握重兵的三镇节度使。他举兵南下,相继攻取洛阳、长安,迫使玄宗出逃。这当然是很大的胜利。但他没有从玄宗失败的教训中改辕易辙,尽力治理国家,稳定民心;而是急于改元称帝,像玄宗那样享乐淫逸。叛军进入长安后,安禄山命叛军"大掠文武朝臣及黄门宫嫔、乐工、骑士,……送于

---

① 《资治通鉴》卷218,至德元年六月。
② 《唐鉴》卷10《玄宗下》。国学基本丛书本。

洛阳。……禄山尤致意乐工，求访颇切，于旬日获梨园弟子数百人。群贼因相与大会于凝碧池，宴伪官数十人，大陈御库珍宝，罗列于前后。"① 不难看出，这正像玄宗那样，陷入花天酒地的享乐之中，而失去一切进取的锐气了。安禄山以胜利者自居，好像他已取代了唐朝皇帝，是天下的至高无上者了。

安禄山做了皇帝，也和玄宗晚年相差无几。他深居禁中，原来的亲信大将都很难见他一面，任何人有事都得通过严庄一人联系。严庄虽然地位特殊，但也经常遭到毒打；尤其是李猪儿（宦官），虽系安禄山的直接侍者，更是挨打受气，无所适从。于是，众叛亲离，安禄山在其统治集团中也彻底孤立了。显而易见，安禄山做了皇帝，自以为大功告成，忘乎所以，他继承了专制皇帝享乐腐化，独断专行的衣钵，不考虑失国者的惨痛教训，所以，他也不可能摆脱失败的命运。

史思明做了皇帝，"猜忍好杀，群下小不如意，动至族诛，人不自保。"② 俨然也是一个专制皇帝。他也像安禄山一样，根本不注意玄宗败逃的下场，不考虑争取民心，治理国家。所以，安禄山、史思明政权是比玄宗政权更腐败，更不得人心的政权。这就决定，安禄山虽然可以暂时胜利，建元称帝，但他不能像李渊建唐代隋那样改朝换代，而只能是比玄宗失败的更为可悲。由此看来，逆历史潮流而动者是不可能最后成功的。

其三，贞观以来长期的社会安定，孕育了统治集团太平无事的麻痹观念。从中央到地方的大小官员都毫无应付战争的心理准备，从而使广大人民也毫无警惕，只知道生产、生活，缺

---

①《开元天宝遗事十种》，上海古籍出版社，1985年版，第31页。
②《资治通鉴》卷222，上元二年正月。

少应变举措,这就为安禄山叛乱形成了有利的氛围。

安禄山叛乱开始,"时海内久承平,百姓累世不识兵革,猝闻范阳兵起,远近震骇。"安禄山"所过州县,望风瓦解,守令或开门出迎,或弃城窜匿,或为所擒戮,无敢拒之者。"① 正因为许多地方官员有的投降,有的逃匿,所以,安禄山于天宝十四载(759)十一月开始叛乱,十二月就打到洛阳,并继续西进,威胁潼关。玄宗命封常清在洛阳临时募集起来的军队,不堪一击,一触即溃。由此可见,唐朝廷在河北、中原广大地区,根本没有能够作战的军队。这样一来,安禄山当然像如入无人之境,可以横冲直撞了。这又是一个值得思考的问题。

玄宗在太平盛世时根本没有预料到国内会发生战争,所以,当他闻知安禄山叛乱时,惊慌失措,无所适从,惶惶如丧家之犬,逃出长安。安禄山根本没有想到玄宗仓猝出走,所以,叛军在取得潼关后十天才进入长安。由此看来,安禄山的胜利,在很大程度上是玄宗的麻痹思想导致了朝廷没有应付战争能力的结果。实际上这是居安忘危的另一种表现。如果说政治上的居安忘危可以导致腐败,使最高统治者安于现状,不求进取,甚至醉生梦死的话,那么,军事上的居安忘危必然丧失抗御强敌,保卫自己的能力。这正是安禄山、史思明能够逞强一时的重要原因。

我写这本小书的用意,就是希望通过这本小书使读者思考古代的有关问题,以便有助于人们认识学习历史的重要意义。一个史学工作者,如果能够促使人们提高学习历史知识的兴趣,也算做了一点有益于社会的事情。

---

① 《资治通鉴》卷217,天宝十四载十一月。

一　太平盛世中孕育危机

北宋专治唐史的专家范祖禹（1041—1098）说："是以天下之祸，常基于太平之时，至于乱已成，而人主犹不悟也，岂非好大多欲，任失其人之咎欤！"① 唐玄宗时，由"开元之治"的太平盛世转向安史之乱，正是这一论断的佐证。唐玄宗从积极进取，促使国家富强，到骄奢淫逸，不理政事，正是唐朝由盛而衰的内在因素。

1　频繁的宫廷动乱

唐自武则天执政以后，宫廷政变接二连三。皇帝频繁的更替，宰相、大臣的地位也常朝夕不一。宫廷内部的动乱，严重影响着政局的稳定。

贞观二十三年（649），唐太宗病故，太子李治即位，是为唐高宗。高宗初即位，颇有太宗治理国家的精神，例如，他非常重视解决君民关系问题。他曾召朝集使道："朕初即位，事有不便于百姓者悉宜陈，不尽者更封奏。"从此，还"日引刺史十人入阁，问以百姓疾苦，及其政治"。由于他勤政不怠，

---

①《唐鉴》卷9《玄宗中》。

故而"百姓阜安,有贞观之遗风。"①

显庆五年(660)以后,由于高宗经常头晕目眩,影响理政;野心勃勃,也颇有政治才能的武则天乘机插手政事,开始参与国家大事。第一步,她促使高宗废王皇后,立自己为皇后。第二步,她排斥异己,扫清政治道路上的障碍,同时,又组织力量,培植私人势力,为自己进一步掌权做准备。下一步就是自称皇帝了。

弘道元年(683)十二月,高宗去世,中宗即位,尊武则天为皇太后,实际上是武则天掌握政权,中宗只不过是个傀儡。这个20岁的年轻皇帝,不甘心对武则天惟命是从,故而自作主张,把皇后的父亲韦玄贞从普州参军提升为豫州刺史,很快又要以其为侍中。对此,武则天怒火升起,立即废中宗为庐陵王,另立豫王旦为皇帝,是为睿宗。

中宗稍违母意即刻被废的教训,睿宗当然念念不忘,所以,当武则天欲做皇帝的野心暴露无遗的时候,他不得不顺水推舟,表示拥护改唐为周,由武则天为皇帝,自请赐姓武氏,由皇帝降为皇嗣。

武则天虽然做了皇帝,但当时人们还视她为武氏之女,李氏之妇。她不能像男皇帝那样,把夫族李氏当做外戚,按照武氏世系传授帝位。这种女皇帝本身的弱点,再加上李氏家族与其他敌对势力的反对,决定武周政权不能长期存在。

神龙元年(705)正月,宰相张柬之、崔玄暐等人,发动政变,他们经过密谋策划,拥兵入宫,杀死武则天的男宠张易之、张昌宗,迫使武则天退位,中宗又一次做了皇帝,恢复国

---

①《资治通鉴》卷199,永徽元年正月。

号为"唐"。

中宗虽然恢复了帝位,但他庸庸碌碌,无所作为。他的皇后韦氏想效法武则天,妄图自掌政权。武则天虽然退位,但武氏势力还相当强大。武则天侄武三思与韦后由私通发展到政治上的互相利用。还有,韦后女安乐公主是武三思子武崇训之妻,他们狼狈为奸,结成武韦集团,利用一切机会想左右政局。由于太子李重俊非韦后所生,韦后、安乐公主、武三思等,常视其为"奴",不断对其进行凌辱。安乐公主竟肆无忌惮地要求废太子,立自己为皇太女。李重俊当然不会逆来顺受。

景龙元年(707)七月,李重俊与左羽林大将军李多祚等,发动兵变,杀死武三思、武崇训及其同党十余人。由于准备不足,兵力不强,很快失败,李多祚被杀,李重俊逃往终南山,最后为左右所杀。

李重俊发动兵变失败,韦后与安乐公主更为骄横不可一世。武崇训被杀,安乐公主又嫁武承思子武延秀。他们狼狈为奸,互相勾结,卖官鬻爵,贿赂公行,宰相以下,多出其门。安乐公主要把昆明池据为己有,中宗没有同意,她又另夺民田作定昆池,周围49里。更为甚者,安乐公主还自为制敕,掩其文要中宗签字。显然这是要代皇帝发号施令,但中宗也笑而从之。尽管如此,韦后要临朝执政,安乐公主要做皇太女的欲望还不能得到满足。于是,景云元年(710)六月,韦后与安乐公主密谋策划,毒死了中宗。这又是一次政变。

韦后与安乐公主虽然用心良苦,但仍然没有达到目的。武则天女太平公主与上官昭容暗中起草中宗遗诏,立温王重茂(中宗子)为太子,不久,即皇帝位(殇帝),尊韦后为皇太后。当然,武韦集团不会甘心失败,中书令宋楚客、太常卿武延秀、司农卿赵履温、国子祭酒叶静能及诸韦等,共劝韦后像武则天那样亲自执政。他们认为,保卫宫廷与政府的南军与北军,皆由韦氏掌握,可以谋害殇帝,取唐而代之。不过,他们也有顾虑,主要是担心太平公主与相王(即睿宗,中宗复位后被封为相王)从中阻挠。于是,他们想除去相王与太平公主。

其实,真正对武韦集团构成威胁的是相王的第三子李隆基。李隆基当时是临淄王,他有胆有识,颇有作为,在宫廷内部接二连三的变乱中,他利用各种机会,聚集才勇之士,在羽林军中发展势力。中宗被害后,武韦集团声名狼藉,他利用这个有利时机,联合太平公主,发动政变,杀韦后与安乐公主。太平公主又把殇帝拉下皇帝的宝座,使睿宗再次为帝,李隆基取得了太子的地位。

2 玄宗结束宫廷动乱,稳定政局

在消灭武韦集团时,太平公主发挥了重要作用。太平公主自恃有功,睿宗又重视兄妹情谊,对她异常尊重。故而太平公主肆无忌惮,擅权弄法。她认为李隆基才能出众,英武果断,不易对付,欲另立闇弱者为太子,以利其长期随心所欲。于是,她与益州刺史窦怀贞等结为朋党,打算谋害李隆基。

太平公主欲加害李隆基的打算,睿宗非常清楚。当太平公主欲争取侍中、中书令韦安石加入自己的朋党时,睿宗也很快密召韦安石道:"闻朝廷倾心东宫,卿何不察也?"韦安石对曰:"陛下何得亡国之言,此必太平(公主)之计。太子有大功于社稷,仁明孝友,天下所称,愿陛下无信谗言以致惑也。"

睿宗惊惶地说："朕知之矣，卿勿言也。"① 两人的对话均被太平公主窃听而去。这样，势必加剧太平公主与李隆基的矛盾。此事对睿宗来说，当然是左右为难。

在千钧一发之际，睿宗表现出了大智若愚的姿态。他主动要让位于太子，太平公主及其党徒极力劝阻，睿宗毫不犹豫，于先天元年（712）八月传位于太子。李隆基才能超人，又掌握实权，无疑如虎添翼，使太平公主感到岌岌可危，故而太平公主一再劝阻睿宗让位。让位后，她又劝睿宗不要放弃大权。但是，由于睿宗态度坚决，太平公主的阴谋都破产了。这一切说明，睿宗让位实际上是支持李隆基消灭太平公主势力。否则，太平公主为什么持反对态度呢！

李隆基即位，是为玄宗。玄宗对太平公主"擅权用事"，为所欲为，甚至"宰相七人，五出其门"② 的情况，当然不能坐视。于是，在开元元年（713）六月，玄宗与岐王范、薛王业、宰相郭元振、龙武将军王毛仲、宦官高力士等，突然采取暴力行动，杀死太平公主党羽常元楷、李慈、萧至忠、岑羲、贾膺福等，对太平公主赐死于家。玄宗的敌对势力彻底被消灭了。

从嗣圣元年（684）中宗被废为庐陵王起，到开元元年（713）玄宗消灭太平公主势力止，在不足30年的时间里，由中宗、睿宗、武则天、中宗、殇帝、睿宗到玄宗，先后六次更换皇帝，中间还有太子李重俊反对韦后的兵变，还有李隆基联合太平公主消灭武韦集团以及玄宗消灭太平公主势力的暴力事

---

①《旧唐书》卷92《韦安石传》。
②《资治通鉴》卷210，开元元年六月。

件。在宫廷内部，时局变化莫测，皇帝的地位朝不保夕，各种政治力量也不断有所沉浮。统治集团都为争权夺利而耗费精力，当然没有余力为治理国家、发展经济而有所贡献。由此看来，玄宗结束长期以来的宫廷动乱，必然为历史的前进开辟道路。有了稳定的政治局面，才有可能形成被后人称道的"开元之治"。

3 玄宗积极进取的精神状态

玄宗即位时，年仅28岁，是个颇有作为的年轻皇帝。为了总结历史经验，从中吸取教训，寻找借鉴，他非常注意阅读史书。他说："朕听政之暇，常览史籍，事关理道，实所留心。"① 由于史书"事关理道"，也就是读史与治理国家有关，故而他常常读史而且还十分认真。但因为有些内容也不易读懂，特以又设置了侍读。马怀素、褚无量就是他最早选中的侍读。

马怀素是一位"手不释卷，谦恭谨慎"，"博览经史"的学者。玄宗尊重他的学问，对他有许多优待，每从旁边小门进宫，可乘肩舆（人力抬扛的代步工具），还可在宫中乘马，有时玄宗"亲自送迎，以申师资之礼。"②

褚无量是一位"励志好学"，精通《三礼》及《史记》的学者，他多次上书陈述"时政得失，多见纳用。"③ 玄宗还亲

---

①《旧唐书》卷8《玄宗纪上》。
②《旧唐书》卷102《马怀素传》。
③《旧唐书》卷102《褚无量传》。

自起草诏书，对其进行赞扬和奖励。

玄宗重视读史，尊重有知识的人，说明他认识到历史文化知识对他迫切需要。这正反映了玄宗积极进取，奋发向上的精神风貌。那种庸庸碌碌，怠于政事的统治者，是决不会求知如饥，访贤似渴的。

更能体现玄宗奋发有为的精神状态者，莫过于他纠正奢靡之风。开元二年（714）七月，他下诏说："乘舆服御，金银器玩"必须销毁，以供军国之用；"其珠玉、锦绣焚于殿前，后妃以下，皆毋得服珠玉锦绣。"对于百官的佩带、酒器、马镫等，都有严格规定，不许超越标准。同时，还规定从此天下不得"采珠玉，织锦绣等物，违者杖一百，工人减一等。"另外，还撤销了专供官僚贵族衣着享用的织锦坊。司马光认为，这是玄宗"始欲为治，能自刻厉节俭"[1]的措施。为了治理国家，至高无上的皇帝能从皇帝做起，对本身的享受有一定的约束，显然和那种骄奢淫逸的堕落之风是背道而驰的。只有积极进取者，才能具备这种精神状态。

4 政治革新

玄宗为了励精图治，特别重用贤才。姚崇、宋璟，就是他十分器重的宰相。后人常把姚、宋二人与唐太宗时的房玄龄、杜如晦相提并论，都视为贤相。事实也确实如此，玄宗初即位时，"务修德政，军国庶务，多访于崇"。有的宰相，平庸无能，遇事缺乏主见，只是唯唯诺诺，不办实事，而姚崇则"独

---

[1]《资治通鉴》卷211，开元二年七月。

当重任，明于吏道"① 果断地处理各种事务，从不延误。宋璟对许多重大问题敢于"极言得失"，使玄宗颇感有益，于是他亲手下诏曰："所进之言，书之座右，出入观省，以诫终身。"② 由于姚崇、宋璟为玄宗理政发挥了重要作用，所以被后人列为"汉、唐名相"。③ 司马光更全面评论说："姚、宋相继为相，崇善应变成务，璟善守法持正；二人志操不同，然协心辅佐，使赋役宽平，刑罚清省，百姓富庶。唐世贤相，前称房、杜，后称姚、宋，他人莫得比焉。二人每进见，上（玄宗）辄为之起，去则临轩送之。"④ 这里既说明了姚、宋的才干，又说明了他们辅政的效果，还涉及了玄宗对他们的尊重。不言而喻，玄宗重用这样的人才，是他政治革新的主要环节。

玄宗还非常重视地方官的任用。开元四年（716）五月，有人反映当年选拔官吏太滥，县令多不合格。玄宗立即召集县令于宣政殿庭（在大明宫含元殿北）以"理人策"进行考试，结果只有鄄城（今山东鄄城北）令韦济成绩甚好，被调任为长安附近的醴泉（今陕西礼泉）县令。大量不合格者都回家继续学习，有些免强合格者可仍留任。吏部侍郎卢从愿、李朝隐受到降职处分。因为他们选拔县令没有严格掌握标准。这样按实际本领选拔官吏，必然使那些滥竽充数者不能得逞。

玄宗的量才授官还表现在不徇私情方面。开元二年（714）闰二月，玄宗的二哥申王成义要求以其申王府的录事阎楚珪升

---

①《旧唐书》卷96《姚崇传》。
②《旧唐书》卷96《宋璟传》。
③《容斋随笔》卷5《汉唐八相》。
④《资治通鉴》卷211，开元四年十二月。

为参军,录事是从九品的流外官,参军是正七品。玄宗同意后,姚崇、卢怀慎表示反对说:"先尝得旨,云王公、驸马有所奏请,非墨敕(皇帝亲笔书写也不经外廷而直接下达的命令)皆勿行。臣窃以量材授官,当归有司;若缘亲故之恩,得以官爵为惠,踵习近事(沿袭中宗以来的滥用人之风),实紊纪纲。"① 玄宗认为这个意见正确,遂改变了主意。从此以后,再没有人以私情要求任用官吏了。

另外,玄宗弟薛王业之舅王仙童,因侵暴百姓而被御史弹奏,本应治罪,薛王业为其求情,姚崇等人上书道:王仙童罪状明白,御史所言符合事实,决不可宽容。玄宗同意姚崇的意见。于是,贵戚们的行为也不敢过于放纵了。

在任用官吏方面,唐初以来逐步形成了重视京官、轻视地方官的不良习气。中宗时已相当严重。宰相韦嗣立曾经指出:近年以来,地方上的刺史、县令多有选择不当者,往往把京官中有错误或声望不高者派到州、县去;吏部选人时,常把一些衰老无用的人派去做刺史、县令。针对这些弊端,他建议道:今后任用中央的"诸曹侍郎,两省、两台及五品以上清望官(指三品以上及中书侍郎、门下侍郎、尚书左右丞及六部侍郎等),先于刺史、县令中选用。牧宰得人,天下大理,万姓欣欣然,岂非太平乐事哉!"② 可惜这样重要的建议未能得到中宗的认可。一直到玄宗即位以后,这种习气仍然存在。往往把中央的冗员派到地方去做重要的官吏,当时人们认为这是"左迁"(降格)。反之,由地方到京师去做官,则被认为是极大的

---

①《资治通鉴》卷211,开元二年二月。
②《旧唐书》卷88,《韦嗣立传》。

光荣。

开元四年（716），扬州采访使班景倩入京为大理少卿，路过汴州（治所在今河南开封）时，汴州刺史倪若水为其举办送别宴会，热情话别。当班景倩登舟西去时，倪若水望其背影说：班公此行，和登仙有什么不同呢！为其随从，也甘心情愿。倪若水深思良久，才转回府去。这件事说明，当时的地方官是非常向往京官的。

地方官不受重视，地方官的质量势必受到影响。针对这一弊端，玄宗于开元二年（714）正月下诏说：选京官有才识者到地方去做都督、刺史，地方的都督、刺史有政绩者命为京官，使官吏出入合理，成为制度。当然，要根本改变这种局面，特别是要从观念上消除这种影响，是很困难的，但从实际上解决这一问题，必然提高官员的素质和政权机构的办事效率。

开元八年（720）五月，侍中源乾曜又针对这一问题上疏道：我看到权势之家多在京城任职，俊乂之士多是外官，这很不合理。接着又说：他的三个儿子都是京官，愿意出其中两个为外官。玄宗对源乾曜大加赞扬，同时，命文武百官中凡父子兄弟三人都任京官者，都要以源乾曜为榜样，自行协商有人出任外官。于是，公卿子弟京官出外者一百余人。看来，开元二年玄宗的诏令并没有立即执行，直到开元八年源乾曜带头执行，方显示了效果。但是，玄宗的倾向性十分明确，源乾曜的行动是在他的支持下才有所效果的。

5 重视发展农业生产

开元三年（715），山东发生蝗虫灾害，由于缺乏科学知识，很多农民不敢捕杀，只是在田旁焚香膜拜设祭求神而已，还有人认为蝗虫太多，根本不能除尽，不如听其自然为害。姚崇极力反对这种消极的悲观情绪，他认为，山东、河南、河北人们深受其害，到处流亡，决不能坐视不救；即使除之不尽，也比养之为害要好。玄宗支持姚崇的意见，积极动员群众捕杀蝗虫。第二年，蝗虫再起，姚崇又命捕杀，汴州刺史倪若水反对道："蝗乃天灾，非人力所及，以修德以禳之。"① 姚崇驳斥他道：若修德才能灭蝗，难道今日圣主（玄宗）无德吗？不忍心灭蝗，难道就忍心使广大民众挨冻受饿吗？这一次，玄宗又支持了姚崇，并派人到各地检查州县灭蝗的情况。由于大力灭蝗，大大减轻了灾情。

开元年间（713—747），玄宗还多次兴修水利，直接促使农业生产的发展。开元二年（714），在文水（今山西文水东）东北开甘泉渠、荡沙渠、灵长渠，还有千亩渠，可灌溉田数千顷。都是引文谷水而成。② 开元中，彭山（今四川彭山）开通济大堰1处，小堰10处，引邛江水120里，灌溉田地1600顷。③ 开元二十七年（739），武陵（今湖南常德）修北塔堰，

---

① 《资治通鉴》卷211，开元四年二月。
② 《新唐书》卷39《地理志三》。
③ 《新唐书》卷42《地理志六》。

灌溉土地1000余顷。① 另外,开元四年(716)三河(今河北三河)有渠河塘、孤山陂,可灌溉土地3000顷。这些水利工程是否为当年所修,暂时还不能肯定,但对当时农业生产发挥了有效的作用是无庸置疑的。②

抑制佛教的泛滥,也是为了促使经济的发展。高祖时,傅奕就要求制止佛教的泛滥,因为僧人不事生产又逃避租赋。武则天为了巩固自己的地位又大肆兴佛,致使寺院占有大量的水碾庄园,很多逃丁避罪者也削发为僧。这样,既减少了社会劳动力和供给国家的租赋者,同时,为修建寺院也耗费了大量资财。中宗时,宰相韦嗣立指出:据我所知,营造寺观,耗费巨大,"大则费耗百十万,小则尚用三五万余,略计都用资财,动至千万以上。转运木石,人牛不停,废人功,害务农"③,使人们怨声载道。还有人说:"今天下之寺盖无数,一寺当陛下一宫,壮丽之甚矣!用度过之矣!是十分天下之财而佛有七八。陛下何有之矣!百姓何食之矣!"④ 佛教之如此泛滥,与王公贵族的大力兴佛密切相关。这些人为了从中取利,"公主外戚皆奏请度人为僧尼,亦有出私财造寺者,富户强丁,皆经营避役,远近充满。"⑤

针对这一问题,玄宗根据姚崇的建议,于开元二年(714)正月命整顿僧尼,伪妄僧尼还俗者有12000余人,同时,还不准再建佛寺。这样,势必削减为逃避赋役而为僧人的人数,提

---

①《新唐书》卷40《地理志四》。
②《新唐书》卷39《地理志三》。
③《旧唐书》卷88《韦嗣立传》。
④《旧唐书》卷101《辛替否传》。
⑤《旧唐书》卷96《姚崇传》。

高朝廷控制经济的权力。

玄宗为了从经济上加强皇权,又不得不采取一些削弱贵族势力的措施。改变食封制度就是这方面的措施。唐朝初年,凡受封的王公贵族,都对封户直接征收租调。但当时受封者仅有二三十家,封户不过千余户,影响不大。中宗以后,受封者日益增多,所封户数也远远超过唐初。中宗时受封者多至140多家,封户遍布54州,安乐公主食封4000户,长宁公主3500户。更是甚者,睿宗的妹妹太平公主食封1万户。受封者不仅征收租调,还对封户任意勒索,增加封户额外负担。当然,更影响朝廷收入。于是,玄宗改变这种办法,封户的租调归政府统一征收,食封者只能定量领取。这样,既能增加政府收入,也减少了封户的额外负担,有利于发挥生产者的积极作用。

6 发展学术文化

在社会安定,经济发展的同时,玄宗又非常重视发展学术文化。

玄宗在理政的实践中迫切感到读书的必要,故而特以设置帮助他读书的侍读。读书愈多,愈加明确书中有取之不尽的治国之道。于是他说:"朕于百事考之,无如文籍。先王要道,尽在于斯。"[①] 既然先王的治国之道在文籍之中,所以,为了全面了解经史的内容,以便在听政之暇细心阅读,故而他要褚无量等人整理所存古书。开元六年(718),整理完毕,分部上架。玄宗命文武百官于东都乾元殿参观,提倡读书。

---

①《大唐新语》卷11《褒锡》。

开元九年（721），殷践猷、韦述等人，又修成《群书四部录》200卷，由左散骑常侍元行冲奏上，共收书目48169卷。

玄宗还很重视著述，开元十年（722），中书舍人陆坚奉命修撰六典，玄宗亲手写了六条类目，即理典、教典、礼典、政典、刑典、事典。这就是《唐六典》名称的由来。开元二十七年（739）完成后，一直流传至今。这是当代学者研究唐史特别是研究唐代官制不可缺少的著作。

开元十一年（723）五月，玄宗置丽正书院，聚集文学之士，如徐坚、贺知章、赵冬曦等，或修书，或讲论文史，以宰相张说为修书使总负其责。由于供给优厚，中书舍人陆坚就认为这是浪费而且无益于国，要求罢除。张说持反对意见说：自古以来，帝王在国家无事时就修建宫室，追求声色，而今天子则崇儒重德，亲自讲论经史，整理古书，重视学者；所费不多，收益很大。玄宗支持了张说。

由于玄宗重视知识和知识分子，所以，当时人们认为升为学士比升官更为重要。开元十三年（725），贺知章由太常少卿晋升为礼部侍郎兼集贤学士。当时源乾曜与张说同为宰相。源乾曜问张说道：贺公同时有两种任命，是学者的极大光荣，但学士与侍郎，哪一种最美呢？张说答道：侍郎固然很不容易得到，但学士更令人羡慕，所以"二美之中，此（学士）为最矣。"[①] 人们羡慕有学问的人，自然与当时的政策有关，更与玄宗重视知识与知识分子有关。给事中裴士淹，由于精通历史，很受玄宗喜爱，常常为玄宗随员外出，以备顾问。

在科学技术方面，玄宗重用精通天文历法的张遂（一行和

[①]《大唐新语》卷11《褒锡》。

尚），支持他研制成功了黄道游仪，又研制了浑天铜仪，对天文历法的发展做出了重要贡献。

7 经济文化的繁荣

开元年间（713—741），由于政治稳定，玄宗重视发展经济，倡导发展学术文化，故而逐步形成了唐代经济文化繁荣的高峰。所谓"开元之治"，正是后人对这一时代赞颂的美称。

由于积极发展生产的措施发挥作用，垦田的数量不断有所增加。根据汪篯先生研究，唐天宝时的垦田数多于西汉平帝时（西汉垦田数最多时）的垦田数。汉平帝的垦田为827万顷，相当于唐736万余顷。唐天宝时实有耕地面积，约在800万顷至850万顷（依唐亩面积计》之间。① 根据开元末与天宝初的人口数比较，垦田数也应该相差不多。这就是说，唐开元时的垦田数应是历史上垦田数最多的年代。

人口的迅速增加，也是经济发展的重要标志。贞观年间（627—649）户不足300万，到永徽三年（652），户增至380万。神龙元年（705），有户615万，口3140万。开元十四年（726），有户769万，口4141万。开元二十八年（740），有户841万，口4814万。从唐初到开元末，户口增加一倍还多，说明政府的赋役来源面扩大了，社会秩序安定了。这正是统治者能够维持其统治地位，人民能够较好地生活下去的时代。

开元十三年（725），玄宗去泰山封禅，一斗米仅值十三文，青州（治所在山东益都）、齐州（治所在今山东济南）粮

---

①《汪篯隋唐史论稿》中国社会科学出版社1981年，第67页。

价更低，一斗米五文。长安、洛阳两京，物价稍高，一斗米不过二十文，面三十二文，绢一匹二百一十二文。东至宋州（治所在今河南商丘）、汴州（治所在今河南开封），西至岐州（治所在今陕西凤翔），沿途店肆林立，饮食丰富，来往客人非常方便。南到荆州（治所在今湖北江陵）、襄州（治所在今湖北襄阳），北至太原（今山西太原）、范阳（今北京），也都是交通便利，行路安全。远走数千里，不必携带防身的武器。①《通典》中的这些记载，应当可信。因为《通典》的作者杜佑生于开元二十二年（734）。玄宗晚年，他已是青年人，开元年间的事，他既有亲身体会，也有耳闻目睹，故而其书所载应当符合事实。

杜佑在《通典》中所写的范围，大体上相当于现在的山东到陕西，湖北到北京。那么，其他地方的情况如何呢？

唐昭宗时的宰相郑綮说：开元初年，玄宗励精图治，大力革新，不过六七年，"天下大治，河清海晏，物殷俗阜。安西诸国，悉平为郡县。自开远门（长安外郭城西边最北一门）西行，亘地万余里，入河湟之赋税。左右藏库，财物山积，不可胜较。四方丰稔，百姓殷富，管户一千余万，米斗三四文，丁壮之人，不识兵器。路不拾遗，行者不囊粮。"② 这里首先谈到长安以西至西域的情况，继又谈到全国的民情。这些内容，无不说明开元时期确是一片太平盛世的佳境。

文化事业的发展，也非常显著。例如，对图书的分类，最早是六艺，西汉时发展为七略，唐代又为经、史、子、集。这

---

① 《通典》卷7《食货七》。
② 《开天传信记》。

种发展，正是图书的种类和数量不断增加的标志。唐朝建立后，唐高祖、唐太宗都十分重视图书的搜集和整理，故而图书的数量日益增多。但国家藏书最多的时候还是玄宗时代。有人说："而藏书之盛，莫盛于开元，其著录者，五万三千九百一十五卷，而唐之学者自为之书者，又二万八千四百六十九卷。呜呼，可谓盛矣！"① 唐代人们自己的著作就有28000多卷，可见唐代知识分子的著述成就甚为惊人。玄宗非常重视知识和知识分子，当时知识分子的著述也必然是很多的。

总而言之，在玄宗积极进取精神的影响下，政权机构发挥了使社会安定，经济发展的有效作用。社会安定，经济发展，为文化的发展创造了良好环境。因此，在物质财富大量增加的同时，精神财富也大大丰富起来。这种太平盛世的氛围，不仅使玄宗得意忘形、踌躇满志，而且也为后人赞不绝口。长期以来，人们把"开元之治"与"贞观之治"相提并论，是符合历史实际情况的。

8 玄宗的转变

古代的帝王，往往在初即位时能够看到社会的弊端，从而锐意改革，力求改变一切不利于社会发展的障碍。但在取得一定成就以后，又往往迷信自己的权威和能力，心满意足，刚愎自用，逐步怠惰起来。唐玄宗就是这种人物的典型代表。《新唐书》的作者在评论玄宗时说："人之立事，无不锐始而工于初，至其半则稍怠，卒而漫澶不振也。"玄宗在开元时，"励精

---

①《新唐书》卷57《艺文志序》。

求治",故而对姚崇、宋璟等贤臣能够"言听计行",事半功倍。在社会太平以后,他"志满意骄",张九龄等重臣的正确建议,他根本听不进去。这样,引起安史之乱,就不是"天运"而是"人事"①了。这种评论,恰中要害。

在政治稳定,经济发展,文化丰富的氛围中,玄宗陶醉了,积极进取的锐气逐渐消失,骄奢淫逸之风日益滋长。玄宗不可能是一个善始善终的皇帝了。

玄宗初即位时,非常注意节俭,后来逐渐变了。天宝四年(745)十月,玄宗以户部郎中王鉷为户口色役使。这个王鉷,对玄宗的任意挥霍是投其所好。唐初,对戍边者免其租庸,六年更换一次,后来,边将腐败,为了掩饰其失败,对作战牺牲的士卒皆不申报。王鉷为了聚敛财富,诬称这些牺牲者是逃避租赋,遂在六年以外强征其租庸,最多有并征三十年者。对这些情况,玄宗不闻不问,反而重用王鉷。因为能够满足他挥霍无度的欲望,后宫用度日益增加,随心所欲的赏赐也屡见不鲜,任意从左、右库(国库)支取,已是司空见惯。为了满足玄宗的需要,王鉷每年上贡额外钱百亿万,存于内库(皇室财政库藏)专供玄宗享用,并对玄宗说:这都是租庸调以外的经费。言外之意,当然是可以任意使用了。玄宗认为王鉷有"能富国"的本领,故而对其更加重用。这个专门"割剥以求媚,中外嗟怨"的人物,很快又被任命为御史中丞、京畿采访使。②

天宝八载(749),玄宗又率领群臣参观国库。他看到国库

---

①《新唐书》卷126《赞》。
②《资治通鉴》卷215,天宝四年十月。

充满粟帛，忘乎所以，故而"视金帛如粪壤，赏赐贵宠之家，无有限极。"①

在生活上，他穷奢极欲，纵情声色，所有宫女4万人，见于史书的后妃、美人、才人就有19人，他有30个儿子，29个公主。腐化的程度，可想而知。

贵戚们为了在玄宗面前争宠，都竞相对其进食。玄宗专门命宦官姚思艺为检校进食使，每次进食常常是水陆珍品数千盘，每盘费用相当于十个中等人家的资产。非常明显，这时的玄宗已经不是他初即位时，那种节欲戒奢，严禁奢侈豪华的作风，早已烟消云散了。

9 政治腐败

执政者在生活上的奢华淫逸，必然带来政治上的腐败。因为纵情声色，必然好逸恶劳，不能勤政；自己怠惰，必然依赖别人，偏听偏信，不能正确处理国事。玄宗正是这样一个有代表性的人物。

政治腐败的突出表现是玄宗重用阳奉阴违，投其所好的人物。

开元初年，玄宗重用姚崇、宋璟等善于治理国家的贤臣。一直到开元二十一年（733），他头脑还比较清醒，曾用韩休为相。韩休类似唐初的魏徵，经常向玄宗进谏，致使玄宗提心吊胆，自己稍有一点过失，就立即问左右道：韩休知道吗？为此有人建议道：韩休为相，使陛下过于操劳，比过去瘦多了，何

---

①《资治通鉴》卷216，天宝八年二月。

不免去韩休的宰相职务！玄宗道："吾貌虽瘦，天下必肥。"有人常按我的意思奏事，但我不放心；韩休常和我有不同的意见，我却能安心睡觉。"吾用韩休，为社稷耳，非为身也。"①看来，这时玄宗还能分辨是非，识别忠奸。但是，到了天宝年间（742—755），就大不相同了，他重用的是李林甫、杨国忠等媚上欺下的狐群狗党。

李林甫（？—752），是"口有蜜，腹有剑"的人物。开元十四年（726），他为吏部侍郎时，负责选拔官吏。宁王（睿宗子）给他十个人的名字，要他照顾。他为了表示自己公而忘私，特以公开舍弃一人，暗中照顾九人，以掩饰其徇私舞弊。他为了求宠于玄宗，暗中勾结宦官，深通妃嫔，玄宗的任何动静，他都能及时知道。这样，更有利于他投其所好，取悦于玄宗。当时，玄宗宠爱武惠妃，武惠妃子寿王瑁也与其他皇子地位不同，甚至太子的地位也受到影响。李林甫通过宦官使武惠妃知道，他将尽力支持寿王；武惠妃也很快有所反应，使李林甫升为黄门侍郎，不久又为宰相。

李林甫为相，是通过阴谋手段取得的。当玄宗命中书令萧嵩选相时，萧嵩推荐韩休，玄宗同意。在未公布之前，李林甫通过宦官高力士知道了这一决定，于是，他立即公开请求任命韩休为相。因为韩休不知道萧嵩推荐他为相的内情，故而对李林甫感恩戴德。韩休为相后，又极力推荐李林甫为相，更加武惠妃的暗中支持，李林甫很快就为宰相了。

做了宰相，他更肆无忌惮地媚上欺下，凡是才能功业超过他而又为玄宗所重视者，他就千方百计将其除掉或使其失势。

---

①《资治通鉴》卷213，开元二十一年三月。

对一些学识渊博的文人学士，表面与其友好，暗中却阴谋陷害。天宝元年（742）三月，玄宗发现兵部侍郎卢绚气质非凡，印象很好。李林甫怕卢绚影响自己的地位，遂迫使卢绚去做华州（治所在今陕西华县）刺史，并对外宣称卢绚有病，不理州事，只好使他去东都为太子詹事。

玄宗打算广求人才，命精通一种学问者都到京师应试。李林甫担心应试者在对策中揭发他的罪过，遂建议玄宗不必和应试者直接对话，以免草野之士，不懂礼仪而对圣上不敬。他要郡县长官精选超人之才，报尚书省，再由尚书省复试，上报结果。结果，应试者无一人合格。李林甫遂上表祝贺当时没有遗而不用的人才。这当然是李林甫美化自己的阴谋手段。

唐初以来，边州皆用忠厚名臣，任期短，不遥领，不兼统，功名显著者经常入朝为相。开元中期以后，情况有所改变，边将任期有长达十余年者，也有宰相或皇子遥领边将者，还有兼统数镇者。李林甫担心边将入相会影响他的地位，遂向玄宗建议道：胡人勇敢善战，又不易结党，必然忠于朝廷，应以胡人为边将。玄宗采纳了这个意见，故使安禄山能兼统三镇，形成尾大不掉之势。勿庸置疑，安禄山叛乱与这种举措密切相关。

杨国忠（？—756）本名钊，是杨贵妃之从祖兄。由于这种关系，他又善于投机钻营，很快就飞黄腾达起来。

最初，杨国忠看到李林甫权大势众，为了发展自己的势力，必须先取信于李林甫；李林甫也看到杨国忠的特殊地位，可以利用，故而二人互相勾结，想动摇太子的地位，还陷害与太子有关者数百家。

本来，兵部尚书、吏部尚书为宰相者，选官的事都由侍郎负责，经过三次反复，最后经门下省审核，由春至夏，需数月时间。杨国忠为吏部尚书兼宰相，他为了显示自己精明能干，事先私定人选，然后集中左相（侍中）、给事中、诸司长官于尚书省都堂，把各种手续一天办完，其中虽然有很多差错，但没有人敢表示不同意见。

杨国忠初入京时曾投靠于李林甫，后来，为了在玄宗面前争宠又与李林甫发生矛盾。李林甫于天宝十一载（752）十一月死去，杨国忠于天宝十二载（753）正月就指使安禄山诬告李林甫与突厥阿布思勾结谋反。当时，李林甫尚未安葬，玄宗命剖李林甫棺，取其含珠，夺去金紫，换一小棺按庶人礼葬之；同时，削去官爵，子孙有官者除名，流放岭南及黔中，近亲及党与被贬者50余人。

天宝十二载（752）十月，杨国忠子杨暄应试明经科，因其学业荒陋，未考及格。礼部侍郎达奚珣害怕杨国忠权威，故使其子昭应（今陕西临潼）尉达奚抚先向杨国忠透露消息。当时，杨国忠随玄宗在昭应，当杨国忠看到达奚抚时，以为其子必然中选，达奚抚是来报告喜讯。出其所料，是其子落选的消息。杨国忠勃然大怒道：我子还怕不能富贵吗？你等鼠辈何必来此卖好！达奚珣不敢得罪杨国忠，杨暄被置于上第。在杨暄为户部侍郎时，达奚珣由礼部侍郎转为吏部侍郎，和杨暄的地位相同。即使如此，杨暄还嫌自己升官太慢了。

杨国忠为相后，安禄山对他甚为歧视，杨国忠当然也不示弱，两人之间常常互相诋毁。玄宗欲用安禄山为相，杨国忠认为他目不识丁，不可为相。反之，安禄山推荐御史中丞吉温为武部（兵部）侍郎，杨国忠就对吉温非常反感。双方针锋相对的斗争，都是为了在玄宗面前争宠，以便巩固自己的地位。后来，安禄山以讨杨国忠为名举兵叛唐，这种矛盾起了导火线的作用。

当玄宗勤于政事，极力使国家富强的时候，他重用姚崇、宋璟；当他怠于政事，尽力纵情声色的时候，李林甫、杨国忠乘机得势。这说明玄宗的态度是关键问题。史家认为："开元任姚崇、宋璟而治，幸林甫、国忠而乱。"① 这完全符合事实。

10 危机四伏

在玄宗陶醉于莺歌燕舞的氛围之中时，实际上他已处于危机四伏的境地了。

当时最大的危机是玄宗意识不到自己的处境。李林甫、杨国忠先后执政。使一些正直而善于理政的贤臣不能施展其才能。他们专横跋扈，堵塞言路，使下情不能上达，容易激化社会矛盾。他们欺上压下，蒙蔽玄宗，使正气不能发扬，邪气日益上升，政治腐败的程度更加深化。面对这些问题，玄宗仍然醉生梦死，毫不醒悟。

开元二十四年（736）十一月，李林甫为了自专大权，蒙蔽玄宗，严厉制止向玄宗反映情况。他公开训斥诸谏官道："今明主在上，群臣将顺之不暇，乌用多言！"② 他还用辱骂的口气说：你们没有看见正殿侧宫门外的马吗？不用时立刻就可使他离去。这种威吓的口气，当然是要谏官不要直接向玄宗说长道短。谏官们慑于他的权威，不敢再有谏言了。李林甫为了

---

①《旧唐书》卷 106《史臣曰》。
②《资治通鉴》卷 214，开元二十四年十一月。

使玄宗相信自己，不重视别人的谏言，他还故意捉弄一些进谏者。

兵部尚书李适之性格直爽，李林甫抓住他这一特点，骗他说：华山有金矿，采之可以富国，圣上尚不知道。李适之立即上奏玄宗。玄宗征求李林甫的意见。李林甫答曰：臣早知道。但华山是陛下本命，王气所在，不宜开凿，故而我未上奏。玄宗认为李林甫考虑周到，是爱护自己，遂告诫李适之说：今后奏事要与李林甫商量，不要轻率从事。李林甫蒙蔽玄宗，玄宗更加信任李林甫，实际上这是李林甫正在把玄宗推向万丈深渊。

杨国忠欺骗蒙蔽玄宗，更是司空见惯。天宝十三载（754），由于头一年水灾旱灾接连发生，关中饥荒严重。由于京兆尹李岘对他不甚顺从，他就把"关中大饥"之灾难归罪于李岘，贬李岘去做长沙太守。玄宗因秋雨连绵而忧伤庄稼，杨国忠遂取最好的禾苗献给玄宗说：雨虽多，不影响庄稼的生长。玄宗异常高兴。扶风（今陕西凤翔）太守房琯反映当地灾情，杨国忠就兴师问罪。从此，再无人敢谈灾情的问题。玄宗曾对身边的宦官高力士说：淫雨不停，你可对我讲实话。高力士对曰："自陛下以权假宰相，赏罚无章，阴阳失度，臣何敢言！"[1] 玄宗沉默不语。这说明玄宗并不十分相信高力士。

天宝十三载（754）六月，杨国忠遥领剑南节度使，李宓是剑南留后，实际掌握兵权。李宓在对南诏作战中全军覆没，自己被俘。杨国忠不仅隐瞒其失败，而且还以胜利上报。接着又继续调动内地军队对南诏作战，结果又遭失败，牺牲近20

---

[1]《资治通鉴》卷217，天宝十三载九月。

万人。此事无人敢向玄宗反映。玄宗也认为天下无事，可以高枕无忧。他对高力士说："朕今老矣，朝事付之宰相，边事付之诸将，夫复何忧！"高力士对曰："臣闻云南数丧师，又边将拥兵太盛，陛下将何以制之！臣恐一旦祸发，不可复救，何得谓无忧也！"① 玄宗表示，要慢慢考虑高力士的意见。由此看来，高力士不是没有提醒玄宗。

下情不能上达，玄宗根本不知民意；丧师20余万，众人怨声载道，玄宗根本不知有边事发生。显然，玄宗已经陷入任人摆布的困境，但他仍然没有任何感觉，还有什么比这更为危险的呢！

其次，另一种严重危机就是稳定的社会秩序遭到破坏。这里所谓的"社会秩序"，是指法律、规章制度、道德等规范人们言行，处理人际关系的手段。固然，这种手段不能对所有的人都一视同仁，广大人民触犯法律必然受到制裁，而统治集团中少数人为所欲为也可逍遥法外。但可以这样说，在统治集团能够比较冷静地处理问题时，他们也可以遵守这种秩序，使社会能够稳定的向前发展。反之，如果这种秩序遭到破坏，必然出现贪官污吏，结党营私，致使各种社会关系失去平衡。由此看来，秩序是均衡各种社会关系的有效手段，离开必要的秩序，社会就不能正常的发展了。由此看来，破坏社会秩序与社会动荡不安是有因果关系的。

唐代的法律是完备的，律、令、格、式各管一面，对唐初社会的稳定发展起了积极作用。但是，李林甫执政时，他把法律置之度外，完全按照自己的好恶处理问题。凡是对他不顺从

---

①《资治通鉴》卷217，天宝十三载六月。

者,他就千方百计将其除去。吉温、罗希奭都是惨毒暴虐的狱吏,李林甫重用他们,他们完全根据李林甫的喜怒办事,很多人被他们无辜致死,当时人称之谓"罗钳吉网"。①

李林甫不仅抛开法律,而且对各种制度也不遵守。崇玄馆大学士陈希烈,因讲《老子》、《庄子》受到玄宗赏识。李林甫看此人软弱容易控制,遂推荐他为宰相。按照制度,宰相办公必须到午后六刻才能下班,李林甫认为,天下太平,无事可办,巳时即可回家,实际上是军国大事都由他个人在私宅决定,陈希烈只是在公文上署名而已。

杨国忠为吏部尚书,选拔官吏不问才能如何,品德怎样,只问资历的深浅。这样一来,不少长期因才德平庸不能做官的人都取得了一定地位,而一些年轻有真才实学的人反被拒之门外了。

法律、规章制度遭到践踏,必然激化各种社会矛盾。首先是统治集团内部争权夺利,结帮组派,尔虞我诈的问题急剧发展。这些问题涉及各个方面,致使各种关系失去平衡。隋炀帝就是迷信自己的权威,随心所欲,目无法规,倒行逆施,致使统治集团内部众叛亲离,又引起农民起义的爆发,最后落到身首异处的下场。

还有一种危机,就是统治集团内部的斗争日益激化。当时,能够在玄宗面前争宠的有三种力量。这就是宰相、宦官、边将。这三种力量之间既有互相利用的一面,也有互相排斥的一面;既有互相依赖的一面,也有互相斗争的一面。这些错综复杂的矛盾,在发展到不可调和的时候,导致了安禄山的

①《资治通鉴》卷215,天宝四载五月。

叛乱。

当时，宰相、宦官、边将都是不可缺少的。在玄宗初即位时，由于他勤于政事，亲自处理军国大事，所以，宰相、宦官、边将都听他的指挥。后来，玄宗日益怠惰，不愿亲理政事。于是，身边的宦官乘机染指朝政，但由于宦官的特殊身份，他们不能公开执政，宰相就成了他们利用、勾结的对象；反之，宰相由于接近皇帝不易，又必须利用、勾结宦官。边将既要听命于宰相，又想通过宦官取宠于玄宗。正是这些原因，三者之间往往有利益一致的时候，也有互相冲突的时候。

在政治上影响最大的宦官是高力士。玄宗曾说：高力士值班，我才能睡好。四方进奏文表，都先送呈高力士，然后才到玄宗处，小事高力士可自作主张。在这种情况下，宰相自然要看高力士的脸色行事，甚至当时身为太子的肃宗也呼其为"二兄"，诸王公主皆呼其"阿翁"，驸马辈呼其为"爷"。权势之大，可想而知。在李林甫、杨国忠相继为相，他们专横跋扈，不可一世的时候，高力士又向玄宗建议，不可使相权太大，以免大权旁落。虽然这是要抑制宰相的权力。李林甫建议以胡人为边将，当然为安禄山等人所欢迎。但在安禄山势力壮大、威胁到宰相地位的时候，杨国忠与安禄山又互相指责，矛盾日益激化。总之，宰相、宦官、边将之间的关系，错综复杂，像细菌一样腐蚀着玄宗政权。但是，由于玄宗执迷不悟，一直陶醉于太平盛世的氛围之中，所以，最后像一声巨雷一样，爆发了安禄山叛乱，虽然惊醒了玄宗，但已为时过迟了。

二　从营州杂胡到镇边大吏

安禄山（703—757）出身于营州杂胡，他作战勇敢，为人狡猾，善于揣测人意，故受幽州节度使张守珪赏识。后来，又对御史中丞张利贞百般谄媚，尽力贿赂，逐步取得玄宗信任。他利用玄宗怠于政事之机，表面对玄宗奴颜婢膝，实际上发展个人野心，最后成为拥有重兵，身兼平卢、范阳、河东三镇节度使的强藩重臣。

1　安禄山的家世

安禄山，是营州柳城（今辽宁朝阳）杂胡。所谓"杂胡"或"杂种胡"，是一种泛称，是指混合血统的胡族。根据荣新江先生的研究，安禄山及其军事集团的主要将领都出身于昭武九姓的粟特人。昭武九姓最初居住在西域，他们除了经营农业、畜牧业以外，还善于经商。其中的"粟特人本是个商业民族，他们足迹遍布古代欧亚大陆的商道上。从魏晋到隋唐，大量粟特人东来兴贩，他们穿梭往来于粟特本土、西域城邦绿洲诸国、草原游牧汗国和中原王朝之间。"[①] 这些原因，再加上

[①] 荣新江：《安禄山的种族与宗教信仰》见《北京大学百年国学文粹·史学卷》北京大学出版社1998年版。

开元初年玄宗在营州一带"招辑商胡，为立店肆"的政策以及"数年间，营州仓廪颇实，居人渐殷"① 的后果，就足以说明营州（治所在今辽宁朝阳）一带为什么在天宝年间有许多粟特人居住了。

安禄山的父亲是谁，史书没有明文记载：唐人姚汝能的《安禄山事迹》中，只记载他的母亲是阿史德氏，阿史德氏无子，祈祷于轧荦山，神应而生安禄山。《新唐书》的《安禄山传》也记载其母"祷子于轧荦山……既而妊"。这就是说，安禄山很可能是其母与别人私通所生。其母为了掩盖这种不光彩的私通后果，故而"以神所命，遂字轧荦山"。既然安禄山的父亲身份不明，那么，"少孤"② 的记载也就难以令人相信了。既然不知安禄山的父亲是何人，那么，《旧唐书·安禄山传》又记载他"本无姓氏"，《新唐书·安禄山传》记载他"本姓康"，也就难以找到根据了。

轧荦山是什么意思？两《唐书·安禄山传》和《安禄山事迹》都记载，突厥人称斗战神为轧荦山。荣新江先生经过深入研究，认为轧荦山神就是光明之神。不管是斗战神还是光明之神，都是受人崇拜的意思。看来，这个名字是安禄山的母亲用神来掩饰其与人私通的用意所在。然而，这种用意是当时很多人难以理解的，所以，后来安禄山叛乱受到大量胡人的支持，是与他这种神的化身的感召作用密切相关的。

后来，安禄山的母亲又嫁给胡将安延偃。开元（713—741）初年，安延偃所在部落破散，于是，安延偃与将军安道

---

①《旧唐书》卷185下《宋庆礼传》。
② 两《唐书·安禄山传》、《安禄山事迹》均同。

买共同降唐。既然降唐了,就得有一个像汉人一样的名字,所以,安禄山就以安为姓,禄山为名,从此,安禄山就取代轧荦山了。

安禄山出身于粟特族,粟特人善于经营商业,经营商业必然和各族人多有交往,所以,安禄山通多种蕃语。①由于具备语言的条件,再加上他足智多谋,善于揣摩人情,最初就做了诸蕃互市牙郎。后来,又被范阳节度使张守珪用为捉生将。

安禄山因为熟悉地理形势,山川井泉他都了如指掌。所以,往往以三五骑出去,俘虏数十契丹人回来。每次获胜,都得到张守珪的称赞。张守珪视其勇敢、有智计,遂以其为偏将,又收为养子,还以军功加员外左骑卫将军,充衙前讨击使。开元二十四年(736),安禄山又为平卢将军。这年三月,安禄山奉命与奚和契丹作战,因其恃勇轻进,为敌所败。张守珪怒而问罪,要将其斩首。临刑时安禄山大呼道:大夫(指张守珪)不是要消灭奚和契丹吗?为什么要杀禄山呢!张守珪惜其骁勇,改变了主意,将其执送京师。

关于怎样处理安禄山的问题,朝廷意见不一。宰相张九龄力主杀安禄山。张九龄表示,军纪不能动摇。他举例说,春秋时,齐景公使司马穰苴为将,司马穰苴要求齐景公以其宠臣为监军,齐景公派庄贾前往。庄贾平素骄贵,不把司马穰苴放在眼里,故而违约迟到军门,司马穰苴因其违军令将其斩首。又举例说,春秋时,吴王阖庐欲了解孙武的兵法,出宫中美女180人,要孙武指挥演习。孙武将其分为二队,以吴王的宠姬

---

①《安禄山事迹》记载他通9种蕃语,两《唐书》的《安禄山传》记载他通6种蕃语。

二人各为队长，皆令持戟。开始演习前和演习中，孙武三令五申军纪，但两位队长均视其为儿戏，毫无临战的状态。于是，孙武将吴王的两个宠姬斩首，另换队长，演习成功了。张九龄用这两个例子说明，张守珪不应对安禄山惜其骁勇而不执行军令。安禄山不可免死。但玄宗因惜其才，仅免其官职，以其为白衣（布衣）将领。张九龄又据理力争说："禄山失律丧师，于法不可不诛。"同时还增加理由说："且臣观其貌有反相，不杀必为后患。"① 尽管如此，玄宗还是赦免了安禄山的罪状，而且还批评了张九龄的固执态度。就这样，安禄躲过了一次灭顶之灾。同时，也使玄宗对其初步有所好感。

2 阳奉阴违，诈取高官

玄宗有至高无上的权力，安禄山愈来愈清楚了。为了使玄宗对自己更有好感，他千方百计，从各方面对玄宗施加影响。凡是玄宗有使者到平卢去的，他都厚加贿赂，尽量使其在玄宗面前有所美言。这种手段，颇见成效，由于一些使者的反映，玄宗心目中的安禄山是忠臣贤才。

开元二十九年（741）七月，御史中丞张利贞为河北采访使，到了平卢（今辽宁朝阳）。安禄山对其察言观色，揣摸来者心意，对其随员也尽力使其满意，从物质上进行贿赂，更是不言而喻。张利贞还京，自然对安禄山大加称赞。安禄山费尽心机，很快有所收效。八月，安禄山被任命为营州都督，充平卢军使，还兼任两蕃（奚和契丹）、勃海、黑水四府经略使。

①《资治通鉴》卷214，开元二十四年四月。

几个月后,即天宝元年(742)正月,安禄山又为平卢节度使。

天宝三载(744),平卢节度使安禄山又兼任范阳(今北京)节度使。原范阳节度使裴宽调任户部尚书。这时,礼部尚书席建侯为河北黜陟使,安禄山对他自然也极尽阿谀奉迎之能事,所以,他上表称赞安禄山"公直、无私、严正、奉法"。①李林甫、裴宽等人也顺水推舟,对安禄山再加吹捧,于是,安禄山受宠的地位更加巩固了。

安禄山得到了进京入朝的机会以后,更是喜出望外,百般投其所好。他对玄宗上表道:去年营州发生虫灾,虫食禾苗,为害严重。为此,臣曾焚香告天曰:臣若不行正道,对君不忠,愿虫食臣心;臣若竭诚事君,不违正道,愿虫能自行消灭。接着,就有赤头青色的群鸟飞来,将虫吃尽。安禄山要求将这些情况送交史馆,以便载入史册,玄宗同意了。无庸置疑,这是要向玄宗表示忠心。

安禄山这次进京,抓紧一切机会讨好于玄宗。当时的吏部侍郎宋遥、苗晋卿,负责选官事宜。在一次选拔中,参加选拔的上万人,合格的有64人。由于御史中丞张倚受宠于玄宗,宋遥、苗晋卿欲结交于张倚,遂使张倚子张奭名列第一。此事引起朝野大哗。前蓟县(今天津蓟县)县令苏孝韫将此事暗告安禄山。安禄山认为这又是一个向玄宗讨好的良机,遂直接向玄宗反映此事。玄宗立即召集所有的合格者进行面试。张奭手持试纸终日写不出一个字来,当时人们称之谓"曳白"(白卷)。此事真相大白以后,宋遥被贬为武当(今湖北丹江口市西北)太守,苗晋卿被贬为安康(今陕西安康)太守,张倚被

---

① 《安禄山事迹》上海古籍出版社1983年版第4页。

贬为淮阳（今河南淮阳）太守，同考判官礼部郎中裴朏等都被贬为岭南官。有关者受到处分，安禄山无疑又立了一功，进一步取信于玄宗了。

本来，官场上的徇私舞弊是应受到谴责的，不管谁揭发此事都有利于政治稳定。然而，安禄山把这做为发展个人野心的手段，为了迷惑玄宗，进而达到升官夺权的目的，实际上就是把可称道的事变成社会的消极因素了。这正像行路人又饥又渴的时候碰上了骗子，骗子把所带的食物和水送给行路人吃喝。其实，水中有麻醉药，当药力发挥作用，行路人睡倒的时候，骗子把行路人的财物席卷而去。行路人醒来后，虽然已知上当受骗，但却于事无补了。

天宝四载（745）九月，安禄山为了以战功向玄宗取宠，在和奚与契丹接界的地方多次制造事端，挑起战争。奚和契丹杀了唐为和亲而嫁过去的公主，公开叛唐。在这种情况下，安禄山击败奚和契丹，上报战功。

十月，安禄山又上奏玄宗道：臣进讨契丹，行军至北平郡（治所在今河北卢龙），梦见先朝名将李勣、李靖向臣求食。臣令为其立庙，并进行祭奠。在祭奠之日，庙梁上出现灵芝草，这是祥瑞的吉兆，望将这些情况转知史馆，以便载入史籍。安禄山屡次用这种虚妄之事蒙蔽玄宗，既使安禄山的政治野心暴露无遗，同时，也反映了玄宗确实已经昏庸怠政，不辨真伪了。

安禄山表面上装做憨厚、痴呆之人，内心却十分奸诈、狡猾。他为了更有利于取宠于玄宗，特派其部将刘骆谷留驻京师，专门为其刺探有关玄宗的情况，并为其转送上表。同时，他每年都向朝廷送献俘虏、杂畜、奇禽、异兽、珍玩之物。由于次数很多,不绝于路,所以,沿途郡县颇感转运之苦。

安禄山在玄宗面前,挖空心思,投其所好,常以诙谐的口气使玄宗高兴异常。安禄山是个非常肥胖的人,他腹垂过膝,曾自称腹重三百斤。因此,有一次玄宗手指其腹问道:你这胡人的肚子中是什么东西,如此之大!虽然这是一种戏弄的语气,但安禄山还是很幽默地回答道:没有其他东西,只有一颗红心。玄宗听了,从内心感到高兴。

又一次,玄宗命他见太子,他视而不拜。左右劝他拜,他拱手而立曰:臣是胡人,不懂得朝仪,不知道太子是什么官?玄宗说:他是储君,朕千秋万岁后,他要代我为君。安禄山故装无知说:臣太愚蠢,过去只知道有陛下一人,不知道还有储君。遂拜太子。玄宗视其有竭诚奉君之心,更加宠爱了。当玄宗于勤政楼宴请百官时,百官皆列坐楼下,惟对安禄山特别优待,在御座东间设金鸡障,为其特设专座,以示荣宠。

安禄山取宠于玄宗的目的是为了发展个人野心。他借口防御敌人,在蓟州(治所在今天津蓟县)北筑雄武城,大量积存兵器。显然这是阴谋发展势力。

玄宗日益宠信安禄山,朝中其他要员也对安禄山刮目相看了。天宝六载(747),玄宗又加安禄山为御史大夫,并封其两个妻子康氏、段氏为国夫人。这时,身为御史中丞的杨国忠,虽然也是显要人物,但他对安禄山却毕恭毕敬,每逢安禄山上下殿台阶,他都要亲自搀扶。宰相李林甫,虽然威权无二,但见安禄山于政事堂(宰相议事处),总是热情与其交谈;若在冬天,就脱下自己的袍披在安禄山身上。不难看出,安禄山已是身价百倍的边将了。

3 得寸进尺,身兼三镇节度使

安禄山阳奉阴违,对玄宗投其所好,固然是他飞黄腾达的重要手段,但朝廷内部的争权夺利之争也为他提供了有利的机会。天宝六载(747),李林甫为了杜绝边将入朝为相的道路,特建议以胡人为边将。李林甫为什么要这样做呢?

唐朝建立以后,常以忠厚名臣出任边帅,这些边帅都不久任,也不能兼统数镇。边帅有功者往往入朝为相。李林甫为了独揽大权,防止边帅入朝为相,影响他的地位,故而向玄宗建议道:陛下雄才大略,国家富强,但边防问题仍未解决,其原因是常以文人为边帅,他们打仗怯懦,不如武将。陛下如果要彻底打败四夷,使境内平安,不如重用武臣,武臣莫如蕃将。他们(蕃将)生来强悍,善于骑射,天性如此。陛下如果抚而用之,他们必然誓死效忠陛下。玄宗听了这个建议,喜悦异常。就是在这种情况下,安禄山的阴谋诡计才能发挥作用的。欲过河而船来,自然使欲过河者可顺利到达彼岸。蕃将没有文化,不懂礼仪,不熟悉朝廷情况,自然难以入朝为相。李林甫自认为达到了目的,却不料自己为安禄山步步登高修筑了阶梯。

当然,李林甫也不愿安禄山在他面前作威作福,所以,他也常常故意显示自己的特殊地位。御史大夫王鉷,对李林甫非常敬畏,每和李林甫接触,都是谨慎小心,不敢稍有疏忽。但是,安禄山却自恃有宠于玄宗,每见李林甫,常怠而不恭。李林甫为了向安禄山显示威风,当他正和安禄山说话时,故意安排王鉷进来。安禄山看到王鉷对李林甫毕恭毕敬的姿态,始感到自己对李林甫失礼了。从此以后,安禄山对李林甫不敢怠慢。这件事,促使李林甫与安禄山进一步互相勾结,互相利用。

由于安禄山的地位日益显要,朝野无不对他另眼相看。他每次进京,沿途驿站都要尽力满足他的需要。因为他身材肥胖,体重超人,一般的马都驮不起他,驿站要为他专备力气很大的马。驿站为他买马时,先备五石土袋,如果能驮起五石土袋的马,驿站才敢买下,以备安禄山路过时骑用。就这样力大无比的马,在两个驿站之间还要替换一次,换马的地方专修有换马台,为其提供方便。

安禄山为了进一步取信于玄宗,不惜采用欺骗手段,制造战功,蒙蔽玄宗。他多次诱骗奚和契丹人聚会,在会上他给奚和契丹人饮以莨菪酒(一种有毒植物制成的酒),很快醉倒。然后将其坑杀,达数千人之多,同时,取其酋长之首,送到长安报功。

蒙在鼓里的玄宗愈来愈重视安禄山。因为玄宗常到华清宫去,为了见安禄山方便,特以在华清宫所在地昭应县(今陕西西安临潼区)为安禄山修建了住宅。在长安,安禄山本来在道政坊已有住宅,但玄宗却认为此宅简陋隘小,另于亲仁坊选择宽广宜住之地为其修建新宅。所用经费全由御库支出,玄宗特以下诏,修建要"穷极华丽,不限财物,堂隍院宇,重复窈窱,匼币诘曲,窗牖绮疏,高台曲池,宛若天造,帏帐幔幕,充牣其中。至于厨厩之内,亦金银饰其器,虽宫中服御殆不及也"。[1] 其中配备的用具也十分豪华特殊,例如檀香木床就有

---

[1]《安禄山事迹》第6页。

两张，都是一丈长、六尺宽，很适合安禄山使用。不仅如此，每对安禄山赐物，也尽量与众不同。就这样，玄宗还怕安禄山笑他不够排场，故而他对向安禄山赐物的宦官说："胡（指安禄山）眼大，勿令笑我。"①

安禄山移入新宅，要大肆庆贺，要求玄宗亲命宰相参加宴会，玄宗照办。玄宗每吃一种美味，或在后苑校猎获得一种鲜禽，都要遣宦官立即赐给安禄山。为此事来往的宦官络绎不绝。

更为百官所不及者，是安禄山还"常与妃子同食，无所不至"。玄宗"恐外人以酒毒之，遂赐金牌子，系于臂上。每有王公召宴，欲沃以巨觥，禄山即以牌示之"②，表示他奉帝命而不饮酒。

安禄山的特殊地位愈来愈突出了。天宝七载（748）六月，玄宗赐其铁券（皇帝赐功臣享受特权的证件）。天宝九载（750）五月，玄宗又封安禄山为东平郡王。唐朝将帅封王者前所未有，安禄山开创了先例。八月，安禄山又奉命兼河北道采访处置使。天宝十载（751）正月，安禄山要求兼任河东节度使。有求必应，玄宗于二月就以河东节度使韩休珉为左羽林将军，以安禄山取代其职务。这时，安禄山就是平卢（今辽宁朝阳）、范阳（今北京）、河东（今山西太原）三镇的节度使了。

身兼三镇节度使，自然难以掌管全面情况，故而他尽力结党营私，发展自己的势力。户部郎中吉温看到安禄山地位日益显要，他遂趋炎附势，与安禄山约为兄弟。另外，又鼓动安禄

---

①《资治通鉴》卷216，天宝十载正月。
②《开元天宝遗事十种》上海古籍出版社1985年版第94页。

山说：你虽尊重李林甫，但他决不会推荐你为宰相，我受他驱使，也难高升。如果你能向上推荐我，我即上奏你堪当大任。我们共同对付李林甫，必然可以为相。安禄山接受吉温的建议，多次向玄宗称赞吉温。本来，天宝四载（745）五月，因吉温是因酷吏而闻名，玄宗曾说过：吉温"是一不良人，朕不用也。"① 这时他也忘得一干二净，居然同意安禄山的请求，以吉温为河东节度副使、知留后，又以大理司直张通儒为留后判官。河东的一切事务，都委托他们处理。

总而言之，天宝十载（751）的安禄山，已是有广大的地盘，相当多的军队，一批狐群狗党，而且又取信于玄宗的镇边大吏了。

---

①《资治通鉴》卷215，天宝四载五月。

三 安禄山与杨贵妃

安禄山是镇边蕃将,杨贵妃是玄宗宠妃,两者本无任何关系。由于杨贵妃得宠于玄宗,安禄山欲通过取信于玄宗而发展个人野心,故而他想借助于杨贵妃的特殊地位,曲线求宠于玄宗。安禄山叛乱,是玄宗骄奢淫逸,大权旁落,致使政治腐败的结果,与杨贵妃无关。杨贵妃因安禄山乱起而被杀,并非因她罪不容诛,而是形势所迫,她不得不扮演替罪羊的角色。绝代佳人的悲剧,为专制皇帝所编导,杨贵妃只能唯命是从,不能有其他选择。

1 杨贵妃其人

杨贵妃,名玉环,祖籍弘农华阴(今陕西华阴),后迁居蒲州永乐(今山西永济)。他的父亲杨玄琰曾为蜀州(今四川崇庆)司户,故而她生在四川。因为杨玄琰早逝,杨玉环被其叔父河南府士曹杨玄珪收养。她长相出众,如花似玉,又能歌善舞,也很聪明,所以,很得一些官僚贵族的喜爱。开元二十二年(734),玄宗第十八子寿王李瑁纳杨玉环为妃,于是,她从河南府来到长安皇宫。

李瑁是玄宗最宠爱的武惠妃所生。武惠妃姿色超群,又生了儿子,所以,她的地位很快超过了未生儿子的王皇后。不久，王皇后被废为庶人，武惠妃更神气了，她成了不是皇后的皇后。李瑁因其母亲的地位优越而与众不同，自己有杨玉环这样的美女为妻，当然心满意足，是令人羡慕的人物。但是，好景不长，开元二十五年（737）武惠妃死了，玄宗在精神上受到很大影响，后宫虽然还有宫女数千人，但没有称心如意者。皇帝有至高无上的权力，有人为了讨好皇帝，专门窥探方向，投其所好。这些人向玄宗透露，寿王妃杨氏是绝代佳人。玄宗知道后，暗暗高兴，于是就阴谋策划了一场公公夺取儿媳的丑剧。

开元二十八年（740）十月，玄宗在温泉宫（在今陕西西安临潼区，天宝六年改名华清宫）召见杨玉环。这时的李瑁，因母亲去世其地位已远非昔日，当然不敢违背皇帝老子的旨意。玄宗为了掩人耳目，先度杨玉环为女道士，号太真，不久就暗纳入宫，实为其爱妃。另外，又给李瑁纳韦昭训女为妃，以缓和父子矛盾。

天宝四年（745）八月，玄宗正式册封杨玉环为贵妃。贵妃的地位仅次于皇后。杨贵妃的称号就是从这时候开始的。这时玄宗61岁，杨贵妃才27岁。正是这种年龄上的悬殊，一个青年女性成为年逾花甲的专制君主之宠物了。

杨贵妃得宠，杨氏家族鸡犬升天。他死去的父亲玄琰被追封为太尉、齐国公，其叔父玄珪被封为光禄卿。其从祖兄杨钊（国忠）更为玄宗所赏识，身兼多种要职，曾专权一时。他的三个姐姐分别被封为韩国夫人、虢国夫人、秦国夫人。三人皆甚有姿色，也为玄宗所爱，常常出入宫掖，势倾天下。玄宗妹玉真公主见她们也退避三舍，其他官员对她们更是毕恭毕敬，对她们的任何要求，像对待制敕一样。十宅诸王百孙院（皇子皇孙居住地）有婚嫁之事，都要以钱千缗贿赂韩国夫人和虢国夫人。杨家兄妹竞相建造住宅，"极其壮丽，一堂之费，动踰千万；既成，见他人有胜己者，辄毁而改为"。虢国夫人更为放肆，有一天，她率工徒闯入中宗时曾任宰相的韦嗣立宅中。这时，韦嗣立虽然已死，但其后代仍在，虢国夫人遂任意"撤去旧屋，自为新第，但授韦氏以隙地十亩而已"。①

杨贵妃与这些皇亲国戚，奢侈腐化，挥金如土，大大增加了国库的开支。宫中供杨贵妃织锦刺绣之工有700多人。杨贵妃喜吃岭南的新鲜荔枝，玄宗就下令使人日夜兼程，运荔枝到长安。她的三位姐姐每年用的脂粉费高达1000贯钱。

以上各种情况，都是玄宗宠爱杨贵妃的结果。在这种氛围中，安禄山不能不认识到讨好杨贵妃就是求宠于玄宗的另一条途径。

2　安禄山视杨贵妃为母

杨贵妃受宠，无与伦比。安禄山虽然也取信于玄宗，但他不可能有杨贵妃那样的特殊身份，所以，他决不敢视杨贵妃为政敌，只能把她和玄宗同样看待。从另一方面说，具有倾国姿色的杨贵妃，既为玄宗无限宠爱，政治野心家安禄山焉能没有贪色之欲呢？否则，为什么当他初次看到玄宗与杨贵妃时，"禄山心动"。后来又听说杨贵妃于马嵬被杀时，又"数日叹惋"②呢！但是，安禄山又不敢虎口夺食，只能是通过为人助

---

①《资治通鉴》卷216，天宝七载十一月。
②《开元天宝遗事十种》第143页。

乐以缓解自己的私欲。总而言之，安禄山认为，屈膝于杨贵妃是曲线求宠于玄宗的关键。同时，也可以通过与杨贵妃接触而达到私人取乐的目的。

天宝六载（747），玄宗已年逾花甲，63岁了。一来他的精力也远非昔日可比，二来生活腐化，意志消沉，早已失去进取精神。这种情况，正适合安禄山发展个人野心。他利用参加宴会的机会向玄宗奏道："臣蕃戎贱臣，受宠荣过甚，臣无异材为陛下用，愿以此身为陛下死。"① 玄宗认为安禄山是竭诚奉君，对其颇为怜悯。

本来，玄宗为了表示他既宠爱杨贵妃，又信任安禄山，就命杨贵妃及其兄杨铦、杨锜，还有韩国夫人、虢国夫人、秦国夫人与安禄山兄弟姊妹相称。但安禄山为了讨好玄宗与杨贵妃，也为了出入禁中方便，故而要求为杨贵妃养儿。这时，杨贵妃29岁，安禄山45岁。这种子大于母的咄咄怪事，表面看来难以理解，但如果深入剖析安禄山的内心世界，再结合玄宗沉醉于太平盛世的外部环境，也就不言而喻了。否则，就无法理解玄宗为什么顺利答应此事了。

每当玄宗与杨贵妃共坐，安禄山进行拜见的时候，他总是先拜杨贵妃，后拜玄宗。玄宗问其何故如此，他对曰："胡人先母而后父。"② 玄宗非常高兴。玄宗的高兴，说明他在醉生梦死之中根本看不到安禄山假像背后准备叛乱的真实意图；安禄山的奴颜婢膝换取了玄宗的信赖，说明他的阴谋诡计已经如愿以偿。双方的满意，促使社会危机日益加深。

---

①《安禄山事迹》第5页。
②《资治通鉴》卷215，天宝六载正月。

天宝十载（751）正月一日，是安禄山的生日，玄宗与杨贵妃分别赐给安禄山大量的衣服、宝器、酒馔等物，《安禄山事迹》一书中详细记载了这些物品的名称和数量。当时的王公贵族也难有这样多的罕有之物。在所赐的物品与食物中，许多盛在金银器中。这些金银器和所盛的物品与食物都一同赐给，可见玄宗与杨贵妃所赐之物是开支巨大的。

第三天，安禄山又被召入宫中，杨贵妃独出心裁，用锦绣做了一个包裹婴儿的大襁褓，把安禄山像小孩子一样裹起来，使宫人用䌽车把他抬起来，戏笑玩耍，欢呼动地。玄宗听到后宫欢笑异常，遂问左右是什么原因，左右答道是贵妃在安禄山生日后三天做洗儿活动，玄宗十分高兴，亲往观看，并赐给贵妃大量洗儿金银钱物，宫中为此"尽欢而罢。自是禄山出入宫掖不禁，或与贵妃对食，或通宵不出，颇有丑声闻于外，上亦不疑也"。① 从此以后，宫中都呼安禄山为"禄儿"。

边将可以不受限制的出入禁中是极其罕见的，再加上杨贵妃与安禄山的特殊母子关系，"颇有丑声闻于外"并不奇怪。虽然杨贵妃与安禄山是玄宗认可的母子关系，常有接触，名正言顺。但是，他们并非真正的母子关系，而且又是少母老子，前所未有；多有来往，必然引起人们从另一角度揣测有什么异性之情。如果把所谓的"丑声"理解为绯闻，是不可能真实的。其一，杨贵妃与玄宗形影不离，即便是天宝五载（746）和天宝九载（750）杨贵妃因忤旨两次被驱逐出宫，玄宗立即就情绪异常，坐卧不安，高力士知其心意，当天就把杨贵妃召回宫中，可见，夜不伴驾是不可能的。其二，安禄山的主要目

---

①《资治通鉴》卷216，天宝十载正月。

的是了解、掌握玄宗的动态，以利于发展个人野心；决不会为了一时情欲而身首异处，断送发展个人野心的机会。

既然绯闻不可能是真实的，那么，杨贵妃为什么在安禄山生日时欢天喜地，又常与安禄山"对食"，表现非常亲热呢！就安禄山来说，凡是能讨好于玄宗的机会，他都不会放过。就杨贵妃来说，她已过而立之年，尚未生育。玄宗已60多岁，丧失了生育能力。宫中妃嫔无子，必然感到遗憾。所以，杨贵妃以假当真，通过戏弄安禄山来弥补自己的遗憾心情，也是一种无可奈何的自我满足。因此，如果说杨贵妃与安禄山有互相利用的阴谋勾当，倒是合情合理的。

3 安禄山叛乱与杨贵妃无关

杨贵妃得宠，是玄宗意志消沉，专以声色自娱的反映；安禄山备受信赖，是玄宗怠于政事，遭受安禄山蒙蔽、欺骗的结果。两者的根源在于玄宗骄奢淫逸。安禄山取信于玄宗，才得以发展势力，最后叛乱。不难看出，杨贵妃与安禄山叛乱没有关系。

但是，杨贵妃是在安禄山叛军攻进潼关以后，随玄宗逃亡途中被杀的。当哗变的军人杀了杨国忠以后，仍然不肯罢休。玄宗不解其意，遣高力士问其缘故，始知不杀杨贵妃就是"贼本尚在"[①] 或"祸本尚在"[②]，由此看来，当时有人把杨贵妃视为安禄山叛乱的根本了。当时的这种看法，有一定道理。因

[①]《旧唐书》卷51《杨贵妃传》。
[②]《新唐书》卷76《杨贵妃传》。

为安禄山是以诛杨国忠为名开始叛乱的,杨国忠是因与杨贵妃有兄妹关系而飞黄腾达的。按照这种逻辑,杨贵妃自然是安禄山叛乱的根源了。其实,这只是表面现象。

安禄山为什么要高喊诛杨国忠呢?因为杨国忠专横跋扈,他看到安禄山日益受宠,并且手握重兵,顾虑其难以控制,故而他屡次向玄宗反映安禄山有叛乱的意图。同时,还使其门客蹇昂、何盈等人从多方面搜集有关安禄山的动态,力图证明安禄山必然叛乱。安禄山也针锋相对,使其亲信兵部侍郎吉温等认真观察朝廷动静及杨国忠的举措。最后,杨国忠派人包围安禄山在京的住宅,捕杀安禄山的党羽,激起安禄山叛乱,故而安禄山必然要以诛杨国忠为名,以便师出有名。

追根溯源,杨国忠专横跋扈,是玄宗不理政事,轻信权臣,大权旁落的结果。固然,杨国忠的飞黄腾达与杨贵妃有关。但是,如果玄宗像开元初年那样,生活上注意节俭、求实,政治上积极进取,力求革新,就不可能以声色自娱,轻信权臣。也可以说,杨国忠专权是玄宗在政治上腐败的表现,杨贵妃受宠是玄宗在生活上腐化的反映。二者殊途同归,关键还是玄宗远非即位之初了。

然而,当时的皇帝有至高无上的权力,有谁敢去冒犯他的尊严呢!在大家都不敢指责玄宗政治腐败、生活腐化的时候,杨贵妃就不能不被当作替罪羊了。两《唐书》的作者把杨贵妃视为安禄山叛乱的本源,其原因就在这里。牺牲了青春的杨贵妃,千方百计地迎合玄宗的需要。当人们投鼠忌器,不敢把安禄山叛乱归罪于皇帝时,她又充当了替罪羊的角色,还曾遭人们唾骂,实在有失公允。

四 安禄山与杨国忠争斗，叛唐阴谋日益得逞

安禄山从营州杂胡到身兼三镇节度使的镇边大吏，他并不满足。他的政治野心是推翻唐朝，取而代之。当他认为唐朝政治腐败，有机可乘的时候，就按捺不住自己的阴谋心情，窥伺皇帝的宝座。他"每过朝堂龙尾道（皇宫内升殿的斜坡道），南北睥睨（傲慢地斜视）"①，停留很久才离去。可见他是希望自己登上皇帝宝座的。因此，他乘玄宗骄奢淫逸，闭目塞听之机，跻身朝廷；为实现自己的阴谋而发展党羽，排斥异己。同时，又厉兵秣马，紧锣密鼓地暗中策划，为叛乱做好了各种准备。

1 杨国忠其人

杨国忠本名钊，蒲州永乐（今山西永济）人，是武则天男宠张易之的甥儿。《杨太真外传》卷下则说张易之是其生父。这种说法难以令人置信。

杨钊不学无术，品行不端，颇为乡亲所鄙视。于是，他从军至蜀。他与新政（今四川南部东南）富民鲜于仲通有所交

---

①《新唐书》卷225《安禄山传》。

往，常得鲜于仲通的资助。鲜于仲通是当时剑南节度使章仇兼琼的采访支使。正当章仇兼琼闻知杨贵妃受宠，自己想投靠杨贵妃，在京师扩大自己的影响时，鲜于仲通向他推荐杨钊是杨贵妃从祖兄，是可利用之人。杨钊领受进京的任务，喜出望外。他带着章仇兼琼准备的价值万缗的精美礼物，昼夜兼程，到了长安。

杨钊遍访杨氏诸妹，分别赠送章仇兼琼的礼物。受贿者当然多有美言。不断向玄宗反映章仇兼琼的德政，而且还赞扬杨钊善于樗蒲（博戏，即赌博），使其面见玄宗，并且取得了随供奉官（即中书、门下省官员）出入禁中的权利。由于杨钊善于樗蒲，玄宗认为他精明能干，称赞他是"好度支郎"，也就是掌握财政收支好官员。杨氏姊妹也多在这方面为他发挥促进作用。

在杨钊和杨氏姊妹的作用下，天宝五载（746）五月，章仇兼琼从益州（今四川成都）到了长安，由剑南节度使而为户部尚书了。

杨钊为了在政治上寻找发展的机会，他上蹿下跳，纵横捭阖，在官僚集团的政治漩涡中施展自己的阴谋勾当。

李林甫执政时，他看到户部侍郎兼御史中丞杨慎矜为玄宗所赏识，他担心杨慎矜会位居他上，故而产生危害杨慎矜之意。杨钊认为有机可乘，遂向善于政治投机的户部郎中王鉷提供了杨慎矜与术士史敬忠有交往的情况，王鉷是李林甫的亲信。李林甫遂使王鉷诬告杨慎矜是隋炀帝玄孙，阴谋造反，欲复祖业。玄宗知道此事，怒不可遏。命侍御史杨钊等人审理此案，结果杨慎矜被赐自尽。

李林甫为了巩固自己的专权地位，多次制造冤狱，还特别在长安设置了推事院，以便排斥异己，打击政敌。杨钊看到李林甫权倾一时，投靠有望，也主动向其接近。李林甫也看到杨钊和杨贵妃有关，可以利用，遂使其为御史。杨钊知道李林甫曾反对忠王为太子，忠王为太子后，对李林甫的专横跋扈不满，所以，李林甫时刻对和太子有关的人进行监视，乘机进行打击。妄图削弱太子的力量。因此，杨钊极力在这方面为李林甫出力卖命。杨钊参与迫害的与太子有关者有数百家。幸而太子谨慎小心，还曾要求和自己受迫害的韦妃离婚，幸有宦官高力士的保护，才于最后做了皇帝（肃宗）。

在玄宗日益腐化、挥金如土的情况下，杨钊更从这方面极力对玄宗投其所好。由于他聚敛有功，所有的官衔愈来愈多，到天宝七载（748）六月，他所兼任的职务有给事中，兼御史中丞，专判度支事等十五余使。由此可见，杨钊已是玄宗心目中不可缺少的人物了。正是这种原因，有人认为杨钊是"广言利以邀恩"的奸臣，他"刻下民以厚敛，张虚数以献状；上心荡而益奢，人望怨而成祸；使天子有司守其位而无其事，受厚禄而虚其用"。故而"聚敛之臣"为害国家更甚于"盗臣"。①

杨钊为了显示自己聚敛的才能，针对当时各地州县仓库储存丰富的实际情况，特向玄宗建议，要各地州县把仓库所存的粮食等难以运输的重物变卖，换成布帛等容易运输的轻货，送到长安。这样一来，京师的仓库极其充实。玄宗率领群臣前往参观，喜悦异常，对杨钊倍加赞扬。既然玄宗感到物质财富极大的丰富，故而更助长了他视金帛如粪土的挥霍气焰。对贵宠之家的赏赐，毫无限制。

---

①《资治通鉴》卷216，天宝七载六月。

天宝九载（750）十月，杨钊请求为其舅父张易之、张昌宗昭雪。张易之、张昌宗兄弟都是武则天的男宠。神龙元年（705）正月，张柬之等人为迫使武则天让位，发动兵变，以谋反罪杀了张易之、张昌宗。这时，玄宗竟听从杨钊的建议，为其昭雪，并赐其一子为官。接着，杨钊又以其名是金和刀组成，按图谶有不吉利之意，请求更名，玄宗遂赐其名曰国忠。杨国忠之名从此开始。这些事实，都说明杨国忠已有左右玄宗的可能了。

杨国忠为了扩大私人势力，他于天宝九载（750）十二月推荐鲜于仲通为剑南节度使。鲜于仲通曾向原剑南节度使章仇兼琼推荐过杨国忠，使其能以进京，身居高位。这时，杨国忠又回头来推荐鲜于仲通，使其成为外援力量。

户部侍郎、御史大夫、京兆尹王鉷，也是玄宗的宠臣，和李林甫关系甚为紧密。王鉷弟王銲颇有野心，妄想称王。杨国忠发现此事，向玄宗反映王鉷必然与其弟同谋。玄宗本不欲问罪于王鉷，想使王鉷自己请罪以便宽容。杨国忠也暗示了玄宗的意思，但王鉷毫无表示，更加另一宰相陈希烈极力攻击王鉷，结果王鉷被赐自尽。杨国忠因告发、审理此事有功，王鉷原有的京兆尹等一切职务全都归杨国忠所有了。

杨国忠日渐羽毛丰满，他的欲望也愈来愈高，他想进一步取李林甫而代之了。

最初，李林甫认为杨国忠无才，不可能凌驾于自己之上。由于杨国忠与杨贵妃有关，可以利用，故而与其友好。但是，杨国忠则是另一种想法，他想以李林甫为梯，步步高升，最后取而代之。所以，他决不放过任何一个有利机会。王鉷被赐自尽以后，杨国忠又勾结另一宰相陈希烈，诬称李林甫与王鉷有关,致使玄宗逐步对李林甫有所疏远。

天宝十一载(752)十一月,李林甫病死。杨国忠做了宰相兼文部(吏部)尚书,其他职务没有变动。这时,他狂妄的以天下为己任,公卿百官无不看他的脸色行事,所兼职务,共四十余使。他取李林甫而代之,甚至超过李林甫的愿望终于实现了。李林甫虽然在朝廷专权,还没有遥领节度使。杨国忠于天宝十载(751)十一月开始,遥领剑南节度使。在这方面,杨国忠当然是超过李林甫了。

杨国忠做了宰相,安禄山是身兼三镇的节度使,他们之间必然要产生各种关系。杨国忠为了落井下石,彻底清除李林甫的影响,进一步抬高自己的威望,遂于天宝十二载(753)正月使人与安禄山联系,要安禄山诬陷李林甫曾与阿布思谋反。

为什么要安禄山充当这个角色呢?阿布思是突厥的一个首领,于天宝元年(742)八月降唐,玄宗对其赏赐甚厚,并赐姓名李献忠。李献忠自认为安禄山才略不如自己,故而对安禄山有蔑视之意,安禄山对其恨之入骨。安禄山为了乘机加害李献忠,遂于天宝十一载(752)三月奏请玄宗,要李献忠与其共同进击契丹。李献忠担心为安禄山所害,遂率部叛唐而去。因此,安禄山出来告发阿布思叛唐与李林甫同谋,自然容易使人相信。

安禄山看到李林甫已死,没有任何顾虑,阿布思是自己的政敌,正好借此报复;杨国忠青云直上,权大位尊,正可利用。于是,他使阿布思部落降唐者诬告李林甫与阿布思约为父子,互相勾结。杨国忠的这一阴谋果然得逞,玄宗相信了安禄山的诡计。同时,时任谏议大夫的李林甫婿杨齐宣怕受牵连,违心的向杨国忠讨好,伪证李林甫与阿布思勾结属实。这样一来，李林甫当然是罪大恶极了。

这时，李林甫死后尚未安葬，玄宗命削去李林甫的一切官爵，其子孙有官者皆除名，流放到岭南及黔中，仅给随身衣粮，其余财产全部没官，近亲及其党羽坐贬者50余人。另外，还剖李林甫棺，取出口中的含珠，更换一个小棺，像庶民百姓一样安葬。玄宗认为，杨国忠为此事有功，对其赐爵魏国公。

杨国忠在对政敌斗争中屡获胜利，使其颇感顺心如意。更加对其行贿者络绎不绝，使其积缣3000万匹。不过，尽管他一时踌躇满志，春风得意，但他自知并非自己才能所致，所以，他只就目前情况而高兴地说：我出身寒家，因贵妃的关系能有今日，很难知道将来的归宿如何，大概不会有好的名声，不如当前快乐一时。正因为他有这种情绪，所以，在生活上他也是奢侈腐化，日甚一日，甚至和他的本家妹妹虢国夫人，也有不正当的往来。史载："杨国忠与虢国夫人居第相邻，昼夜往来，无复期度，或并辔走马入朝，不施障幕，道路为之掩目。"① 更有甚者："虢国（夫人）又与国忠乱焉。"② 由此看来，杨国忠明知前途难有佳境，故而只有今日有酒今日醉了。

2　安禄山与杨国忠的明争暗斗

安禄山身为边将，必然和宰相有所联系。李林甫执政时，他认为李林甫比自己更为狡猾，难以对付，所以，他对李林甫是畏而敬之。杨国忠做了宰相，他认为杨国忠才能低下，不可

---

①《资治通鉴》卷216，天宝十二载十月。
②《开元天宝遗事十种》第140页。

与他相提并论，故而常表现出蔑视的态度。于是，二人之间逐渐产生了裂痕。杨国忠多次向玄宗反映，安禄山有阴谋造反的意思，但玄宗却充耳不闻。

杨国忠为了加强与安禄山对抗的力量，有意拉拢哥舒翰。哥舒翰是陇右节度使，素与安禄山不和，玄宗常想协调他们之间的关系。天宝十一载（752）冬，他们共同入朝，玄宗命高力士于城东宴请他们。在宴会上，安禄山对哥舒翰道："我父胡，母突厥，公父突厥，母胡，族类颇同，何得不相亲？"哥舒翰道："古人云，狐向窟嗥不祥，为其忘本故也。兄苟见亲，翰敢不尽心！"① 安禄山对哥舒翰的答话大为不满，他以为哥舒翰是以狐比喻他是胡人，故而他大发雷霆，怒骂哥舒翰道：突厥人，你敢如此放肆。哥舒翰当然不肯示弱，幸有高力士立即制止，双方暂时罢休。但安禄山与哥舒翰的私怨进一步加深了。

因为安禄山与哥舒翰的关系紧张，所以，杨国忠厚结哥舒翰，共同对付安禄山，他特以奏请玄宗，以哥舒翰兼任河西节度使，并赐爵西平郡王。

天宝十三载（754）正月，杨国忠又一次向玄宗反映，安禄山必然阴谋造反；并且还说，陛下可以试召他，他必然不来。果然，玄宗使人召安禄山。出乎杨国忠所料，安禄山闻命即至，到华清宫（在今陕西西安临潼区）拜见玄宗。为了反击杨国忠，他向玄宗哭诉道："臣本胡人，陛下不次擢用，累居节制，恩出常人。杨国忠妒嫉，欲谋害臣，臣死无日矣。"②

---

①《资治通鉴》卷216，天宝十一载十二月。
②《安禄山事迹》第18页。

杨国忠的判断错误，安禄山的哭诉，使玄宗更加相信安禄山了。

　　玄宗先对安禄山赏赐巨万，又欲使安禄山为宰相。当玄宗已命翰林院供奉张垍起草诏书时，杨国忠出来反对道："禄山虽有军功，目不知书，岂可为宰相！制书若下，恐四夷轻唐。"① 玄宗虽然因此而未使安禄山为相，但又加安禄山为左仆射，赐其一子为三品官，一子为四品官。玄宗又根据安禄山的要求，又加他为闲厩、苑内、营田、五方、陇右群牧都使，又兼知总监事。安禄山又要求以吉温为武部（兵部）侍郎，充闲厩副使。于是，又引起了杨国忠与吉温的冲突。

　　吉温是什么人呢？他是以酷吏著称，善于看风转舵的投机者。天宝初年，他为新丰（在今陕西西安临潼区）丞。玄宗第一次见到他，对其印象不佳，不愿使用。后来，他又走高力士的门路，逐步有所发展。李林甫专权时，为了对付政敌，引用吉温负责刑狱，他用严刑酷法，压服很多异己者。他常说："若遇知己，南山白额兽不足缚也。"② 他所谓的"知己"，当然就是像李林甫那样重用他的人。

　　在安禄山日益受宠以后，他又极力对安禄山阿谀奉迎。他明确向安禄山表示，李林甫执政，决不会使安禄山为相。如果安禄山推荐吉温为相，吉温必然推荐安禄山肩负重任。二人共同努力，把李林甫挤出朝廷。安禄山当然高兴。于是，当安禄山为河东节度使时，他就推荐吉温为河东节度副使，并兼管节度营田及管内采访监察留后事。

---

①《资治通鉴》卷217，天宝十三载正月。
②《旧唐书》卷186下《吉温传》。

杨国忠做了宰相，也想利用吉温。他征时任魏郡（治所在今河北大名北，当时魏郡属河北道，安禄山兼河北道采访使）太守的吉温为御史中丞，充京畿、关内采访等使。吉温到范阳（今北京）去向安禄山辞别，安禄山命其子安庆绪送其出境，并为其勒马出驿站数十步。吉温到了长安，脚踏两家船，一面讨好于杨国忠，一面又将朝廷的一切动静密报安禄山，使安禄山对杨国忠的一切活动了如指掌。很明显，安禄山在实际上得到了吉温的支持。因此，当安禄山奏请吉温为武部侍郎，充闲厩副使时，实际上使杨国忠发现了吉温是安禄山的亲信。这样一来，杨国忠自然要厌恶吉温了。

安禄山离开长安回范阳时，玄宗解御衣赐之，安禄山受宠惊喜。高力士又奉命于长乐坡（在今陕西西安东郊）为其饯行。事后玄宗问高力士道：安禄山高兴吗？高力士答曰：看他不服气，不满意的样子，"必知欲命为相而中止故也"。① 杨国忠认为这是起草诏书的张垍泄漏了机密，结果张垍被贬为泸溪（今湖南黔阳西南黔城镇）司马。

安禄山离开长安，担心杨国忠再有什么阴谋，遂急剧出了潼关，乘船沿河东下，昼夜兼行，一日数百里，过州县不下船。由于玄宗信任安禄山，自此以后，无人再反映安禄山会叛乱了。

天宝十三载（754）十一月，因为河东太守兼本道采访使韦陟文雅而有盛名，杨国忠担心他可能入朝为宰相，影响自己的地位，故而使人诬告韦陟贪赃枉法，要御史追究审问。韦陟贿赂御史中丞吉温，要求吉温求救于安禄山。此事又为杨国忠

---

① 《资治通鉴》卷217，天宝十三载三月。

发现，杨国忠遂贬韦陟为桂岭（今广西贺县东北桂岭）县尉，贬吉温为澧阳（今湖南澧县）长史。接着，安禄山又上奏玄宗，反对杨国忠陷害吉温。玄宗对此置之不理。

在这时候，不管是杨国忠，还是安禄山，要想假玄宗之手打倒对方都不可能了。因为玄宗已经完全沉醉于声色犬马之中，政要靠相，军要靠将，自己要名副其实坐享其成了。所以，他曾对高力士说："朕今老矣，朝事付之宰相，边事付之诸将，夫复何忧！"① 不难看出，玄宗是要一手拉相，一手拉将，使他们都为其所用。但事与愿违，这正为安禄山叛乱伏设了导火线。

3 厉兵秣马，准备叛唐

安禄山叛唐不是偶然的，他是一个野心家，奸诈、狡猾，他千方百计地对玄宗投其所好，正是他叛唐的必要准备。可以肯定，他是经过长期养锐蓄威，逐步羽毛丰满，抓住了与杨国忠剑拔弩张的导火线，才公开行动的。

安禄山在逐步取得玄宗信任以后，其母、祖母皆被赐为国夫人，其11个儿子庆宗、庆绪、庆思、庆和、庆余、庆则、庆光、庆喜、庆祐、庆长、庆□，都由玄宗赐名。其中庆绪为鸿胪少卿兼广阳郡守，庆宗加秘书少监，又娶荣义郡主，改太仆卿。这些情况，都使安禄山日益骄横。但他顾虑玄宗年事已高，如果一旦太子（肃宗）即位，可能难以保持他的地位，故

---

①《资治通鉴》卷217，天宝十三载六月。

而"遂包藏祸心,将生逆节"。① 除了以御寇之名修筑雄武城(在今河北兴隆南),贮存兵器以外,又养同罗、奚、契丹降者8000余人为其假子,称谓曳落河(即壮士或健儿之意)。另外,还有家僮百余人。这些人都骁勇善战,待遇优厚,都是安禄山的亲信部队。他还畜养战马数万匹,牛羊5万余头,充实自己的力量。为了加强自己的经济实力,还分遣商胡到诸道进行贸易,每年可得异方珍货数百万。

再者,他还网罗了一批文武人才,作为其骨干力量。其中以高尚、严庄、张通儒及将军孙孝哲为腹心,史思明、安守忠、李归仁、蔡希德、牛廷玠、向润容、李庭望、崔乾祐、尹子奇、何千年、武令珣、能元皓、田承嗣、田乾真、阿史那承庆为爪牙。高尚、严庄、张通儒等是不得志的文人,他们被安禄山引置幕府,处理有关文书方面的事务。其他多是武人,主要是统兵打仗。

更值得注意注意的,是他私自制造了数以百万计的绯紫袍、金银鱼袋、腰带等物。按照唐代的制度,文武官员三品以上服紫,金玉带;四品服深绯,五品服浅绯,并金带。鱼袋也是唐代反映官员品级的标志,三品以上官员带金鱼袋,五品以上官员带银鱼袋。勿庸置疑,他大量制造绯紫袍、金银鱼袋、腰带等物,正是为了他取唐而代之,另建朝廷的需要。正因为如此,所以有人认为他"将为叛逆之资,已八九年矣"。② 在《资治通鉴》中,记载以上内容的是在天宝十载(751),既然认为他在八九年前已开始叛唐的准备,正符合玄宗逐步转化的

---

① 《安禄山事迹》第12页。
② 《安禄山事迹》第12页。

实际情况。开元天宝之际，玄宗由积极进取，力求国家富强，逐步向骄奢淫逸，怠于政事方面转化。这正给安禄山发展个人野心提供了有利的机会。安禄山逐步取得玄宗的信任，正是他利用这个机会发展个人野心所取得的成果。

天宝十三载（754）正月，安禄山应召到长安，二月，他向玄宗奏请道："臣所部将士讨奚、契丹、九姓、同罗等，勋效甚多，乞不拘常格，超资加赏，仍好写告身付臣军授之。"①要求对他的有功将士不拘常格的超资加赏，而且还要把写好的委任书发给他。这正是要玄宗明确允许他扩充人马，发展势力。同时，这也是安禄山收拢众心，使其部众为其效忠的手段。被蒙蔽的玄宗慨然应允，被任命为将军者500余人，被任命为中郎将者2000余人。有官就得有众。500余将军必然应有更多的兵众，这就为安禄山扩充势力提供了方便。

在安禄山为其所部请功加赏的影响下，陇右节度使哥舒翰也为其部将请功求赏。三月，在哥舒翰的要求下，玄宗命陇右十将、特进、火拔州都督、燕山郡王火拔归仁为骠骑大将军，另以河源军使王思礼加特进，临洮太守成如璆、讨击副使鲁炅、皋兰都督浑惟明并加云麾将军，陇右讨击副使郭英义为左羽林将军。哥舒翰还奏请严武为节度判官，吕湮为支度判官，高适为掌书记，曲环为别将。这样做的结果，必然是边镇日益强大，皇权受到威协，终于形成尾大不掉之势。

天宝十四载（755）二月，安禄山使其副将何千年入奏，请求以蕃将32人代替汉将。玄宗立即命中书省起草诏书，报他批准，并发给委任状。宰相韦见素对杨国忠说：安禄山早有

---

①《资治通鉴》卷217，天宝十三年二月。

异图,现在又有这种要求,是明显的要造反了。明日我要极力劝阻皇上,不能答应他的请求。并且要求杨国忠,如果玄宗不听从他的建议,杨国忠应继续进谏。第二天,韦见素、杨国忠面见玄宗。玄宗劈头就问:你们有惑疑安禄山的意思吗?韦见素极力陈述安禄山有叛乱的迹象,要求玄宗不要同意安禄山的意见,玄宗颇为不悦。杨国忠犹豫不敢发言,玄宗批准了安禄山的请求。

又过数日,杨国忠、韦见素又晋见玄宗。他们再向玄宗建议道:臣有办法可以消除安禄山的阴谋。就是任命安禄山为宰相,召他到朝廷来,同时,以贾循为范阳节度使,吕知诲为平卢节度使,杨光翙为河东节度使,分散他的势力,自然他就难以叛乱了。玄宗接受了这个建议,也起草了诏书,但他暂不下发。他又抱着惑疑的态度,派遣宦官辅璆琳亲赴范阳,以赐珍果为名,去观察安禄山的实际动态。安禄山为了进一步欺骗、蒙蔽玄宗,他对辅璆琳厚加贿赂。辅璆琳回到长安,尽力称赞安禄山竭忠奉国,没有二心。于是,玄宗对杨国忠等人说:"禄山,朕推心待之,必无异志。东北二虏,藉其镇遏。朕自保之,卿等勿忧也!"① 就这样,安禄山的阴谋又一次被掩盖起来了。

安禄山得寸进尺,为其所部请功加赏,满意而归,又请求以蕃将32人代替汉将,也取得玄宗的允可。这样一次又一次的胜利,为其进行叛乱做好了准备。杨国忠等人欲以召其为相的手段骗其进京,无疑是痴心妄想。安禄山叛乱是箭在弦上,一触即发了。

---

①《资治通鉴》卷217,天宝十四载二月。

五 范阳举兵，进陷东都

安禄山的阴谋日益得逞，他乘玄宗闭目塞听、偏听偏信之机，积极发展势力，从各方面进行准备，企图叛唐。杨国忠与安禄山的明争暗斗，加剧了安禄山叛乱的进程。杨国忠欲借玄宗之手消除安禄山叛乱的隐患，打倒自己的政敌，但安禄山也不甘坐以待毙，他是层层设防，严加戒备，实际上是以攻为守，屡挫杨国忠的阴谋暗算。但在杨国忠步步进逼的形势下，安禄山正像欲过河而来船一样，找到了借口。于是，他撕下了伪装的面具，举起了讨伐杨国忠的旗帜，公开进行叛乱了。

1 杨国忠为安禄山叛乱提供了口实

安禄山回到范阳，一方面继续迷惑玄宗，他多次向玄宗诈称打败奚、契丹，取得了很大胜利，获得了不可胜计的驼、马、牛等战利品。一方面又十分警惕朝廷觉察他的动向，对长安来的使者避而不见，严加防备。

天宝十四载（755）三月，玄宗命给事中裴士淹宣慰河北。裴士淹到达范阳后20多天，在戒备森严的情况下，才由武士引导见到了安禄山。在裴士淹看来，安禄山已经对玄宗完全失去了臣事君之礼了。于是，他谨慎小心，只是宣读了玄宗的诏书，不敢多说什么，立即退出来了。回到长安，他考虑到玄宗对安禄山坚信不疑,根本听不进安禄山欲叛唐的言论,故而他不敢以实情上报。

七月,安禄山为了欲在京师制造混乱,他请求献马3000匹,每匹马有牵马夫2人,再有车300乘,每乘有车夫3人。仅此两项,就需要进京6900人,另外还有22名蕃将统领。安禄山要派将近7000人进京,显然这不是一般的进献,而是别有用心。所以,《新唐书·安禄山传》中说,这是"欲袭京师",无疑是非常正确的。

针对此事,河南尹达奚珣惑疑安禄山企图制造事端,遂向玄宗进谏道:请通知安禄山,进献车马,应到冬季,并且不必烦劳安禄山亲派马夫、车夫;由官府派人转送即可。达奚珣的建议,提醒了玄宗,玄宗开始对安禄山有所惑疑了。

本来,此事并不是孤立的。在此之前,六月的时候,安禄山子安庆宗在长安尚宗室女荣义郡主,玄宗因安庆宗成婚,亲手下诏要安禄山赴京观礼,安禄山怕遭暗算,称病未往。在不长的时间内,安禄山先是奉召不进京,后又要拥众进京。这种截然不同的态度,正说明他用欺骗的手段迷惑玄宗的阴谋已不能继续下去了。

同时,从玄宗方面说,先是认为安禄山是竭诚奉君的忠臣,后来逐渐对其产生惑疑,遣人对其进行试探。这种转变,正说明在玄宗的心目中,安禄山已经是不可继续相信的人了。双方态度的变化,说明安禄山与朝廷之间的关系不能继续平静。互相猜疑,互不信任,必然加剧矛盾的发展,这种矛盾的继续发展,终于促成了安禄山叛乱的爆发。

玄宗接受了达奚珣的建议,派遣宦官冯承威(即冯神威)到范阳召安禄山进京。玄宗于诏书中说:"朕新为卿作一汤,于华清宫待卿。"① 华清宫在今陕西西安市临潼区，开元二十一年（733）所建，天宝六载（747）改名华清宫。因为这里有温泉，而且风景秀丽，所以，许多王公贵族都在这里建有住宅，杨国忠、安禄山在这里也有住宅，华清宫就是专为玄宗修建的行宫。安禄山本来在这里就有住宅，现在玄宗又说为他新作一汤（温泉浴池），当然是引诱安禄山进京的意思。玄宗以此来诱使安禄山进京是有其原因的。因为华清宫是休闲玩乐的好地方，玄宗与杨贵妃常常住在这里。在这里召见安禄山，意味着要共同享受优美的自然风光与温泉浴，有轻松欢愉的舒适，不像在太极宫、大明宫等施政之处那样，有一种令人紧张的政治氛围。

另外，玄宗为了扩建他的汤池，使其制作宏丽，安禄山也曾对其有过许多贡献。例如，安禄山在范阳用白玉石制成鱼、龙、凫（野鸭）、雁等动物的形状，还做了石梁与石莲花，雕镌的技术非常精巧，好像是真物并非人工所造。把这些东西献给玄宗，玄宗十分高兴的命将其陈列于浴池中，石梁横亘于池上，莲花刚露出水面，颇为引人入胜。玄宗到了华清宫，刚欲解衣入池，看到鱼、龙、凫、雁"皆若奋鳞举翼，状欲飞动"。② 这种现象，居然使玄宗受惊，遂命将其撤去，惟留莲花仍在池中。这所莲花汤，据考古学家的发掘，它"略呈圆角长方形，青石砌成，……设计合理，结构紧密，并具有浓厚写实色彩"，这是"国内目前发现惟一最大的皇帝专用池"。③ 被

---

①《资治通鉴》卷217，天宝十四载七月。
②《明皇杂录》中华书局1994年版第28页。
③《陕西博物馆要览》三秦出版社1998年版第47页。

古今人们都视为是实用华丽的浴池，既然有安禄山的贡献，玄宗在这里召见他，无疑会使安禄山感到玄宗未曾忘掉他的所谓忠心诚意。这就是说，玄宗欲以在华清宫召见安禄山的手段诱使安禄山进京，是经过深思熟虑的。

不过，这时的安禄山已自感阴谋暴露，祸出不测，只有铤而走险了。所以，他对朝廷使者傲睨一世，毫无臣礼。当冯承威对他宣读诏书时，他只是在座位上稍动了一下，既不起立，也不下拜，轻描淡写地问了一声"圣人（指玄宗）安稳。"然后又说："马不献亦可，十月灼然诣京师。"① 说罢，即派左右把冯承威送到馆舍，再不理睬。数日以后，冯承威被遣返长安。冯承威见了玄宗，哭哭啼啼道：我几乎不能回来再见到陛下了。正当这时，原来辅璆琳出使范阳受安禄山重贿，回京又大肆赞扬安禄山的事实被人揭发了。于是，玄宗杀了辅璆琳，更加相信安禄山真的要造反了。

玄宗态度的转变，安禄山剑拔弩张，蠢蠢欲动；杨国忠则暗中高兴，他认为自己早已看穿了安禄山的野心，现在玄宗的态度已经转变，正是他打击安禄山的良好时机。于是，他加紧搜集安禄山准备叛乱的事实。他命其门客蹇昂、何盈专门搜集有关安禄山的情况，在掌握一定的情况后，命京兆尹李岘包围安禄山在京的住宅，逮捕安禄山的亲信李起（即李超）、安岱、李方来等人，令侍御史郑昂之（即郑昂或郑昆之）暗中审问，并将其秘密缢杀于御史台。另外，又将安禄山在长安的亲信吉温贬为澧阳（今湖南石门）长史。玄宗为了表示他要坚决清除吉温的影响，特命高力士于朝堂宣读他的诏书："吉温凶忍之

---

①《资治通鉴》卷217，天宝十四载七月。

人也,自伯父(吉温的伯父吉顼是武则天时酷吏)已来,世为酷吏,朕任人不明,比刑滥,悉温所为。今为卿等除酷吏,卿其悦乎?"由于吉温的酷吏行为触犯众怒,故而"群臣皆蹈舞拜谢"。① 后来,吉温又因犯贪赃罪及逼士人女为妾被贬为高要县(今广东肇庆)尉,最后死于狱中。

以上情况,在京的安庆宗自然不会置若罔闻,很快向安禄山报告。安禄山知道此事,怒火骤起,即令严庄上表为自己辩解,并且列举杨国忠20余条罪状,要求玄宗严办。玄宗为了避免扩大事态,遂把捕杀安禄山在京亲信事归罪于京兆尹李岘,把李岘贬为零陵(今湖南宁远东南)太守。这当然不能平息安禄山的叛乱意图。同时,杨国忠为了向玄宗表示自己的忠心,正在千方百计地以各种借口制造事端,欲刺激安禄山速反,以显示自己早有预见。这样一来,表面上是安禄山与杨国忠的矛盾迅速激化,实际上是杨国忠为安禄山叛乱提供了口实。杨国忠欲以刺激安禄山速反的手段并未达到他更为取信于玄宗的目的,而是使自己很快葬入了安禄山叛乱的火海之中。事与愿违,适得其反。

2 借口讨伐杨国忠,举兵南下

杨国忠迫不及待的促使安禄山速反,安禄山也感到时机已经成熟,遂积极谋划,准备起兵。自天宝十四载(755)八月以后,安禄山就屡次慰问并告诉士卒,要他们磨砺戈矛,准备粮草,有人感到奇怪。十月,他又和一些主要亲信严庄、高

---

①《安禄山事迹》第21页。

尚、阿史那承庆、安庆绪等，经过密谋策划，商定了举兵的步骤。这时，恰好奏事官胡逸从长安回到范阳，安禄山就借此机会，伪造诏书，向诸将宣布道：胡逸回来，带"有密旨，令禄山将兵入朝讨杨国忠，诸君宜即从军"。① 大家虽感到十分突然，不知真相，但也无人敢有不同意见。

十一月九日，安禄山发所部兵及同罗、奚、契丹、室韦等部，共15万人，号称20万，于范阳举兵，公开叛唐。他命范阳节度副使贾循守范阳，平卢节度副使吕知诲守平卢，别将高秀岩守大同（今内蒙古乌拉特前旗东北）。其他各部均于夜间开始行动，向南进军。次日早晨，安禄山出蓟城（今北京西南）南，检阅部众，公开发布文告，他要率众讨伐杨国忠，有人敢有异议，煽动军人不从者，杀其三族。安禄山乘坐铁车，所统步兵、骑兵，浩浩荡荡，烟尘千里，鼓噪震地。由于长期没有战争，百姓都安居乐业，早已形成太平观念，忽然看到安禄山兴师动众，大举南下，声言还要进京讨伐杨国忠，自然使人们大为震动，颇有将要大难临头之感。

蓟城有一老年人向安禄山谏道：师出无名是要失败的。安禄山为了收拢人心，特使严庄回答他："苟利国家，专之可也。利主宁邦，正在今日，何惮之乎？"② 当然，老百姓不会相信这种无稽之谈。所以，大家议论纷纷说：百岁老人还未见过范阳兵马向南去者。不言而喻，人民群众根本不相信安禄山的谎言。

由于安禄山身兼河北道采访使。所以，河北都是他的势力

---

①《资治通鉴》卷217，天宝十四载十月。
②《安禄山事迹》第24页。

范围。安禄山所统大军经过之处,都望风瓦解,郡守县令,有的开城出迎,有的弃城逃匿,还有的被擒杀,没有敢公开抗拒者。

安禄山的先遣将军何千年、高邈率领奚人骑兵20人,声言要献俘虏,奔赴太原(今山西太原),太原尹杨光翙出面迎接,突然被劫之而去。这个消息传到长安,还有东受降城(今内蒙古托克托县南)也上奏安禄山已反,玄宗还不相信,他还认为这是故意和安禄山为敌的人伪造的消息。

十一月十五日,玄宗获得安禄山造反的确切消息,遂召宰相等人商谋对策。杨国忠扬扬得意,神气十足地说:"今反者独禄山耳!三军左右皆不欲也,旬日必斩之来降,不如此,陛下发兵讨之,仗大义诛暴逆,可不血刃而定矣。"① 玄宗同意杨国忠的看法,但其他大臣都相顾失色,不知所措。

玄宗对安禄山叛乱虽然并未十分重视,但还是开始布置防务。他派遣特进毕思琛赴东京(今河南洛阳),又派遣金吾将军程千里赴河东(今山西永济西),在当地募集军队,并组织当地的团练兵,准备迎敌。

十一月十六日,安西节度使封常清入朝,玄宗就安禄山叛乱事征求他的意见,封常清毫不在意地说:因为太平日久,人们听说有贼作乱,都很害怕。但事有正反两面,形势也会突然变化,我愿前往东京,打开府库,募集骁勇之士,从容地渡过黄河,很快即可取安禄山之首献给陛下。玄宗听了,喜悦异常。十七日,玄宗即命封常清为范阳、平卢节度使。封常清即日起程,奔赴东京,仅用10天,就募兵6万人;遂断河阳桥

---

①《安禄山事迹》第22—23页。

(在今河南孟县南),防止叛军南下。

十一月十九日,安禄山到达博陵南(即定州,治所在今河北定县),其部将何千年将从太原劫持的杨光翙押解来见,安禄山怒斥杨光翙依附杨国忠,将其斩首示众。接着,安禄山就使其假子安忠志率精兵驻于土门(即井陉关,在今河北井陉西北)。土门是从太原东越太行山进入华北平原的关口,安禄山于此驻军,当然是要防止河东道(今山西)唐军东进。另外,又以其将张献诚代理博陵太守。博陵既是土门的后方,又是向南进军的通道,安禄山在这里进行一定的军事部署是非常必要的。

安禄山到达藁城(今河北藁城),常山(今河北正定南)太守颜杲卿自感力不从心,难以拒敌,遂与长史袁履谦出城迎接叛军。安禄山赐给颜杲卿三品以上官员才能穿带的紫色衣服和金玉带,命其仍守常山,但要以其子弟为质。颜杲卿看到安禄山所赐衣服,心中极不痛快,在回府途中,他对袁履谦说:我们为什么要穿带这些东西呢?袁履谦领会了颜杲卿并不真心降安禄山的心意,遂暗中与颜杲卿密谋策划,准备讨伐安禄山。

3 长驱直入,攻陷东都

十一月二十一日,玄宗从华清宫回到京城。这时,他才如梦初醒,对安禄山恨之入骨。他先杀了安禄山在京的儿子太仆卿安庆宗,又赐荣义郡主自尽。这位倒霉的郡主,奉命做了安禄山的儿媳,又奉命而自尽,至死也不知道为什么去为别人做牺牲品。昏庸的玄宗,毫不自责个人的过失,反而拿一个弱女子出气,真是颠倒是非,混淆黑白。但是,在当时的情况下,敢于对皇帝兴师问罪的决不是一般顺民或绵羊似的任人摆布者,而只能是安禄山那样的野心家。这就是弱肉强食的有力证明。

面对安禄山叛军大举南下,玄宗不得不也进行全面的军事部署。他把朔方节度使安思顺调任户部尚书,另以朔方右厢兵马使、九原太守郭子仪为灵武太守、朔方节度使,又以羽林大将军王承业为太原尹,还以卫尉卿张介然为陈留太守、河南节度采访使,再以金吾将军程千里为潞州长史。同时,还在叛军有可能到达之处设置防御使,由州郡长官兼任,准备迎敌。根据这个部署,从现在的宁夏、山西、河南一带,都开始了与叛军作战的准备。另外,还以京兆牧、荣王李琬(玄宗第六子)为元帅,以右金吾大将军高仙芝为副元帅,于京师募集兵士10万余人,号称天武军,准备东征。

十二月初一,高仙芝统率飞骑(宫城的守卫军)、矿骑(京师的守卫军)及部分新募兵,还有边兵在京者共5万人,出师东征。玄宗到勤政楼为其送行。玄宗为了监督高仙芝的行动,特派监门将军宦官边令诚为监军使,随军前往,进至陕郡(今河南陕县)。

十二月初二,安禄山从灵昌(在今河南滑县西南)渡过黄河。当时,天气寒冷,安禄山命军士用粗绳把许多破船联结起来,形成一座浮桥,一夜之间,船中水就冻结成冰,人可通过。安禄山大军就是这样渡过黄河的。叛军过河后,首先攻取灵昌,接着就直逼陈留(今河南开封东南)。新上任的陈留太守、河南节度采访使张介然才到陈留数日,防务尚不就绪,叛军逼近,他仓皇失措,临时督军迎敌。但军队久不习战,又无充分的准备，故而在面临强敌时，恐惧心理严重，战斗力很差。十二月初五，原陈留太守郭纳投降，安禄山入城，闻知其子安庆宗被杀，怒不可遏，又很伤心，他痛哭道：我有什么罪，杀了我的儿子！为了发泄私愤，他把陈留投降的将士近万人全部杀死，并将张介然斩于军门。这种惨无人道的屠杀政策，必然激起强烈的民愤。自古以来，得民心者兴，失民心者亡，是颠扑不破的真理。安禄山破坏了和平安定的社会环境，使广大民众陷入战争的灾难之中，同时，又直接大肆屠杀无辜人民，这正是他最后失败的必然原因。

安禄山取得陈留，以其部将李庭望为节度使，驻守陈留。所统大军又开始西向，朝着荥阳（今河南荥阳）进发了。

安禄山大军逼近荥阳，荥阳太守崔无诐督军守城。由于安禄山叛军很快攻下陈留，又大肆屠杀降者，对荥阳震动很大。守城士兵闻戈矛鼓角之声，无不惊恐万状。很多人不知所措，从城上自动坠下。这种毫无斗志的军队，当然难以御敌。十二月初八，安禄山攻破荥阳，杀了太守崔无诐，另以其部将武令珣守荥阳。

安禄山又以田承嗣、安忠志、张孝忠为前锋，继续向西进军。这时，封常清率军于虎牢关（在今河南荥阳西）阻击安禄山军。因为封常清所率唐军都是临时招募而来，没有经过严格训练，战斗力很差，所以，和叛军交战，一触即溃，虎牢关很快失守。唐军西退，叛军跟踪追击，直至东都。葵园（在今河南洛阳市郊）一战，唐军又败。叛军攻击入城，在上东门（洛阳外郭城东有三门，最北一门名上东门）内一战，唐军再次失败。十二月十二日，安禄山破陷东都，叛军从四面鼓噪入城，杀人抢掠，混乱不堪。封常清虽然接连失败，但还是步步为营,边战边退。叛军入了外郭城,他还在城内极力抵抗。在都亭驿(在外郭城内清化坊或景行坊)又进行一次激战,再遭失败。最后,又退到东城的宣仁门(东城东门)进行抵抗。由于力不从心,不能取胜,只得向西退去。

面对安禄山的强大攻势以及唐军的节节败退,在东都的唐朝官员也采取了各自不同的态度。他们有人害怕"猛虎磨牙而争其肉","欲保命而全妻子",或者狼狈逃窜,或者"不耻苟活"①,投降叛军。另一种人则是宁死不屈,忠于唐朝。河南尹达奚珣就是前一种人,他投降了安禄山。东京留守李憕与御史中丞卢奕是后一种人。本来,在安禄山公开叛唐后,他们二人与达奚珣等,共同整顿军备,完缮城郭,准备抗拒叛军。但在危难之际,达奚珣投降,他们二人仍然不改原意,李憕对卢奕道:"吾曹荷国重寄,誓无避死,虽力不敌,其若官守何!"② 这就是说,李憕感到,他们肩负朝廷的寄托,不可怕死,虽力不从心,也要忠于职守。卢奕完全同意这种意见,他们各自坚守岗位。在安禄山入城,杀掠数千人,箭已射到宫阙的时候,他们仍然镇静自若,毫无惧色。安禄山不能制服他们,遂将其杀害。卢奕临死还大骂安禄山,斥责其叛唐的罪状。同时,还面对安禄山党徒大呼曰:"凡为人当知逆顺。我死不失节,夫复何恨!"③ 以此来表示他忠于唐朝廷,不屈服于暴力的英雄气概。

李憕、卢奕,在两《唐书》中均被视为"忠义"之人,这

---

①《旧唐书》卷187下《卢奕传》。
②《旧唐书》卷187下《李憕传》。
③《资治通鉴》卷217,天宝十四载十二月。

是根据他们对待唐玄宗的态度所作的评价。今天，我们固然不必沿用这个标准来论断他们的是非，但在安禄山叛乱、破坏安定的社会秩序、陷广大人民于战乱的灾难之中时，他们敢于怒斥安禄山罪大恶极，显然也反映了广大人民希望过安定的社会生活、反对战乱的愿望。就这一点说，他们不畏强暴、反对叛乱、视死如归的精神，也是应当受到称赞的。反之，像达奚珣那样，贪生怕死，为了保持自己的高官厚禄，不惜助纣为虐，为安禄山叛乱效力，无疑是应当受到批判的。

六 安禄山叛军所到之处，屡遭军民痛击

安禄山举兵南下，虽然可以很快渡过黄河，攻陷东都，但在河北、中原广大地区，仍有相当一部分唐朝的地方官员率领当地军民英勇抗击叛军。颜杲卿、颜真卿、许远、张巡等地方官员，坚守城池，阻击叛军，牵制了安禄山军不能继续前进。他们有力地打击了安禄山的嚣张气焰。安禄山不能最后灭亡唐朝，实行改朝换代，与这些人对其强有力的牵制密切相关。

1 颜杲卿以身殉职

颜杲卿，琅邪临沂（今山东临沂）人，是北齐黄门侍郎、修文馆学士颜之推五代孙，北齐灭亡后，迁居关中，遂为长安（今陕西西安）人。曾伯祖颜师古，是贞观年间秘书监。曾祖颜勤礼，是唐初崇文馆学士。祖颜甫，是曹王（太宗第十四子）侍读。父颜元孙，是武则天垂拱年间（685—688）的进士，曾任长安尉、太子舍人、亳州刺史。颜杲卿以父荫为官，安禄山于天宝十四年（755）叛乱时，他为常山（今河北正定南）太守。如前所述，他因力不从心，曾经迎接叛军，但他又感到受安禄山所赐紫衣与金玉带为耻，故而他决心组织力量，打击安禄山叛军。

安禄山攻取东都,自然有继续西进,夺取京师的企图。颜杲卿也看清了这一点,所以,他为了牵制安禄山,使其不能西向入关,遂暗中串通长史袁履谦、参军冯虔、前真定(今河北正定)令贾深、藁城(今河北藁城)尉崔安石、郡人翟万德、内丘(今河北内丘)丞张通幽等,密谋策划,积极发展反安禄山的力量。同时,又通知新到任的太原尹王承业,要求互相策应。正在这时,颜杲卿的从弟平原(今山东平原)太守颜真卿遣人与其联络,约定共同起兵,互相支援,牵制叛军,以减轻京师的压力。

颜杲卿为了打开通往河东道的途径,必须首先夺取土门(即井陉关,在今河北井陉西北)。土门这时为安禄山部将蒋钦凑、高邈所驻守,有守军5000人。颜杲卿既然表面上投降了安禄山,又奉安禄山命仍守常山,土门也属于常山郡的管辖范围,当然,蒋钦凑、高邈就应听命于颜杲卿。颜杲卿利用这种关系,乘高邈赴幽州(今北京)之机,派人召蒋钦凑到常山议事。十二月二十二日夜,蒋钦凑到达常山。当夜,颜杲卿派袁履谦、冯虔等人,先使蒋钦凑饮酒至醉,然后将其斩首。第二天,颜杲卿又获知高邈即将到达藁城,遂命藁城尉崔安石与冯虔、翟万德等人,杀了高邈的随从,逮捕了高邈。就在这一天,安禄山一将何千年从东都到达常山。颜杲卿命冯虔、翟万德伏兵醴泉驿(在今河北正定南),将其抓捕。然后,颜杲卿命其子颜泉明与贾深、张通幽、翟万德等,将蒋钦凑之首与活捉的何千年、高邈二人送往长安。颜泉明等途经太原,张通幽勾结太原尹王承业扣留颜泉明、贾深等人,压下颜杲卿的上表,然后自己上表献俘,企图求得到玄宗的赞赏。玄宗不了解真实情况,遂拜王承业为大将军,其亲信受赏者也有上百人。

不久，玄宗知道了真实情况，乃加颜杲卿为卫尉卿兼御史大夫，又以袁履谦为常山太守，贾深为司马。可惜为时过晚，颜杲卿已经被俘了。

颜杲卿能通过太原向朝廷献俘，首先是他智斩蒋钦凑，生俘高邈，取得土门，打通了常山郡与河东道之间的道路。其次是王承业发挥了传递信息的作用，尽管王承业欲夺颜杲卿之功，但玄宗终于通过他的献俘了解到颜杲卿打击安禄山的行动。通过玄宗对颜杲卿等人的鼓励，进一步鼓舞了河北军民抗击安禄山叛军的士气。颜杲卿举起反抗安禄山旗帜的作用是不可忽视的。

何千年被颜杲卿活捉时，为了取得颜杲卿的好感，曾向颜杲提过一个很好的建议。颜杲卿非常高兴地接受了他的建议。因为颜杲卿所部是临时召募而来的军队，缺乏严格训练，所以，颜杲卿根据何千年的建议，深沟高垒，严加防守，不主动出击。同时，声言荣王、哥舒翰率唐军三十万人将出井陉关，很快就会平定河北诸郡，先响应者有赏，仍随叛军者必诛。这样一来，河北诸郡纷纷脱离安禄山的统治，先后有17郡归附朝廷，共有兵众20余万；仍归禄山统治者只有范阳（今北京）、卢龙（今河北卢龙）、密云（今北京密云）、渔阳（今天津蓟县）、汲（今河南卫辉）、邺（今河南安阳）等6郡。另外，安禄山的博陵郡（即定州，治所在今河北定县）太守张献诚正在率军围攻饶阳（今河北饶阳），在这种墙倒众人推的形势下，张献诚也惊慌失措，撤围而去。非常明显，颜杲卿的反抗安禄山举措，有力的震动了安禄山的后方。

接着，颜杲卿又命马燧暗入范阳，去劝说为安禄山驻守范阳的贾循。马燧劝贾循道："禄山负恩首乱，虽陷洛城，必当夷灭。公盍建不代之功,诛其逆将向润客、牛廷玠,拔其根柢,禄山西不能入关,则坐而受擒,天下可定也。"① 显而易见,颜杲卿要使贾循反正,动摇安禄山的起家之地,以其后顾之忧牵制其不能西向长安。这种以攻为守的策略,从战略上看必然减轻安禄山对朝廷的压力。由此看来,颜杲卿不仅是敢于反对叛乱的英雄,而且也是有远见卓识的军事家。

但是,事与愿违,马燧的范阳之行没有成功。因为贾循既认为马燧的意见有理,但又不敢轻举妄动。正在犹豫不决时,安禄山从其亲信牛润容口知道此事,遂立即派其亲信韩朝阳赶赴范阳。韩朝阳诱杀了贾循,以别将牛廷玠负责范阳军事。安禄山又命史思明、李立节率蕃、汉兵上万人,进攻博陵、常山。马燧机智勇敢,他看到事难成功,遂逃往范阳以西山中。

颜杲卿举兵反抗安禄山后,仅仅8天,防务尚不完备,准备也不够充分,史思明、蔡希德所率叛军即到城下。颜杲卿向太原王承业告急,请求援助。因王承业已窃夺颜杲卿的功劳,不愿再看到颜杲卿继续立功,超过自己,故而坐视不救。颜杲卿昼夜苦战,但由于粮尽矢竭,外无援兵,终于在至德元载(756)正月初八城陷被俘,城中被杀者1万余人。

颜杲卿被押送洛阳,安禄山怒斥颜杲卿不该背叛自己,颜杲卿反大骂安禄山不该背叛朝廷。最后,颜杲卿、袁履谦等,在骂不绝声中被杀,同时,颜氏家族被杀者30余人。

颜杲卿失败后,史思明、李立节、蔡希德各部叛军又继续进击响应颜杲卿的诸郡,在叛军的压力下,邺(即相州,治所在今河南安阳)、广平(即洺州,治所在今河北永年东南)、钜

---

①《旧唐书》卷134《马燧传》。

鹿（即邢州，治所在今河北邢台）、赵（即赵州，治所在今河北赵县）、上谷（即易州，治所在今河北易县）、博陵（即定州，治所在今河北定县）、文安（即瀛州，治所在今河北河间）、魏（即魏州，治所在今河北大名东北）、信都（即冀州，治所在今河北冀县）等郡，又都先后为安禄山所有。

本来，安禄山在取得洛阳后是要西进关中的，但当他西进至新安（今河南新安）时，闻知颜杲卿在河北举兵，于是，他立即返回洛阳，派大军对付颜杲卿。盛极一时的反安禄山火焰又被扑灭，正说明安禄山重视河北地区的巩固更甚于西进关中。

2　颜真卿屡挫叛军

颜真卿是颜杲卿的从父弟，少年勤于学业，特别重视书法，是自成一家的书法家。开元年间（713—741），他中甲科进士，曾先后为监察御史，河西陇右军（在今青海乐都）试覆屯交兵使。当时，五原（今陕西定边）发生冤案，很长时间不能解决，颜真卿到了那里，很快就分清是非了。后来，他又曾任侍御史、武部（兵部）员外郎。因其为人正直、廉洁，不愿对杨国忠投其所好，故而被杨国忠排斥出去，到平原（今山东平原）去做太守。

在安禄山欲叛乱的迹象较为明显的时候，他就借口为防止雨灾，大肆修城筑池，暗中考虑能作战的丁壮，储存粮食，准备迎战，但表面上则常会文士，泛舟外池，饮酒赋诗，好像若无其事一样。有人把颜真卿的情况向安禄山反映，安禄山也派人暗中侦查，但他又认为颜真卿不过是一书生，不足为虑。

不久,安禄山公开叛唐,河北大部地区为安禄山所有,只有颜真卿坚守平原。颜真卿派司兵参军李平赴京上奏情况,玄宗非常高兴。最初,当玄宗闻报面对安禄山的叛乱河北郡县望风披靡时,他悲观地叹道:"河北二十四郡,岂无一忠臣乎!"这时,见到李平,喜出望外,遂顾左右道:"朕不识颜真卿形状何如,所为得如此!"① 可见,玄宗对颜真卿的所作所为非常赏识。

颜真卿一面上报朝廷,一面召募勇士,10天内,就募集上万人,他命录事参军李择交负责组织训练。最初,安禄山还想利用颜真卿,命颜真卿以平原、博平(即博州,治所在今山东聊城东北)两郡兵7000人,沿黄河布防,但当他发现颜真卿与他为敌时,就采用了恐吓、威胁的手段,企图迫使颜真卿就范。

安禄山在洛阳杀了东都留守李憕、御史中丞卢奕、判官蒋清。他使其党徒段子光持这三人首级到河北诸郡示众。到达平原后,颜真卿考虑此事可能动摇军心,遂诈谓诸将道:我认识这三个人,三个人头根本不是他们三人的。于是,腰斩段子光示众。另外,又将三个人头续以假体,隆重安葬。这些举措,稳定了军心,又是颜真卿向众人表示了他与安禄山不共戴天的决心。

接着,安禄山以海运使(负责从山东半岛向幽州海运物资)刘道玄代理景城(即沧州,治所在今河北沧州西)太守,清池(今河北沧州东南)尉贾载,盐山(今河北盐山东北)尉穆宁,共谋杀了刘道玄,并将其首级送至平原。颜真卿召贾

---

① 《旧唐书》卷128《颜真卿传》。

载、穆宁、清河（今河北清河西北）尉张澹到平原，共同商讨怎样对付安禄山。另外，饶阳（今河北饶阳）太守卢全诚、河间（今河北河间）司法李奂等，都各有数千或上万人，大家共推颜真卿为盟主，军事上统一由颜真卿指挥。至德元载（756）正月十五日，颜真卿被命为户部侍郎平原防御使。三月二十九日，颜真卿又被命为河北采访使。

颜真卿首次打击安禄山，是联合清河兵大败叛军，攻取魏郡（即魏州，治所在今河北大名东北）。

至德元载（756）三月，清河县派李萼到平原向颜真卿借兵。李萼向颜真卿说明，清河是平原的西邻，国家在这里储存有大量从江、淮、河南一带运来的钱帛，被视为"天下北库"。论财产相当于三个平原之富，论兵力倍于平原之强，如果以平原、清河为腹心，其他各地就是四肢，四肢必然服从腹心。颜真卿虽然认为李萼所说甚为有理，但又感到力不从心。他对李萼解释道：平原兵是新募集而来，尚未经过严格训练，在自身难保的时候，就无力顾及邻者了。李萼进一步激励颜真卿道：我奉命而来，并非清河力量不足而来借兵试探敌人，而是来看看你这位受尊敬的人态度如何。既然你没有坚定的决心，我就不便说出我的意图了。颜真卿认为李萼是个有才华的人，欲借兵给他，但其部下都认为李萼是二十几岁的年轻人，他轻视敌人，分兵与他，难以成功。

李萼难以说服颜真卿，到馆舍中又致书颜真卿道：清河背离安禄山来顺从你，奉送粟帛器械资助你，反遭你的感疑。我回去后，清河不能孤立，必有所依托，如果成为平原西面的强敌，你不后悔吗？颜真卿对这种分析大吃一惊，遂立即表示借6000兵给他。颜真卿在送别李萼时问道：既答应了你的要求，可以说明你的意图吗？李萼胸有成竹地说：听说朝廷派程千里率精兵10万出崞口（在今山西陵川东北，是从河东道越太行山进入河北道的一关口）讨贼，但由于贼军拒险坚守，官军不能前进。今应引兵先攻魏郡，活捉安禄山魏郡太守袁知泰，恢复原魏郡太守司马垂的职务，再分兵打开崞口，使程千里所率官军进入河北，先讨平汲（即卫州，治所在今河南卫辉）、邺（即相州，治所在今河南安阳），再进取范阳。清河、平原联军，南守河防，防止贼军北窜。这样，河南的官军和义军共同打击贼军，贼军不能北渡黄河，必然溃败。

颜真卿接受了李萼的建议，他调动平原、清河、博平（今山东高唐西南）等地军队，由录事参军李择交和平原令范冬馥率领，进驻堂邑（今山东聊城西北），直接威胁魏郡。袁知泰派遣其将白嗣恭等率2万余人迎战，经过激战，安禄山叛军大败，袁知泰逃往汲郡。颜真卿取得魏郡，杀敌万余人，俘敌1000多人，得战马千匹，还有大量军资。这一战的胜利，大大提高了颜真卿的声威。

颜真卿虽然大败叛军，攻取魏郡，但他并不以功自倨，而且还让功于人。当时，颜真卿为了壮大力量，曾以书召北海郡（即青州，治所在今山东益都）太守贺兰进明，贺兰进明率军5000人北渡黄河，响应颜真卿。颜真卿对贺兰进明非常谦恭，遇事常与其商议，贺兰进明乘机暗中窃取军权，但颜真卿毫不在意。在战争取得胜利后，颜真卿又让功于贺兰进明。贺兰进明又根据自己的想法上奏战况，结果，贺兰进明被任命为河北招讨使，而直接参加作战的李择交、范冬馥只是稍有提升，其他有功者都不为人知。由于赏罚不公，严重影响了军队的士气，所以，贺兰进明又进攻信都郡（即冀州，治所在今河北冀县）时，久攻不下，只得接受录事参军第五琦的建议，厚以金帛奖励勇士，才取得胜利。

至德元载（756）七月十二日，肃宗在灵武（今宁夏灵武西北）即位，奉逃往成都（今四川成都）的玄宗为太上皇。颜真卿为表示自己忠于朝廷的决心，遂将自己的上表用蜡丸封好，派人送往灵武。肃宗为了鼓励颜真卿继续打击安禄山，遂以颜真卿为二部尚书兼御史大夫，还仍然保留原来的河北招讨使、采访使、处置使。颜真卿将肃宗即位的消息传播到河北诸郡，还宣传到河南、江、淮一带。这样一来，就使各地不了解朝廷情况的官员稳定下来，更加坚定了他们抗击安禄山叛军的决心。

十月，叛军尹子奇部围攻河间（今河北河间），40多天不能攻下，叛军史思明部又来增援，颜真卿派其将和琳率12000人援救河间，结果失败，叛军攻下河间。接着，景城（今河北沧州）也陷入叛军之手，乐安郡（即棣州，治所在今山东惠民南）不战而降。叛军继攻平原，颜真卿自感力难胜敌，遂弃城渡河南走。第二年（757）四月，经过荆（今湖北江陵）、襄（今湖北襄阳），到达凤翔（今陕西凤翔），肃宗任命他刑部尚书。

颜真卿从平原举兵，与常山的颜杲卿东西呼应，动摇了安禄山的后方。颜真卿宣扬了肃宗即位于灵武与其平定叛乱的决心，使许多与朝廷失去联系的地方官员看到希望，同时，也使肃宗统治集团感到在安禄山后方还有很多人支持他们平定叛乱。正因为如此，安禄山不允许颜真卿长期存在，他用大兵压境，迫使颜真卿南走荆、襄，除去他的心腹之患。

3 张巡、许远苦战睢阳

张巡,邓州南阳(今河南南阳)人,博通群书,通晓战阵之法。开元(713—741)末年,进士及第,由太子通事舍人出为清河(今河北清河西北)县令。他政绩卓著,颇重友情,友人有困难者,他都热情帮助。他任职期满回京后,因对杨国忠专权不满,又离京为真源(今河南鹿邑)县令。

安禄山南渡黄河后,他命其将张通晤为睢阳(即宋州,治所在今河南商丘)太守,要他与陈留(今河南开封东南)长史杨朝宗共同向东发展势力,很多地方官吏投降或者弃城逃走。敢于和叛军公开对抗者,有东平(即郓州,治所在今山东东平)太守吴王(玄宗子)李祗、济南(即齐州,治所在今山东济南)太守李随。还有些郡县,也打着吴王李祗的旗号反对安禄山叛乱。其中单父(今山东单县)尉贾贲就是率领军民,自称吴王兵,进攻睢阳取得胜利的。贾贲杀了张通晤,在周围地区震动很大,安禄山另一部将李庭望,本来也想向东扩张势力,闻知张通晤兵败被杀,也只得望而却步了。

至德元年(756)正月,李随为河南节度使。这是唐朝最早设置的河南节度使,治所在汴州(今河南开封),管辖陈留(治所在今河南开封东南)、睢阳(治所在今河南商丘)、灵昌(治所在今河南延津北)、淮阳(治所在今河南淮阳)、汝阴(治所在今安徽阜阳)、谯(治所在今安徽亳县)、济阴(治所在今山东定陶西)、濮阳(治所在今山东鄄城北)、淄川(治所在今山东淄博西南)、琅邪(治所在今山东临沂)彭城(治所在今江苏徐州)、临淮(治所在今江苏盱眙)、东海(治所在今江苏连云港）等13郡。同时，前高要（今广东肇庆）尉许远被任命为睢阳太守兼防御使。这些都是坚决反对安禄山叛乱的唐朝官员。

二月，正当张巡为真源县令时，谯郡太守杨万石投降安禄山，因真源属于谯郡范围，故而杨万石迫使张巡为其所用。但张巡却反其道而行之，他率领吏民到玄元皇帝庙去哭祭老子。因为老子姓李，唐朝皇帝就奉老子为自己的先祖。乾封元年（666），高宗尊老子为太上玄元皇帝。在杨万石要背叛朝廷的时候，张巡来哭祭老子，正说明他是要永远忠于唐朝的。事实正是如此，他带领吏民数千人公开反对安禄山。他为了避开杨万石的压迫，带领吏民离开真源，到雍丘（今河南杞县）与从单父来的贾贲会合，共同反对安禄山。

张巡与贾贲为什么能够在雍丘会合呢？因为雍丘县令令狐潮较早的投降安禄山，安禄山遂以令狐潮为将，使其东击淮阳郡（即陈州，治所在今河南淮阳），兵于襄邑（今河南睢县）。结果令狐潮得胜，俘淮阳唐军百余人，拘于雍丘。这些被俘的唐军，乘机杀了看守者，迎接贾贲。令狐潮侥幸逃走，给张巡与贾贲会合提供了机会。

令狐潮不甘心失败，又引叛军进攻雍丘，贾贲英勇抗击叛军，结果战败被杀。张巡虽然失去了同盟者，但他仍然坚持力战，最后打退了叛军。从此，张巡把贾贲所部与本部人马合并一起，自称吴王先锋使，统一组织领导与叛军作战。

三月，令狐潮再引安禄山部将李怀仙、杨朝宗、谢元同等4万余人进攻雍丘。由于双方力量悬殊很大，很多人担心张巡的安危。张巡信心百倍地说：敌人是精锐之师，他们知道我们力量不强，故而轻视我们。我们要利用他们这种麻痹思想，出其不意地打败他们。于是,他安排1000人守城;另外,自己亲率1000人,分为数队,开了城门,突然出击,张巡身先士卒,猛冲敌阵。叛军猝不及防,慌乱后退。

第二天,叛军又一次攻城,用百门炮环城轰击,城上楼堞皆被损毁;但张巡毫不畏惧,他指挥军民于城上立木栅以阻敌。叛军像蚂蚁一样全面登城,张巡用束草灌油脂,焚烧投下,迫使叛军不能登城。然后利用敌人休整的间隙,奇袭叛军,或者夜袭敌营,都取得了胜利。这样坚持了60余日,大小300余战,军士们带甲而食,受伤不离战场,终于迫使叛军再次败退。张巡乘胜追击,俘胡兵2000人。这次胜利,振奋人心,大大提高了张巡的声望。

五月,令狐潮又引叛军进攻雍丘。本来,令狐潮与张巡早有交情。这时,令狐潮利用已有的关系劝说张巡道:唐朝天子大势已去,你还为谁坚守危城呢?张巡反之质问道:你平生以忠义自许,今天这种表现,忠义何在!令狐潮自感惭愧而退。

令狐潮诱降不成,张巡坚决与叛军对抗,就这样,双方相持40余日,直到七月,朝廷音讯不通。令狐潮闻知玄宗已经逃亡成都,遂又一次以书劝张巡投降。这时,张巡内部也有人发生动摇,其中有6位大将。这6位大将向张巡表示,雍丘兵势弱于敌人,玄宗生死存亡尚难知道,不如投降为好。张巡假意赞成他们的意见。第二天,张巡于堂上设玄宗画像,率领将士隆重朝拜,使众人很受感动。然后当众斥责6位大将背叛朝廷,立即将其斩首。这一举措,使将士们更加坚定信心,决心与叛军战斗到底。

由于相持日久,雍丘城内箭已用完。张巡为了继续抗敌,遂用草人借箭的办法解决了缺箭的问题。张巡制做了草人

1000多个，于夜间将草人披以黑衣缒于城下，令狐潮所部误以为是城内兵下城，竞相放箭射之。当令狐潮发现是草人时，张巡已将数十万箭弄到手了。

兵不厌诈。张巡不仅用以假充真手段取得了大量的箭，而且又用以真似假的手段大量杀伤敌人。由于张巡用草人借箭的办法欺骗了敌人，故而叛军在夜间再发现有人从城上下来就不再提防了。于是，张巡就利用叛军这种心理状态，于夜间将500名敢死队缒于城下，令狐潮以为又是草人，笑而不备。敢死队乘机猛冲敌营，叛军措手不及，溃不成军。敢死队乘胜追击十余里，杀伤叛军甚多。令狐潮接连失败，一再上当，他既感羞愧万分，又十分恼怒，他对张巡恨之入骨。于是，他进一步把雍丘包围起来。

有一天，张巡使郎将雷万春在城上与令狐潮通话，叛军对城上的雷万春放箭，雷万春面中6箭而岿然不动，令狐潮感疑是木头人，经过了解，确系雷万春，他才大吃一惊。他遥对张巡道：看见雷将军，才知道你治军有方，但这能改变天道吗！言外之意，当然是指唐朝的命运不可挽回了。张巡反唇相讥道：你连人伦都不懂，怎么能知天道！无疑这是指责令狐潮不懂得君臣关系，背叛了朝廷。不久，张巡主动出战，俘敌将14人，斩首百余级，迫使叛军逃入陈留（今河南开封东南），不敢出战。

接着，张巡又在白沙涡（在今河南中牟）、桃陵（在今河南延津东北）等地大破叛军。由于张巡的不断胜利，叛军那种在中原横行无阻的势头得到遏制，荥阳（今河南荥阳）、陈留（今河南开封东南）等地胁从于敌者，也都纷纷散去，10日内，脱离叛军归附张巡者有1万多户。

令狐潮不甘心一再败北，顽固地要与张巡为敌。十月初四，他又一次与王福德率军1万人进攻雍丘。经过激战，张巡又杀其数千人。

令狐潮因屡攻雍丘不下，于是，他改变作战方式，不再强攻，于十二月在雍丘城北另筑一城，名为杞州。他驻军于杞州，断绝雍丘的粮援。这时，叛军有数万之众，张巡才1000多人。叛军杨朝宗部有2万人，欲袭取宁陵（今河南宁陵），断绝张巡与睢阳（今河南商丘）许远的联系。如果宁陵有失，则雍丘北有令狐潮，东南有杨朝宗，雍丘就是南北夹击中的孤城。张巡为了避免陷入绝境，遂放弃雍丘，移守宁陵。宁陵属于睢阳郡，从此，张巡与许远（时任睢阳太守）开始合作。

杨朝宗兵至宁陵西北，张巡、许远合力与其交战，昼夜大战数十合，叛军被杀1万余人，汴河中堆满了尸体，堵塞了流水。

至德二载（757）正月，取代了安禄山地位的安庆绪，任命尹子奇为汴州刺史、河南节度使。尹子奇率军13万进攻睢阳，许远向张巡告急，张巡带领所部前往睢阳，许远、张巡两军联合起来共有6800人。张巡督励将士，昼夜苦战，有一日战至20余合。先后16天，俘叛军将领60余人，杀叛军士卒2万余人。睢阳军民，士气高昂，随时准备再挫叛军。

由于张巡指挥作战功绩卓著，许远自感军事才能不及张巡，遂很诚恳而谦虚他对张巡说：许远是一书生，不懂得战阵之法，你智勇兼备，谋略超人，今后你负责指挥作战，我负责粮草供应，战具维修，分工合作，必然胜敌。根据后来的事实，许远是真心诚意的。正因为有了许远的真诚态度，才使张巡放心大胆，全力以赴地力战强敌。在战争中，将领们能够各自发挥自己的特长,取长补短,互相配合,是取得胜利的重要保证。张巡、许远的合作,就是这种良好的先例。

三月,尹子奇再引大军进攻睢阳。张巡激励将士道:我是朝廷任命的官员,为国尽忠,理所应当;你们捐躯送命,血洒草野,也得不到应有的赏赐,我很痛心。在当时的历史环境中,张巡这种赤心报国的精神,有力地激发了将士们奋勇杀敌的决心。正当众人激昂慷慨,决心与敌不共戴天的时候,张巡杀牛招待将士,准备与敌决战。张巡率军出城,叛军视其人少不足为虑,遂笑而不备。张巡执旗率众猛冲叛军,叛军溃乱不堪收拾,张巡杀敌将30余人,杀敌士卒3000余人,逼使叛军后退数10里。但是,叛军人多势重,第二天又将睢阳围困起来。张巡虽又屡挫敌众,但终不能解睢阳之围。

五月,尹子奇加紧围攻睢阳,张巡为了迷惑敌人,于夜间鸣鼓整肃队伍,好像要出击的架势。叛军整夜戒备,不敢懈怠,始终处于紧张状态。到了白天,张巡又偃旗息鼓,好像若无其事一样。尹子奇专门制造了可从高空侦察城内情况的战具,侦察后发现城内没有动静,遂解甲休息。这时,张巡认为正是打击敌人的好机会,遂与将军南霁云、郎将雷万春等十余将各率50骑,打开城门,突然出击,猛冲敌营,直到尹子奇将旗之下。叛军惊慌失措,溃乱异常。张巡所部猛冲猛杀,斩敌将50余名,杀其士卒5000余人。张巡很想射杀尹子奇,但不识其人,遂削蒿为箭。叛军士卒发现后,以为张巡箭已用完,立即去向尹子奇报告。张巡根据这个线索发现尹子奇后,立即命南霁云放箭,南霁云箭中尹子奇左目,尹子奇落荒而逃,几乎被俘。

七月,尹子奇又征兵数万,再攻睢阳。这次作战,又充分显示了张巡的智慧和才能。

由于睢阳长期被围，粮食没有外援，许远最初收存的粮食也已用完，但张巡、许远仍然坚持守城，毫不松懈。他们采用定量分配的办法，每个将士每日供米一合，再掺杂一些茶纸、树皮，以补粮之不足。再者，人员的伤亡也不易补充。因作战牺牲或饥饿而死者日益增多，最后仅存1600人，也都是饥病交加，难以冲锋陷阵。针对这种情况，张巡加紧修造守城用具，以守备为主。

因为张巡严加防守，尹子奇屡攻不胜，于是，他也改变强攻的办法，专门制造了像半个彩虹一样悬空的云梯，于云梯上置200精兵，把云梯推城边，欲使云梯上的200精兵从上面跳入城内。不料，魔高一尺，道高一丈，张巡采取了针锋相对的措施。他命军士在城上凿了三个穴，在云梯将到时，从一穴中出一大木，大木上置铁钩，钩住云梯不能后退；第二穴中又出一木，这一木撑住云梯不能前进；第三穴中又出一木，木上置三铁笼，笼中盛火焚烧云梯。这种办法，使云梯前进不能，后退不动，云梯上200名精兵全被烧死。尹子奇又一次失败了。

一计不成，再来二计。张巡为了掌握敌人的动态，特在城上架木棚，伸出城墙之外，以便对敌人进行瞭望。尹子奇就制造钩车，专钩城上的木棚，使张巡遭到一定损失。不久，张巡又想出奇招，在城上立大木、木端置连锁，连锁上置大环，在发现敌人钩车时，用大环推开其钩头，使其钩头与钩车脱离，不能发挥作用。

接着，尹子奇又耍花招，又制造木驴攻城。所谓木驴，就是用木做成的形似驴的攻城器具。驴有六脚，背脊长一丈，下宽上尖，高七尺，其中可容六人，用湿牛皮蒙住，不怕箭射，可直抵城下，即使城上放下木石，也难将其击坏。如果这样用很多木驴把大量士兵运至城下，敌人就有可能焚毁城门或用梯子登城，无疑对张巡是极大的威胁。于是，张巡又采取新的措施。他把金属用火加热熔化成汁，用这种金属熔汁浇灌木驴，木驴都被烧毁。尹子奇的阴谋又被挫败。

尹子奇接连失败，更为恼羞成怒，他又命士卒用盛土的袋子装满柴草，堆成一条登城的道路，准备登城。张巡认清了敌人的阴谋，准备了充分的干草，暗中散布于敌人的登城之道。然后，乘敌人毫无防备之时，突然出军大战，又使人顺风放火，焚烧敌人的登城之道，大火燃烧20多天，才告息灭。张巡随机应变，果断行动，屡次取得胜利，使尹子奇深服其智力超人，不敢发动进攻。于是，他在城外挖三重壕，并沿壕立木栅，防备张巡突然出击。同时，张巡也感力不从心，于城内挖壕，防备叛军的进攻，基本上以守为主。

经过长期苦战，睢阳守军最后只有600人了。张巡、许远分别负责一个方面，张巡守东、北两面，许远守西、南两面。他两与士卒同甘共苦，从不下城。这种艰苦卓绝、坚持忠义的精神，不仅激励着所属士卒的英勇杀敌，而且也使误入叛军的吏民深受感动。每逢叛军攻城，张巡总以怎样为人之道劝说敌人要深明大义。接受张巡的劝说，先后从敌营来归者200余人。不难看出，张巡的智勇兼备，有力地打击了敌人；他的不畏强暴，为坚持自己的信念而不怕牺牲的精神，又削弱了敌人的士气，瓦解了敌人。

在睢阳守军极其困难的时候，张巡命南霁云率30骑突围出城，去向驻守在临淮（今江苏盱眙）的贺兰进明求援。贺兰进明认为，睢阳危在旦夕，存亡难知，前往救援没有什么益处。南霁云又向贺兰进明说明睢阳与临淮关系密切，如果睢阳陷入敌手，叛军沿汴水南下，必然危及临淮。贺兰进明虽然认为南霁云爱憎分明，奋不顾身的英雄行为可敬，但他还是不愿前往援救。他设宴招待南霁云，南霁云激昂慷慨，悲壮万分地说：睢阳人已经一个多月没有饭吃了。我在这里单独饱食，实在难以下咽。你在临淮坐拥强兵，对睢阳毫无分灾救患之意，决不是忠臣义士的行为。说罢，咬掉自己一指，又对贺兰进明说：我没有完成主将要我来求援的任务，十分惭愧，留一手指在此作为证据。在座的人，无不为南霁云这种见义勇为精神所感动。但是，贺兰进明考虑到自身的利益，终不愿出师。

南霁云赴临淮求救不成，又奔赴宁陵（今河南宁陵）。原来，张巡自雍丘（今河南杞县）曾撤到宁陵，从宁陵又到睢阳时，留下廉坦驻守宁陵。这时南霁云来求救，廉坦遂同南霁云共率所部3000人赶往睢阳，他们沿途且战且行，至睢阳城下又与叛军大战，虽然大量杀伤了敌人，但自己也损失惨重，入城时仅有1000人了。叛军看到张巡不可能争取到外援，遂更加紧对睢阳的围困。

至德二年（753）十月，由于尹子奇的长期围困，睢阳粮食极其困难。有人主张弃城突围、张巡、许远认为，睢阳是江、淮的屏障，如果睢阳不保，也就等于失去江、淮了。况且，睢阳守军饥饿疲惫，身体瘦弱，突围难以远走，还是坚守待援为好。既要坚守，就要解决粮食问题。在粮食等各种可吃的东西吃完以后，就吃战马；马被吃完了，就捕雀捉鼠；雀鼠捕尽捉完，张巡将其爱妾供出，杀死由士卒食用；许远也将其家奴献出，供士卒食用，在这种严峻的形势下，人们明知必死，也无人叛变投敌，最后仅有400人了。杀人以食的举措，实在太不人道，但也不必因此而否定张巡、许远誓死抗敌的英雄气概及其沉重打击敌人的战功。

十月初九日，叛军强登城头，睢阳守军精疲力竭，无力迎战。张巡面向西方遥拜唐朝皇帝，表示自己力不从心，不能打败敌人，报答陛下；但死后为鬼，也要坚持杀敌报国。城被攻陷，张巡、许远被俘。尹子奇质问张巡道：听说每次交战你都咬牙切齿，这是为什么？张巡理直气壮地说：我想吞吃你们，但又力所不及。尹子奇当然怒火上升，用刀割裂其口，看见张巡只有三四颗牙了。本来，尹子奇还想迫其投降，但张巡宁死不屈，最后与南霁云、雷万春等36人均被杀害，许远被押送洛阳（今河南洛阳）。

张巡于至德二年（757）正月下旬到达睢阳，到十月初九睢阳被敌攻破，前后将近9个月的时间。先后经过大小400余战，杀敌士卒12万人。他能够坚持这样长的时间，而且取得很大胜利，是和他智勇兼备的个人素质分不开的。从哪些方面可以看出张巡是智勇兼备的政治家、军事家呢？

其一，他善于争取民心。不管是政治家军事家，其一切举措必须顺乎民心，取得广大群众的支持。在这方面，张巡的事迹颇为惊人，他初到睢阳，守城士卒上万，城内居民也有数万，他只要见过一面，问过姓名，以后就无不相识。同时，在守城最困难的时候，他能够与士卒同甘苦，共患难，毫不特殊。这样，就可以使主将和士卒上下一致，共同对敌。

其二，他善于随机应变，运用机动灵活的战术。在作战时，他不完全按照已有的兵法条文行动，他要求部属不必事事请示主将。因为叛军多是胡兵，他们像云一般的聚集，又像鸟一样的飞散，行动迅速，如果每战都询问主将，必然贻误战机。他训练军队，要求将军应熟悉士卒的情况，士卒要善于领会将军的意图，将军指挥士卒应像手使用指头一样随意灵活。这样就可兵将互相配合，各自为战，不放松任何机会打击敌人。他每战必胜，正是因为将军和士卒都能充分发挥自己的作用。

其三，他能身先士卒，激励部属奋勇杀敌。他身为主将，每战都亲自参加。凡有畏敌后退者，他就直接制止说：我不离开战场，你应立即回去和敌人拼杀。后退者看到主将岿然不动，顿感胜利有望，马上又和敌人死战。多次胜利就是这样取得的。

其四，他能以诚待人，言行一致；赏罚分明，取信于人。这样，他在士卒中享有崇高的威信。睢阳能够固守9个月，最后粮尽矢绝，士卒饥饿疲惫，仍能坚持战斗，拒不投降，是与张巡这种严于律己，诚恳待人，积极有为的作风分不开的。

4 鲁炅捍卫江、汉

鲁炅，范阳（今北京）人，略通文史，安史之乱爆发后，他被命为南阳郡（即邓州，治所在今河南邓县）节度使，率领岭南、黔中、襄阳各地军队5万人屯驻叶县（今河南叶县西南）以北，防备安禄山南进。

至德元年（756）五月，安禄山所部武令珣、毕思琛等率叛军向鲁炅阵地进攻，叛军于鲁炅营西顺风烧烟，使鲁炅所部将士被熏得坐立不安，战斗力被大大削弱，这时，叛军矢集如雨，鲁炅虽然奋勇突围，但却损失惨重。

鲁炅在叶县北失败后，退保南阳郡。六月，唐军在潼关失败，哥舒翰投降安禄山。哥舒翰致书鲁炅，劝其投降，鲁炅严辞拒绝。安禄山又令其豫州刺史武令珣进攻南阳，数月不能攻克。安禄山再命田承嗣进攻，鲁炅虽然屡次挫败敌人，但由于敌人长期围困，给守城也带来了极大的困难。

至德二年（757）五月，鲁炅已经守城一年。城中粮食已经用尽，人们煮牛皮为食，每斗米值四五万钱，但有价无米，一只老鼠也值400钱，饿死者遍地皆是。这时，肃宗派宦官将军曹日昇前来慰问。曹日昇到达襄阳（今湖北襄阳），本来欲单骑冲进南阳城去，传达肃宗的旨意，但襄阳太守魏仲犀怕出意外，劝其暂留襄阳。恰巧，这时颜真卿从河北来到襄阳，颜真卿理直气壮地说：曹将军既然勇敢果断，愿冒生命的危险前往，何必要阻挡呢！即使为敌所俘，也不过损一使者；若果进得城去，就能稳定人心。另一随从宦官冯廷瓌也表示愿助其入城。于是，曹日昇率十骑精兵冲向城去，叛军视其勇猛异常，不敢强阻。

城中守军正在绝望之际，忽然曹日昇到来，大家欢天喜地。曹日昇又回到襄阳，带领上千人为南阳运了相当的粮食，解决了燃眉之急。但是，由于苦战一年，各种损失也非常严重，继续固守，困难更多。于是，鲁炅于五月十六日夜率众数千人突围，奔赴襄阳。田承嗣率叛军跟踪追击，鲁炅且战且走，经过两天苦战，终于到达襄阳。襄阳位于江、汉平原的要冲，当时，叛军很想南进江、汉，但由于鲁炅先据南阳，后守襄阳，阻其不能南进。由此看来，鲁炅对叛军的沉重打击，保障了江、汉一带的安全。因为叛军所到之处，烧杀抢掠，无恶不作，例如，"南阳遭大乱之后，距邓州二百里，人烟断绝，遗骸委积于墙堑间"。① 叛军不能到达襄阳之南，江、汉一带

---

①《旧唐书》卷114《鲁炅传》。

就可免遭这些灾难。

安禄山从范阳起兵,大举南下,沿途所到之处,唐朝的地方官员,有的弃地而逃,有的举城投降,所以,叛军能够很快渡过黄河,夺取东都洛阳。这些官员,是玄宗政治上腐败,生活上堕落在地方上的反映。他们太平麻痹观念严重,根本不懂得居安思危的道理,所以,一遇紧急情况,就惊慌失措,毫无应变能力。反之,也有另一些地方官员,如颜杲卿、颜真卿、张巡、许远、鲁炅等人,他们面对突然爆发的安禄山叛乱,立即采取紧急措施,修筑城池,扩充军队,不断总结作战胜负的经验教训,牵制了大量的叛乱军队。安禄山不能很快灭亡唐朝,进行改朝换代,与这些地官员坚决抗击叛军密切相关。

七 郭子仪、李光弼直捣安禄山后方

郭子仪、李光弼都是在平定安史之乱中显示才能的将领。安禄山叛乱初起，郭子仪被调任朔方节度使（驻灵武，在今宁夏灵武西），并奉命东讨叛军。正当叛军逼近潼关，威胁京师的时候，郭子仪东进获捷，静边军（今山西右玉）一战，消灭叛军7000人，继又攻下云中（今山西大同）、马邑（今山西朔县东），打通东陉关（今山西代县东），为继续东进开辟了道路。由郭子仪推荐的新任河东节度使李光弼东出井陉（今河北井陉西北）。攻下常山（今河北正定）。叛军史思明部妄图夺回常山。双方相持40余日，李光弼向郭子仪告急。郭子仪很快兵至常山，与李光弼合兵一处，共10余万人，九门（今河北正定东）一战，大败叛军。郭子仪曾经建议，北取范阳，直捣安禄山巢穴以减轻潼关的压力，但没有得到玄宗的许可。尽管如此，无疑这是对安禄山后方的极大威胁。

1 郭子仪率军东进

郭子仪，华州郑县（今陕西华县）人。其父郭敬之，曾任绥（治所在今陕西绥德）、渭（治所在今甘肃陇西）等五州的刺史，郭子仪是通过武举考试走上政治舞台的。天宝八载（749）为横塞军（今内蒙古乌拉特中旗西北）使，天宝十三载

(754),为天德军(今内蒙古乌拉特前旗北)使,兼九原(今内蒙古乌拉特前旗西)太守与朔方节度使右兵马使。

天宝十四载(755)十一月,安禄山开始叛乱,郭子仪奉命为朔方节度使,率军东讨叛军。十二月,安禄山的大同军使高秀岩进攻振武军(在今内蒙古托克托),郭子仪迎头痛击,将其打退。郭子仪又乘胜攻取静边军(在今山西右玉),叛军将领薛忠义又率部反攻静边军,郭子仪使左兵马使李光弼、右兵马使高濬以及仆国怀恩、浑释之等部合力抗击,结果叛军大败,被坑杀的骑兵7000人。接着,又攻取云中、马邑,打通了东陉关,开辟了继续东进的道路。由于出师胜利,初立战功,郭子仪又增加了御史大夫的头衔。

至德元年((756)正月,玄宗欲调郭子仪回到朔方,充实力量,准备进攻东都洛阳。同时,玄宗还不愿放弃郭子仪开辟的东进道路,威胁安禄山后方的良机。于是,玄宗问策于郭子仪,何人可以继续担当此任。郭子仪推荐李光弼,李光弼很快就被任命为河东节度使。二月,玄宗又加李光弼为魏郡(即相州,治所在今河南安阳)太守、河北道采访使。接着,他就率领郭子仪分给他的一部分朔方兵以及太原的军队,开始东讨叛军了。

2 李光弼初建战功

李光弼,营州柳城(今辽宁朝阳)契丹人,幼年善骑射,爱读《汉书》,颇有雄心大志。从军后,为左卫郎,又历任左清道率兼安北都护府、朔方都虞候。天宝五载(746)河西节度使王忠嗣任用他为兵马使,充赤水军(在今甘肃武威)使。王忠嗣厚爱其才能，故而常对人说：将来代替我者，必是李光弼。

安禄山叛乱后，他又受到郭子仪的重视，奉命为河东节度使（驻今山西太原），从此，给他提供了充分施展才能的大好机会。

至德元年（756）二月，李光弼统率步骑兵1万余人，太原弩手3000人，东出井陉（今河北井陉西北，是从河东道进入河北道的一关口），进至常山。

常山郡的治所就是现在的河北正定，地处井陉关东，是河北道和河东道交往的重要据点。安禄山叛乱后，虽曾一度为叛军所有，但常山太守颜杲卿很快就据郡与叛军对抗，使叛军受到沉重打击。至德二年（756）正月，叛军将领史思明、蔡希德率军进攻常山。颜杲卿全力以赴，昼夜苦战，直至粮尽箭绝，最后战败被俘，常山又陷于叛军之手。

这一次，李光弼兵至常山后，常山的地方兵3000人杀了安禄山的胡兵，逮捕守将安思义，向李光弼投降。

李光弼并不以取得常山为满足，也没有为暂时的胜利而洋洋得意。他有长远的战略眼光，他要彻底消灭叛军，取得最后胜利。所以，他没有立即杀死安思义，而是利用安思义为自己效力。在他用试探的手段弄清了安思义并不是一个死硬的顽固分子以后，他就想听听安思义的意见，他下一步的行动部署应如何进行。李光弼一面诚恳的赞扬安思义久经战阵，必然很有经验，并希望他提出可行的建议；另一面又表示，只要所谈意见可取，保证安思义生命安全。安思义看到李光弼诚心诚意听取意见，遂明确说出了自己的主张。

安思义认为，李光弼的人马是远道而来，甚为疲弊，仓猝遇到强敌，未必可以很快取胜；不如把大军移住城内，加强防御,然后在有把握的时候再出兵交战。胡人的骑兵虽然勇猛,但不能持久稳重,稍遇挫折,就士气散涣,这正是进攻的机会。安思义还分析了形势,当时最有可能来夺常山的就是史思明。史思明正在率部进攻饶阳(今河北饶阳),距常山不过200里,他闻知常山丢失,必然很快赶来。这是最值得注意的敌人。安思义的意见,完全符合实际。李光弼听了,喜悦异常,立即对安思义以礼相待,并移军入城。

正在围攻饶阳的史思明,知道了李光弼占据常山的消息后,立即撤饶阳之围,大军向常山进发。史思明所部骑兵2万余人迅速直抵城下,李光弼派5000步兵欲从东门出城交战,但叛军严加把守,5000步兵难以出城。李光弼另命500射手于城上一齐放箭,这样,才使叛军稍稍后退。李光弼又派射手1000人出城,分为4队,射手们箭箭相继而发,叛军难以抵挡,遂退缩于城外道路以北,李光弼出兵5000于道路以南修筑篱笆(即枪城),做为防御工事。从西向东流的呼沱水(滹沱水)从中经过,两军夹水对阵。叛军多次以骑兵的优势进行挑战,李光弼避开敌人的优势,发挥自己的长处,以射手连续放箭,叛军的人和马多半中箭,不得不被迫后退,等待其步兵的到来。

忽然有村民向李光弼报告消息,叛军5000步兵自饶阳赶来,昼夜行军170里,到了九门(今河北正定东)南的逢壁,正在休息。李光弼立即决定,派遣步兵、骑兵各2000人,偃旗息鼓,尽量不使敌人觉察,神不知,鬼不觉地沿呼沱水东进至逢壁。恰逢叛军正在吃饭,这时,李光弼的4000人马突然袭击,杀声四起,叛军晕头转向,措手不及,叛军5000人全部被消灭了。

叛军将领史思明知道这个消息,大吃一惊,遂不敢再继续围攻常山,撤军退至九门。这时,常山郡所属九县,只有九门、藁城(今河北藁城)为叛军占据,其他七县:真定(今河北正定)、石邑(今河北石家庄西南)、行唐(今河北行唐)、井陉(今河北井陉西北)、平山(今河北平山)、获鹿(今河北获鹿)、灵寿(今河北灵寿),均为李光弼所控制。事实说明,李光弼这一次东征,取得了很大胜利,动摇了安禄山的后方。

三月,李光弼又被任命为范阳长史、河北节度使。

3 常山大战

李光弼与叛军相持40多天,叛军断绝常山粮道,使李光弼极感粮草困难,特别是战马缺草,更为严重。于是,李光弼派车500乘去石邑取草。为了防备叛军在途中袭击,赶车者全都穿甲,另外,还有射手1000人随行保卫车辆。为了防备叛军从一个方面偷袭,保卫车辆者结成方阵,车辆位于方阵之中,使叛军没有任何偷袭的机会,终于为常山守军从石邑取得了粮草。叛军蔡希德部又进攻石邑,被石邑守将张奉璋所击退。由此看来,李光弼已经在常山一带站稳了脚根,叛军要卷土重来,再次占据常山,已经不是唾手可得了。

李光弼为了进一步打败叛军,取得更大的胜利,他向郭子仪求援。郭子仪于至德元年(756)正月奉命回到朔方。三月,又从朔方东进至代州(治所在今山西代县)。李光弼求援,郭子仪很快就出井陉,四月初九日,就到达常山。李光弼与郭子仪联合起来共有10余万人。四月十一日,李光弼与郭子仪联军共同于九门(今河北正定东)城南对叛军史思明、蔡希德所部作战，结果，叛军大败。史思明收拾余部逃往赵郡（即赵州，治所在今河北赵县），蔡希德逃往钜鹿（今河北巨鹿）。

由于李光弼、郭子仪的不断胜利，在河北一带产生了巨大的反响。各地民众不愿忍受叛军的残暴统治，纷纷起来响应唐军的到来，聚集自守的民众少者上万人，多者有2万人，他们各自拒守一地，盼望唐军早日到来。史思明自赵郡前往博陵（即定州，治所在今河北定县），他看到博陵郡已经响应唐军，遂怒火万丈，把所有的郡官全部杀死。这样，就激起了各地民众对叛军的无比痛恨。

四月十七日，李光弼、郭子仪进攻赵郡，攻打一日，叛军就举城投降。李光弼部属很多人认为破敌有功，遂进行虏掠。李光弼坐在城门里，收缴士卒所获财物，全部归还物主，于是，李光弼大受民众欢迎。郭子仪部俘敌4000人，全部释放，仅只杀了安禄山任命的赵郡太守郭献璆。这样，必然缓和叛军对唐军的敌对情绪，削弱叛军的士气。

接着，李光弼进围博陵，连续围攻10天，未能奏效。于是，李光弼兵撤恒阳（今河北曲阳），以解决军粮问题。

五月，郭子仪、李光弼又率部回师常山，史思明率数万人尾随其后，行走3天，到达行唐（今河北行唐）。郭子仪选精锐骑兵一部，乘敌人疲惫时，重创叛军。接着，又在沙河（今河北行唐东）打败叛军，叛军的力量进一步遭到削弱。

叛军将领蔡希德到洛阳向安禄山报告战况，安禄山颇为后方动摇而忧虑。安禄山为了挽回败局，遂派蔡希德再率步、骑兵2万人，北救史思明。同时，又命牛廷玠发范阳等郡兵1万余人，南助史思明。这样，史思明就又有5万余众了。其中战斗力很强的精锐部队占五分之一。

随着战争形势的发展，郭子仪、李光弼又兵至恒阳，史思明又尾随而到。郭子仪、李光弼深沟高垒，似有避战之意，但实际上是敌来则严加防守，敌退则跟踪追击；白天耀兵扬威，夜间袭击敌人。这样变换莫测，使敌人不知所措，昼夜难以休息。几天以后，李光弼、郭子仪都认为叛军已经非常疲劳，出战时机已经成熟，于是，在五月二十九日，双方大战于嘉山（在今河北曲阳附近）。由于唐军准备充分，叛军疲惫不堪，故而郭子仪、李光弼大破叛军，杀叛军4万人，俘虏1000余人。史思明在大战中落马，披头散发，赤脚逃窜，直至天黑，手中枪也已折断，狼狈不堪地奔赴博陵（即定州，治所在今河北定县）。这一仗的影响很大，由于唐军的胜利，原在叛军控制下的十多个郡，都先后响应唐军的到来，他们杀了安禄山的守将，归附唐朝。

李光弼、郭子仪的胜利不是偶然的。主要是李、郭二人志同道合，互相配合很好。他们听取了当地人包处遂的建议，避开敌人强悍勇猛的优势，利用敌人不善于智胜的短处，抢占了有利地形，然后与敌斗智，使叛军摸不清唐军的动向，缺乏迎战之策。于是，在唐军发动攻击以后，叛军仓猝迎战，优势难以发挥。反之，唐军采用疲劳战术，大大削弱敌人的战斗力。这样一来，战争一开始，唐军就发挥自己的优势，有预谋、有目的的主动进攻，而叛军则是狼狈不堪的被动迎战。战争的结果自然是不言而喻了。

4 安禄山惊慌失惜，怒斥幕僚

由于河北诸郡响应唐军的到来，归附唐朝，在洛阳的安禄山和原来的起家之地范阳就失去了联系。必要的联系多半是派轻骑暗中偷越唐军营地。即使如此,偷越的叛军轻骑也往往被俘。这样一来,家在范阳的叛军将士无不忧心忡忡。

最受震动的还是安禄山。他虽然顺利攻取了东都洛阳,但在其后方却燃起了反对叛乱的熊熊烈火,颜杲卿、颜真卿、张巡、许远等反对叛乱的力量,有力地牵制了安禄山不能继续前进;现在李光弼、郭子仪又敲响了范阳的大门,割断了洛阳与范阳的联系,于是,安禄山不能不颇感危机。在其前进受阻,后院起火的时候,又陷入了早知今日,何必当初的后悔心态了。

有一天,安禄山召其主要谋士高尚、严庄骂道:你们早就劝我造反,认为造反必然成功。今天的情况如何?西攻潼关,数月不能前进一步;北回范阳的道路已被切断;我所控制的地盘只有汴(今河南开封)、郑(今河南郑州)数州之地,成功在什么地方呢?你们今后不要再来见我了。高尚、严庄受到责骂,一连数日,不敢露面。这时,田乾真自潼关返回洛阳,知道安禄山怒斥高尚、严庄以后,立即从中缓和这种矛盾。

田乾真劝安禄山道:"拨乱之主,经营创业,草昧之际,靡不艰难。汉祖狼狈于荥阳,曹公倾覆于赤壁,未尝一举而成大事者。今四面兵马虽多,皆募新军乌合之众,未经行阵堡垒,非劲锐之卒,不足为我敌。纵大事不成,犹可效袁本初以数万之众据守河北之地,亦足过十年五岁耳。庄、尚皆佐命元勋,何以遽斥绝之,使诸将闻之,心不动摇乎?"[①] 安禄山认为田乾真很有见地,所谈内容正是为了安禄山统治集团的稳

[①]《安禄山事迹》第27页。

定。所以，安禄山很快转忧为喜，对田乾真大加赞扬，同时，又盛情款待高尚、严庄，恢复了原来的无间关系。

安禄山虽然协调了统治集团内部的关系，但对当时的处境仍然深为忧虑。所以，他曾经有放弃洛阳，回到范阳的打算。由于内部意见分歧，在尚未作出决策的时候，唐军在潼关失败，玄宗离京西走，使形势发生了急剧的变化。这时，正在平原（今山东平原）领导军民抗击叛军的颜真卿，正在为李光弼、郭子仪的胜利而感到振奋，并欲与其会合，共同打击叛军。但是，突如其来的消息，长安陷落，玄宗出走，使李光弼、郭子仪失去了唐军东进洛阳的希望，暂时没有南北夹击安禄山的可能。于是，李光弼、郭子仪又回师井陉以西，仅只留下少数部队留守常山。

事实证明，在关键时刻，首脑人物的态度有非常重要的作用。玄宗的错误决策，导致了潼关唐军的溃败，影响了河北打击叛军的将士们的士气，使高涨一时的抗击叛军浪潮又低落下来。反之，处于危机四伏中的安禄山，这时又看到希望，他西进潼关，攻取长安，迫使玄宗落荒而逃；又在河北大肆反扑，使其动摇了的起家之地又稳定下来。

八 安禄山洛阳称帝，唐玄宗离京出走

安禄山于天宝十四载（755）十一月初九日在范阳开始反唐，到十二月十二日攻陷东都洛阳，这样迅速的取得胜利，自然使安禄山感到春风得意。于是，他于第二年（756）正月初一，就改元称帝，露出了要取唐而代之的本来面目。尽管在其所到之处，也曾遭到广大军民的激烈反抗，使其陷于危机之中，但由于玄宗政权极其腐败，军队不堪一击，故而使安禄山的处境很快转危为安。总而言之，玄宗政权的腐败，不能组织有效的抵抗；又经常作出错误的决策，给安禄山提供了可乘之机。这就是安禄山叛乱得以不断发展的前提条件。

1 唐军溃退，封常清、高仙芝被杀

封常清与高仙芝早有交往，最后两人同时被杀，共为冤魂，是玄宗政权腐败的重要事例。由于玄宗的昏庸，不了解实际情况，作出错误的决策，致使能征善战的将军身首异处。由此可见，玄宗政权必然是面临末日，难以继续下去了。

封常清，蒲州猗氏（今山西临猗）人。其外祖父因犯罪流放到安西（今新疆库车），他随外祖读书，成绩甚好。他看都知兵马使高仙芝很有才干，遂要求为其侍从。由于作战有功，不断升迁，到天宝十一载（752），他就是安西四镇节度使了。

安禄山叛乱后，封常清回到长安，玄宗问他平叛之策，因他对安禄山蓄谋已久、早有叛乱的准备估计不足，故而发出豪言壮语，主动请缨，出师平叛。不料，武牢（在今河南荥阳西）失败，洛阳陷落，使他羞愧万分。在他收拾余众，退到陕州（治所在今河南陕县）的时候，他就清楚地认识到安禄山叛乱不是轻而易举可以解决的问题了。

封常清到达陕州时，陕郡太守窦廷芝已经弃城而逃往河东（今山西），吏民也纷纷四处逃散，这种凄凉的气氛，更加重了他失败而悲愤的心情。他根据自己与叛军作战的体会，对驻守在陕州的高仙芝说出了心里话。他说："常清连日血战，贼锋不可当。且潼关无兵，若贼豖突入关，则长安危矣。陕不可守，不如引兵先据潼关以拒之。"① 高仙芝接受了这个建议，同意撤兵潼关。

高仙芝，高丽人。他初从军河西（今甘肃武威），因其勇敢善战，甚受重视，到开元末年，他为安西副都护、四镇都知兵马使。后因对吐蕃作战有功，到天宝六载（747）十二月升为安西四镇节度使。安禄山叛乱后，玄宗任命荣王李琬（玄宗第六子）为元帅，高仙芝为副元帅，率军东征。天宝十四载（755）十二月初，高仙芝和监军边令诚（宦官）到达陕州。

封常清从洛阳战败撤军到陕州后，根据自己的亲身体会，认为临时招募起来，未经严格训练的军队难以抵抗叛军的进攻，所以，和高仙芝共同退守潼关。他们撤退回时，由于叛军跟踪而至，唐军混乱不堪，溃不成军，士马自相践踏，死伤甚

---

①《资治通鉴》卷217，天宝十四载十二月。

多。这样的军队,显然不堪一击。由此看来,封常清和高仙芝退守潼关的主张,是从实际出发,量力而行的。

随高仙芝东进的监军边令诚,本来不懂军事,但他对高仙芝的军事行动却常常横加干涉。其实,早在高仙芝对吐蕃的属国小勃律(在今巴基斯坦北部)作战时,边令诚就在高仙芝军中,高仙芝出奇胜敌,边令诚畏缩不前。由于高仙芝大获全胜,边令诚才不得不承认高仙芝作战有功。这时,他看到高仙芝从陕州直退潼关,大为不满,遂上奏玄宗,盛加高仙芝之罪过。

边令城上奏玄宗道:封常清夸大叛军的声威,恐吓士众,高仙芝弃地数百里,又盗减兵士粮饷及皇帝赐物。玄宗轻信边令诚,怒不可遏,遂派边令诚立斩高仙芝与封常清。本来,封常清战败后,三次派人上表陈述与叛军交战的实际情况,希望玄宗能够知道前方的战况,但玄宗根本不见封常清的使者。封常清无可奈何,只得亲自前往长安,求见玄宗。不料,到了渭南(今陕西渭南),就得到了他被削去官爵,令其到高仙芝军中以普通军士身份戴罪立功的消息。当然,他只能再回到潼关。

边令诚到了潼关,当众宣布了玄宗旨意:封常清自知必死,遂将已经拟好的一个上表托边令诚上呈玄宗。其表文的内容是:"臣自城陷已来,前后三度遣使奉表,具述赤心,竟不蒙引对。臣之此来,非求苟活,实欲陈社稷之计,破虎狼之谋。"也就是要根据自己的亲身体会,说明双方力量的对比。他说:"臣所将之兵,皆是乌合之徒,素未训习。率周南市人之众(指在洛阳临时招募起来的军队),当渔阳(指范阳)突骑之师,尚犹杀敌塞路,血流满野。"我即使挺身而出,血染疆场，又怕助长敌人的气焰，挫伤王师的锐气。既然战败，罪有应得。最后又说："臣死之后，望陛下不轻此贼，无忘臣言，则冀社稷复安，朔胡败覆，臣之所愿毕矣。"① 封常清被杀，陈尸于粗席之上。

高仙芝自外回来，看到封常清已死，悲惨万分，同时，也感到自己的命运不可挽回，所以，他自动走到封常清就刑之处，然后当众表白道："我退，罪也，死不辞，然以我减截兵粮及赐物等，则诬我也。"接着，他就对边令诚说："上是天，下是地，兵士皆在，足下岂不知乎！"面对这种义正辞严的斥责，边令城当然不敢正面答话。最后，高仙芝对其心爱的士兵们大呼道："我于京中召儿郎辈，虽得少许物，方与君辈破贼，然后取高官重赏。不谓贼势凭陵，引军至此，亦欲固守潼关故也。我若实有此，君辈即言实；我若实无之，君辈当言枉。"平时，高仙芝爱护士兵，士兵敬重高仙芝，兵将之间情意深厚。这时，看到高仙芝面临刑场，无不悲愤交加，遂不约而同的齐声呼曰："枉。"② 尽管如此，这位刚愎自用的宦官还是使高仙芝身首异处了。

事实证明，封常清、高仙芝确实是无辜的冤死者。指责他"减截兵粮"完全是无中生有。例如，高仙芝驻守陕州时，陕州境内的太原仓存有大量钱绢，高仙芝并没有私自取用。在其临撤退时，为了使这些钱绢免落叛军之手，遂将这些钱绢分给将士，剩余部分完全焚毁。这说明高仙芝决不是见利忘义之徒。在他临刑前众士兵齐声呼"枉"，正是众士兵公开证明他没有"减截兵粮及赐物"。不言而喻，两位能征善战，又受士

---

①②《旧唐书》卷104《封常清传》。

兵拥护的将军被冤枉而死，又是玄宗政权极其腐败的铁证。

封常清、高仙芝是在前线直接抵抗叛军西进的将领，玄宗杀了他们，众士兵痛感失去敬爱的统帅而无所适从；而安禄山则快感玄宗为他们除去了前进道路上的障碍。这种亲者痛，仇者快的举措，助长了叛军的嚣张气焰，削弱了唐军抗敌的士气。为叛军攻克潼关，直捣长安创造了有利条件。得民心者兴，失民心者亡。这又是一个典型的事例。玄宗政权就是因为腐败而失去民心，最后退出历史舞台的。

2 安禄山自称大燕皇帝

封常清、高仙芝放弃陕州，退守潼关。安禄山立即派其将崔乾祐进驻陕州。在唐军不断溃退的形势下，临汝（今河南汝阳东）、弘农（今河南灵宝）、济阴（今山东定陶西）、濮阳（今河南濮阳西南）、云中（今山西大同）等地都先后降于安禄山。接连不断的胜利，使安禄山更加得意忘形。本来，他还想亲自率军进攻潼关，已经兵行至新安（今河南新安），由于颜杲卿、颜真卿在河北反抗叛军的声势越来越大，他才又回到洛阳。

安禄山叛乱的目的，不只是要取得洛阳，而是要改朝换代，取唐而代之。所以，他很快就要建国称帝了。

至德元年（756）正月初一，安禄山在洛阳自称大燕皇帝，改元圣武，封其子安庆绪为晋王、安庆和为郑王，以达奚珣为侍中，张通儒为中书令，高尚、严庄为中书侍郎。俨然像是一个小朝廷的规模。

3 叛军攻陷潼关

封常清、高仙芝被杀以后,潼关必须另有重要将领率军把守。这时,河西、陇右节度使哥舒翰正在长安家中养病。因其战功卓著,素有威名,而且和安禄山积怨甚深,故而玄宗召见他,要他出镇潼关。哥舒翰以病为由,一再推辞,玄宗不允。遂被任命为兵马副元帅,率领各部军队以及高仙芝旧部,共20万人,驻守潼关。

哥舒翰,系突骑施酋长哥舒部落的后裔,父名道元,为安西都护将军、赤水军(在今甘肃武威西南)使,世居安西。他家富于财,好侠义,喜饮酒。他在长安遭到长安尉的歧视,愤然至河西(今甘肃武威)谋出路,后为节度使王忠嗣衙将。他好读《左氏春秋传》、《汉书》,学识渊博,而且还疏财重气,受人敬仰。由于其对吐蕃作战有功,天宝六载(747)被任命为陇右节度使,天宝十二载(753)又加河西节度使。

至德元年(756)正月初十,玄宗为了鼓励哥舒翰为其卖命,又加其为尚书左仆射、同中书门下平章事(宰相)。正月十一日,安禄山命其子安庆绪进攻潼关,结果被哥舒翰打退。

在叛军的进攻稍有缓和的时候,唐朝廷内部的矛盾又很快激化了。本来,杨国忠专横跋扈,有很多人对他十分不满,再加上安禄山以诛杨国忠为名进行叛乱,更使很多人对杨国忠恨之入骨。因此,王思礼暗中劝哥舒翰道:"禄山阻兵,以诛杨国忠为名,公若留兵三万守关,悉以精锐回诛国忠,此汉挫七国之计也①，公以为何如？"② 哥舒翰内心同意，但未敢明确表态。王思礼又要求允许他以30个骑兵把杨国忠劫持到潼关杀死。哥舒翰反对道：如果这样，就是哥舒翰造反，而不是安禄山造反了。

哥舒翰虽然没对杨国忠采取措施，但已经走露了消息，杨国忠自感面临危机，遂向玄宗奏道：根据兵法，"安不忘危"。在潼关虽有哥舒翰的强大驻军，如果没有后备力量，"万一不利，京师得无恐乎！请选监牧小儿（指饲养国马的士卒）三千训练于苑中。"③显然，这是为了人身周围的安全。玄宗同意这个主张。杨国忠因身领剑南节度使，故以剑南军将李福（德）、刘光庭共同负责训练监牧小儿。另外，杨国忠又奏请玄宗批准，临时召募1万士卒，屯于灞上（今陕西西安东郊），由其亲信杜乾运统帅。

杨国忠的公开举动，必然引起哥舒翰的注意。因为他名为抵御叛军，实际上是为了对付哥舒翰。哥舒翰请求玄宗同意，灞上的杜乾运部由他统一指挥。这样，实际上又架空了杨国忠。但哥舒翰还不放心，遂以议论军事为由，召杜乾运到潼关，将其斩首。这样一来，杨国忠与哥舒翰的矛盾更加激化了。

本来，哥舒翰是在养病期间被迫走上前线的，这时，由于杨国忠的猜疑，使他更加忧心忡忡，病情日益严重。于是，他

---

①汉挫七国之计：是指汉景帝平定七国之乱。西汉景帝时，晁错建议削减王国封地，吴、楚七国遂以诛晁错为名进行叛乱，故有人建议诛晁错以平定叛乱。这里是指诛杨国忠以平安禄山叛乱。实际上这是为了杀杨国忠制造借口。
②③《旧唐书》卷104《哥舒翰传》。

把军务大事全部委托行军司马田良丘主持。田良丘优柔寡断,缺乏统率全军之才能,又把步兵、骑兵分开,使王思礼负责骑兵、李承光负责步兵,王思礼与李承光又互争高下,难以统一指挥,再者,哥舒翰用兵严而对士卒体恤不够。这些因素,都严重影响着军队战斗力的发挥。

至德元年(756)六月,安禄山在陕州的将领崔乾祐,故意制造假象,迷惑唐军。表面看来,崔乾祐兵不足4000,而且还都是瘦弱无力的士卒,好像根本不堪一击,玄宗知道这些情况,认为是打击叛军的好机会,遂命哥舒翰东进,收复陕州、洛阳。哥舒翰持不同意见奏道:"禄山久习用兵,今始为逆,岂肯无备!是必赢师以诱我,若往,正堕其计中。且贼远来,利在速战;官军据险以扼之,利在坚守。况贼残虐失众,兵势日蹙,将有内变,因而乘之,可不战擒也。要在成功,何必务速!今诸道征兵尚多未集,且请待之。"同时,郭子仪、李光弼也同样认为:"请引兵北取范阳,覆其巢穴,质贼党妻子以招之,贼必内溃。潼关大军,唯应固守以弊之,不可轻出。"[①] 根据实际情况,哥舒翰、李光弼、郭子仪等人的主张是正确的。因为潼关唐军是临时凑集起来的军队,而且还有王思礼、李承光等内部的步调不一,战斗力必然不强。反之,叛军明显的是用诱骗之计促使唐军出击,然后动用埋伏的力量,突然袭击,消灭唐军。显而易见,固守潼关,必然使叛军的阴谋难以得逞。

事与愿违,哥舒翰的主张根本不能实现。因为杨国忠猜疑哥舒翰有意与他作对,遂鼓动玄宗说:在叛军力量薄弱,毫无

---

① 《资治通鉴》卷218,至德元年六月。

防备的情况下,哥舒翰逗留不前,将要失去战机。玄宗相信了杨国忠,接连不断派遣宦官督促哥舒翰进兵。哥舒翰无可奈何,抚胸痛哭,于六月初四,带兵出关。

六月初七,唐军与崔乾祐叛军在灵宝(今河南灵宝)西原相遇。崔乾祐据险防守,南靠山,北近黄河,中间隘道70里。六月初八,双方展开会战。崔乾祐埋伏重兵于险要之地,哥舒翰与田良丘在黄河中乘船观察敌情,看到的崔乾祐兵为数不多,遂督促诸军继续前进。王思礼等率5万精兵居前,庞忠等领兵10万继之于后,哥舒翰派兵3万于黄河北岸土山上鸣鼓以助军威。面对这种形势,崔乾祐出兵不过1万来人,而且还是"什什五五,散如列星,或疏或密,或前或却"① 军容甚不严整,不像打仗的样子。显然,这是一种骗局。但唐军毫不介意,反而笑叛军无临战准备。其实,崔乾祐把精兵埋伏于阵后,会战开始,叛军偃旗好像要逃退的样子。这样以来,唐军更为松懈无备了。

在唐军完全陷入圈套思想麻痹以后,叛军埋伏的精兵突然发动进攻,叛军居高临下,用木石下滚,大量杀伤唐军。由于道路狭隘,兵众拥挤,枪槊施展不开,不能发挥作用。哥舒翰遂以毡车驾马为前驱,欲冲出重围。不料,午后东风骤起,崔乾祐用草车数十乘堵塞毡车不能前进,然后纵火焚烧。霎时间,烟雾弥漫,唐军士卒睁不开眼睛,以为叛军就在烟雾之中,故而自相厮杀,有时又向烟雾中乱箭齐放,直至傍晚,箭已用完,才弄清楚根本没有敌人。这时,崔乾祐命其同罗族精锐骑兵从南山绕道唐军背后,突然袭击唐军。唐军腹背受敌,

---

①《资治通鉴》卷218,至德元年六月。

首尾不能相顾，故而一片混乱，溃不成军。有的弃甲逃入山谷之中，有的在互相拥挤之中被挤入黄河淹死。后军见前军失败，也全部溃乱，"死者数万人，号叫之声振天地，缚器械，以枪为楫（舟桨），投北岸，十不存一二"。① 哥舒翰与麾下数百骑从黄河北岸向西，从首阳山（在今山西永济境内）西渡黄河，到达关内。其余部众又多从潼关退回。退回之惨状，目不忍睹。本来，为了防止叛军的进攻，在潼关外挖了三道壕沟，每道壕沟都是二丈宽，一丈深。这时，失败的唐军毫无秩序地溃退下来，争先恐后，都想早入关内。这三道壕沟反而成了自己后退的障碍。不少士卒妄图超越壕沟，但由于沟宽难越，很多人马坠下沟内，须臾之间，沟被人马填满，后来者就从填在沟中人马身上通过。就这样狼狈不堪的逃回者，才只有8000余人。

六月初九，崔乾祐攻克潼关。

哥舒翰入关，到了关西驿（在今陕西华阴东），张榜收集溃散的士卒，打算再守潼关。不料，蕃将火拔归仁为首的百余人包围了关西驿，迫使哥舒翰向叛军投降。哥舒翰不从，火拔归仁威胁他道："公以二十万众一战弃之，何面目复见天子！且公不见高仙芝、封常清乎？请公东行。"② 同时，还把哥舒翰缚在马上，逼其东行。当然，封常清、高仙芝被杀的惨状，哥舒翰必然记忆犹新。于是，哥舒翰也就不再拼命反对，勉强投降叛军了。

哥舒翰被送到洛阳，遭到安禄山的一番羞辱后，还想为安

---

① 《旧唐书》卷104《哥舒翰传》。
② 《资治通鉴》卷218，至德元年六月。

禄山劝说各地抵抗叛军的官员投降，为其立功。不料，一事无成，结果被安禄山软禁起来。那个逼迫哥舒翰投降的火拔归仁也没有得到好的结果，而是被安禄山以"叛主，不忠不义"的罪名杀掉了。

唐军在潼关失败以后，安禄山的影响进一步扩大了，河东（今山西永济西）、华阴（即华州，治所在今陕西华县）、上洛（今陕西商州）、冯翊（即同州，治所在今陕西大荔）等地防御使都弃城逃走，所部士卒皆四散而去。不言而喻，这又为安禄山势力范围的扩大提供了便利条件。

4　玄宗放弃长安，仓皇出走

叛军攻克潼关，哥舒翰麾下很快有人到长安向玄宗告急，玄宗立即召见。玄宗无兵可派，派遣负责训练监牧兵的李福（德）率监牧兵前往潼关，这当然无济于事。当日晚，平安火①看不到了，玄宗大为恐惧。

六月初十，玄宗召集宰相商讨对策，杨国忠首先主张放弃长安，逃往益州（治所在今四川成都），玄宗表示同意。看来，这时的玄宗已经完全失去了抗御叛军的信心和决心。半年以前，叛军刚刚攻破洛阳后，玄宗还表示要御驾亲征。他对宰相说："朕在位垂五十载，倦于忧勤，去秋已欲传位太子，值水旱相仍，不欲以余灾遗子孙，淹留俟稍丰。不意胡逆横发，朕当亲

---

①平安火就是报告前方战况的信号。当时，每隔30里设一烽台，作为报警哨所。每日早及初夜举一火，依次传至京师，称为平安火。

征,且使之(指太子)监国。事平之日,朕将高枕无为矣。"①由于杨国忠、韩国夫人、虢国夫人、秦国夫人等担心太子监国对他们不利,遂极力怂恿杨贵妃劝阻玄宗亲征。尽管这种态度不一定是真心实意,但总还有一点当年的英雄气概。不料,数月以后,即便是象征性的英雄姿态也无影无踪了。杨国忠首唱逃跑,他就立即响应。看来,玄宗已真是面临末日的皇帝了。

六月十一日,杨国忠召集百官于朝堂,惶恐惊慌又痛哭流涕地征求大家的应变策略。应召者面面相觑,不知所措。然后杨国忠自我表白说:"人告禄山反状已十年,上(指玄宗)不之信,今日之事,非宰相之过。"② 显然,这是杨国忠为了掩饰自己的罪过。百官散去时,城内已是一片混乱现象,士民惊扰奔走,不知到哪里安全;市井萧条,人人忧心忡忡。杨国忠促使韩国夫人、虢国夫人入宫,劝说玄宗赶快动身。

六月十二日,众多官员各自逃生,朝见玄宗的官员只有十分之一二。这时,玄宗临离京时还想有点冠冕堂皇的表示,遂故意到勤政楼,说了几句有意亲征的话,但没有一个人相信。接着,他就进行逃亡的安排。他命京兆尹魏方进为御史大夫兼置顿使;京兆少尹崔光远为京兆尹,充任西京留守;又命宦官边令诚掌握宫闱的钥匙。魏方进为置顿使的任务,就是去为玄宗在逃跑的路上安排食宿,也就是打前站的。他通知成都,做好迎接玄宗的准备。同时,玄宗还命颍王李璬(玄宗第十三子)提前赶往成都,做好各种安排。因为这时李璬已被任命为蜀郡(即益州,治所在今四川成都)大都督、剑南节度大使。

---

①《资治通鉴》卷217,天宝十四载十二月。
②《资治通鉴》卷218,至德元年六月。

这时要他亲自赴任,当然意味着玄宗极其重视成都这块地方。其实,杨国忠因为他早已遥领剑南节度使,所以他建议玄宗逃往成都,到他的势力范围以内,以便稳定自己的地位。为了达到这种目的,他早就在梁州(治所在今陕西汉中)到益州一带安置了自己的心腹。看来这是为了玄宗的安全,实际上是为了自己免遭意外。

当天傍晚,玄宗命龙武大将军陈玄礼整顿了皇帝的警卫部队,都给了优厚的赏赐,还选择了900匹好马,准备启程。这都是暗中进行,对外保密的。

六月十三日早晨,玄宗与杨贵妃姊妹、皇子、皇孙、妃、公主以及杨国忠、韦见素、魏方进、陈玄礼等亲信,还有些宦官、宫人,出延秋门(长安禁苑西门)西行;一些在外的妃、公主、皇孙等,都弃之不管了。显然,这是偷偷摸摸、狼狈不堪地逃命,皇帝的威风扫地已尽了。

玄宗路经国库时,杨国忠要求把国库所存钱帛一举焚烧,免得落入叛军之手。玄宗神情忧愁地说:叛贼来到,如果一无所得,他们必然苛剥百姓;不如留给他们,减少百姓一些灾难。这些话好像还有点人情味,但早知今日,何必当初呢!如果一贯坚持即位初年那种勤于政事,提倡节俭,奋发图强的积极进取精神,怎么会形成后来的安禄山叛乱呢!为什么没有继承发扬唐太宗那种"居安思危"的思想呢!

由于玄宗悄然无声地离去,朝廷官员根本不知,故而当天还有官员入朝。这些入朝的官员,像往日一样,听见计时用的刻漏(壶漏)有秩序的滴水的声音,又看见担任皇帝朝会仪仗的各种人员庄严整齐的站立两旁。不料,宫门打开后,宫人慌乱跑出,呈现一片混乱现象,谁也不知道皇帝哪里去了。

皇帝去向不明，宫中混乱不堪，于是，王公、大臣以及士民等，都四处逃窜。反之，平时根本不知道皇宫是什么样子的山谷平民，却大胆进城，闯进宫中或官僚贵族家中盗抢珍贵物品。更有一种奇观，还有人骑驴上殿，真是天翻地覆了。同时，左藏（中央国库）、大盈库（皇帝的内库）均被燃烧。临时受命的京兆尹崔光远、宦官边令诚，赶快组织人救火，又临时募人帮助京兆府及各县官员坚守岗位，还杀了十几个人，混乱局面才稍稍稳定下来。其实，崔光远、边令诚稳定混乱的局面并非是忠于玄宗，而是准备向安禄山投降。

玄宗及其亲信像丧家之犬一样溜之大吉了，被迫留守的官员，既不能尾随玄宗而去，又没有抵抗叛军的决心和能力，他们为了苟且偷安，只好奴颜婢膝地投降了。唐朝建都将近140年的长安城临时易主了。

5 叛军进占长安

玄宗仓皇出走，对安禄山来说是出乎所料的。所以，安禄山命令崔乾祐暂留潼关，不急于进攻长安。一直到第十天，安禄山才命孙孝哲率军进入长安。接着，就命张通儒为西京留守，玄宗任命的留守京兆尹崔光远这时又做了安禄山的京兆尹。另外，又使安忠顺率军屯驻禁苑中，镇守关中。在这些官员中，孙孝哲最得宠于安禄山。所以，安禄山命他监视关中诸将，张通儒等都受他节制。孙孝哲奢侈，惨忍，手段毒辣，故而其他诸将都对他有所畏惧。

安禄山命孙孝哲等大肆搜捕留在长安的唐廷官员以及宦官、宫女等，还有随玄宗而去的王、侯、将、相以及各种侍从人员的家属甚至婴孩，也在搜捕之列。搜捕到数百人，就派兵送往洛阳。另外，孙孝哲还奉安禄山之命，大杀唐宗室成员，睿宗女霍国长公主，还有王妃及驸马等人，均被杀于崇仁坊，而且还剖其心，以此来祭奠安庆宗。安庆宗是安禄山之子，原在长安任太仆卿，安禄山叛乱后被玄宗所杀。这时安禄山为报杀子之仇，杀霍国长公主等祭奠安庆宗。这种狭隘报复思想，使一些无辜者惨遭灭顶之灾。

再者，凡是杨国忠、高力士的狐群狗党，还有安禄山素来所厌恶者，也都被杀。先后共杀83人，有的还用铁棍揭开其脑盖，使脑浆溢出，流血满街。七月十七日，又杀皇孙、郡主（皇太子女）、县主（诸王女）等20多人。总之，安禄山叛军进入长安，使京师陷入纷乱恐怖的氛围之中。被后人尊为诗圣的杜甫，曾以史诗《哀王孙》真实地反映了当时的情况。

长安城头头白乌，夜飞延秋门上呼。又向人家啄大屋，屋底大官走避胡。金鞭断折九马死，骨肉不得同驰驱。腰下宝玦青珊瑚，可怜王孙泣路隅。问之不肯道姓名，但道困苦乞为奴。已经百日窜荆棘，身上无有完肌肤。高帝子孙尽隆准，龙种自与常人殊。豺狼在邑龙在野，王孙善保千金躯。不敢长语临交衢，且为王孙立斯须。昨夜东风吹血腥，东来橐驼满旧都。朔方健儿好身手，昔何勇锐今何愚。窃闻天子已传位，圣德北服南单于。花门剺面请雪耻，慎勿出口他人狙。哀哉王孙慎勿疏，五陵佳气无时无。

王孙，当然是指皇室的后代，一些未能追随玄宗而去的皇室子孙，流落长安，东躲西藏，体无完肤；狼狈不堪，威风扫地；甚至连自己的姓名也不敢透露，只愿向人乞求为奴。这种天翻地覆的"豺狼在邑龙在野"局面，无疑说明安禄山叛乱是对唐皇朝的沉重打击。

杜甫（712—770）亲身经历了安史之乱，受尽了战乱的颠沛流离之苦。他在去灵武投奔肃宗的途中被叛军所俘，又被带到长安。他亲自目睹了叛军横行长安的所作所为，所以，他的《哀王孙》应当是当时实际情况的反映。

叛军攻陷长安，使安禄山叛乱达到了高潮。这时安禄山的势力范围所及，除了河北的广大地区以外，西至汧阳（今陕西千阳）、陇县（今陕西陇县）一带，南至江、汉平原，还有河东道一部分（今山西南部），东到今河南、山东大部地区。这时，安禄山集团踌躇满志，得意忘形。于是，他们日夜纵酒，陷入声色犬马的享乐奢欲之中，对玄宗毫无穷追猛打的意思。这样一来，玄宗虽然是仓猝离京，但还是有惊无险，最后从容不迫地到达成都了。进一步说，肃宗能够顺利到达灵武（今宁夏灵武西北），重新组织平定叛乱的力量，夺回长安，也与安禄山鼠目寸光，满足现状密切相关。

九 肃宗灵武即位,决心平定安禄山叛乱

玄宗离京出走,到达马嵬驿,发生兵变,杨国忠、杨贵妃被杀。玄宗与太子分道扬镳,玄宗南去成都,太子北走灵武。太子在其亲信的劝进下登上皇帝的宝座,是为肃宗。肃宗奉玄宗为太上皇,从实际上取消了玄宗的皇帝地位。肃宗重用李泌等人,为自己出谋划策;重用郭子仪、李光弼等人,直接对叛军进行征战。事实上,肃宗也确有平定叛乱的决心和勇气。他在灵武即位,标志着唐朝重新组织力量,调整战略部署,准备东征,收复两京。两相对照,安禄山取得长安,以为大功告成,逐步丧失了继续进取的精神,开始走下坡路;而肃宗则开始重整旗鼓,准备东山再起,卷土重来,时局的发展,开始有所转折了。

1 马嵬驿兵变,玄宗南走成都

玄宗离开长安,过了西渭桥(在陕西咸阳南),杨国忠使人放火烧桥,玄宗立即制止道:人们逃难求生,烧了桥不是绝了他们的生路吗!遂命内侍监高力士组织人力将火扑灭。为了顺利前进,又命宦官王洛卿前行,为玄宗等人准备饭食。不料玄宗等到了咸阳望贤宫(在今陕西咸阳),王洛卿与咸阳县令

都逃之夭夭了。宦官们四处找人接驾，根本无人响应，眼看日已过午，玄宗还饿着肚子。昔日皇帝的威风，荡然无存了。无可奈何之际，杨国忠亲自去买了几个蒸饼，才使玄宗有了充饥之物。后来，也有百姓来献食者，但都是粗茶淡饭，根本不能与宫中的山珍海味同日而语，尽管如此，皇孙辈也都争相手掬而食之，饭吃完了，肚子还没有填饱。这些平时总嫌别人侍侯不周的皇室家族，这时落到如此境地，当然心理极不平衡，颇有凤凰落架不如鸡之感。于是，他们痛哭流涕，玄宗也触景生情，暗自伤悲。

在玄宗悲不自胜的情况下，他也不得不听听以往充耳不闻的谏言了。有一位老人向他进言道："禄山包藏祸心，固非一日；亦有诣阙告其谋者，陛下往往诛之，使得逞其奸逆，致陛下播越。是以先王务延访忠良以广聪明，盖为此也。臣犹记宋璟为相，数进直言，天下赖以安平。自顷以来，在廷之臣以言为讳，惟阿谀取容，是以阙门之外，陛下皆不得而知。草野之臣，必知有今日久矣，但九重严邃，区区之心无路上达。事不至此，臣何由得睹陛下之面而诉之乎！"这就是说，大家早已看到安禄山有造反的野心，但玄宗听不进直言者的忠告，故而无人敢再反映真实情况。安禄山叛乱已为家喻户晓，玄宗却还闭目塞听。如果不是玄宗流落民间，一个普通老人何以能够直接向皇帝说出心里的话。由此看来，最高统治者地位的变化，直接影响着他对待群众的态度。面对铁的事实，玄宗不得不承认："此朕之不明，悔无所及。"① 同是一个玄宗，在逃难中明白了很多在深宫中不明白的问题。看来，脱离群众的统治者必

---

①《资治通鉴》卷218，至德元年六月。

然脱离实际，所做出的决策也难是正确的。

玄宗吃了一些蒸饼，随后有人给他又弄来了所谓的御膳，一来他的饥饿稍有缓和，二来他的心情沉重，同时也真正感到离开别人自己不能独立生活，所以，他就先将所谓的御膳赐予随从的官员，然后自己才少吃了一点。最后他又想到随从的军士们，当他无法解决众多军士的吃饭问题时，就令他们到附近村落去自找饭吃。无疑，这样自然要扰乱百姓。这些平时吃皇粮的士卒们，这时又像蝗虫一样使无辜百姓遭殃了。统治者的胡作非为，给广大人民带来了料想不到的灾难。

拖拖拉拉的行动，直至半夜才到达金城（今陕西兴平），金城县令不知去向，县民也多半外逃。士卒们到外逃的县民家中，使用留下的饮食器皿自造饭吃。由于这样狼狈不堪，有些随从者就自行逃去，连内侍监袁思艺也溜之大吉了。内侍监是掌管宫廷内部杂事的宦官头目，是直接为皇帝服务的。身边的人都逃跑了，皇帝还有什么威信可言呢！

他们夜宿驿站，驿站的管理人员也不见了。无灯可用，人不分贵贱，官不论高低，互相枕藉而睡，富贵贫贱之别，在这里自然消失了。正当此时，王思礼从潼关前线而来，玄宗才知道了哥舒翰被迫投降的消息。由于情况紧急，玄宗立即任命王思礼为河西、陇右节度使，收集溃散的士卒，准备迎敌。

六月十四日，玄宗行至马嵬驿（今陕西兴平西），将士们饥饿疲惫，愤怒异常，怨言甚多。"龙武将军陈玄礼惧其乱，乃与飞龙马家李护国（李辅国）谋于皇太子，请诛国忠，以慰士心。"① 太子犹豫不决，没有作出果断的决策。恰巧这时有

---

①《旧唐书》卷108《韦见素传》。

吐蕃使者20余人拦住杨国忠，要求解决他们的吃饭问题。军士们看到这种情景，遂借题发挥道：杨国忠要与胡虏谋反！于是，立即有人开弓射之，杨国忠马鞍中箭，迅速走至马嵬驿西门内，军士们穷追不舍，终于将其杀死，并肢解其尸体，还将其首级悬于驿门之外。同时，杨国忠子杨暄，也就是那位参加选官考试不合格而以杨国忠权势为户部侍郎的纨袴子弟，还有韩国夫人、秦国夫人等也被杀死。玄宗临离京时任命的御史大夫兼置顿使魏方进出面干涉道：你们怎么敢杀害宰相！话刚说完，他也被杀死了。另一宰相韦见素，因平时办事模棱两可，这时也身受重伤，几乎丧命。

玄宗听到众人喧哗，方知已经发生事变，当然，他已无力扭转局面，只好出来慰劳军士，并令其收队，稳定下来。但众军士都置之不理，玄宗命高力士问其原因，陈玄礼直言不讳地说："国忠谋反，贵妃不宜供奉，愿陛下割恩正法。"玄宗当然不忍割爱，但又不敢反对，只好说此事由他自己处理。箭在弦上，刻不容缓。京兆府司录参军韦谔又进言道："今众怒难犯，在晷刻，愿陛下速决！"看来，想拖延下去是不行的。玄宗只好乞求似地说："贵妃常居深宫，安知国忠反谋？"高力士更直截了当地说："贵妃诚无罪，然将士已杀国忠，而贵妃在陛下左右，岂敢自安！愿陛下审思之，将士安则陛下安矣。"①"将士安"是指将士安定，"陛下安"是指玄宗安全。既然没有将士的安定就没有玄宗的安全，玄宗还有什么可说呢！

玄宗回到马嵬驿的临时住处，与杨贵妃恋恋不舍的话别，命高力士对其赐死。杨贵妃泣不成声地对玄宗说："愿大家

---

①《资治通鉴》卷218，至德元年六月。

（指玄宗）好住。妾诚负国恩，死无恨矣。"玄宗也悲不自胜地祝愿："愿妃子善地受生。"① 就在二人难舍难分的气氛下，高力士执行了缢杀杨贵妃于佛堂前之梨树下的任务。杨贵妃刚死，南方进献的荔枝送到。玄宗一边长叹，一边又使高力士用荔枝祭杨贵妃。由于军士尚不散去，玄宗又命陈玄礼等人亲自检验杨贵妃确已死去，这场兵变才告平息。

在混乱之中，杨国忠妻裴柔及其幼子杨晞，还有虢国夫人及其子裴徽等，都乘机逃走，他们逃到陈仓（在今陕西宝鸡南），均被陈仓县令捕杀。

杨国忠被杀，罪有应得。安禄山叛乱，是玄宗骄奢淫逸，喜好酒色，重用奸相杨国忠等，导致政治腐败的结果。杨贵妃无力反抗玄宗的霸占，她只能梳妆打扮，对玄宗投其所好。因此，杨贵妃没有祸国殃民的责任。玄宗处死杨贵妃是为平息兵变，保护自己，而杨贵妃则充当了替罪的羔羊。

六月十五日，玄宗将从马嵬驿出发，周围的官员大部散去，朝廷只有宰相韦见素一人。于是，玄宗命韦见素子韦谔为御史中丞兼置顿使，准备前往成都。这时，在是否前往成都的问题上发生了争议。有人认为，既然杨国忠谋反，成都是他的势力范围，他的部属都在那里，不可到那里去。于是，有人主张前往河西、陇右（即今甘肃武威到青海乐都一带），有人主张前往灵武（今宁夏灵武西北），有人主张前往太原（今山西太原），还有人主张回到长安。在这几种主张中，回长安的主张当然不能实现，因为若能回去，何必出来呢！没有强有力的军队打回去，回长安就是空话。故而当时就被韦谔否定了。其

---

①《开元天宝遗事十种》第142页。

他几种意见，玄宗无所适从，只好问策于高力士。高力士认为，太原接近安禄山的势力范围，朔方（灵武）接近于蕃戎，都不安全；陇右、河西贫困萧条，物资供应较为困难，"剑南虽窄，士富人繁，表里江山，内外险固；以臣所料。蜀道可行。"① 就这样，玄宗决定直往成都前进了。

2 太子顺水推舟，北去灵武即位

玄宗在马嵬驿临行之时，当地百姓对他畏敌弃地而逃极为不满，遂拦道质问他道："宫阙，陛下之家居，陵寝，陛下坟墓，今舍此，欲何之（去）？"② 面对这种尖锐的责问，他当然无言以对。于是，他命太子安抚百姓，自己先行而去了。

众人拦不住玄宗，只好又向太子表示：至尊（指玄宗）既然不肯留下，我们愿随殿下（指太子）东破叛军，收复京师。同时，又质问太子道：如果你们父子都要去成都，谁来做中原百姓的主人呢？很短时间，太子面前站有数千人之众。太子虽然没有推辞的理由，但又说为人子应当尽孝，必须请示至尊以后再作决定。这时，建宁王李倓（太子第三子）与宦官李辅国手执太子的马络头力劝道："逆胡犯阙，四海分崩，不因人情，何以兴复！今殿下从至尊入蜀，若贼兵烧绝栈道，则中原之地拱手授贼矣。人情既离，不可复合，虽欲复至此，岂可得乎！不如收西北守边之兵，召郭（子仪）、李（光弼）于河北，与之并力东讨逆贼，克复两京，削平四海，使社稷危而复安，宗

---

① 《资治通鉴》卷218，至德元年六月《考异》。
② 《资治通鉴》卷218，至德元年六月。

庙毁而更存，扫除宫禁以迎至尊，岂非孝之大者乎！何必区区温清，为儿女之恋乎！"① 广平王李俶（太子长子）也持同样意见。这里所谓的"人情"，实际上就是民意。李俶、李辅国劝太子不要违背民意，太子当然不能反对。在这种看来是众望所归的情况下，太子只好顺水推舟，与玄宗分道扬镳了。

太子离开玄宗，另奔前程，看来是众人拥护他领导平定叛乱，实际上这只是导火线，内在的原因是非常复杂的。

玄宗于开元二年（714）十二月立其次子嗣谦（后改名瑛）为太子。按照帝位继承制度，其长子嗣真应为太子，但由于嗣谦母赵丽妃有宠于玄宗，故被立为太子。后来，玄宗又日益宠爱武惠妃，赵丽妃的地位每况愈下。另外，还有鄂王瑶和光王琚也因其母失宠而颇感冷落。不言而喻，太子与鄂王瑶、光王琚必然有同样的感受。他们的共同处境，使他们常有怨言流露。于是，驸马都尉杨洄就向武惠妃反映他们的情况。玄宗通过武惠妃了解他们的动向后，怒不可遏，遂有废太子的打算。玄宗征求宰相的意见，李林甫支持玄宗，张九龄列举许多事例说明不可轻易废太子。由于张九龄的坚决反对，玄宗才没有更换太子。

开元二十五年（737）四月，杨洄又上奏玄宗，指责太子瑛、鄂王瑶、光王琚与太子妃兄薛锈等，暗中勾结，有阴谋活动。玄宗在李林甫的支持下废瑛、瑶、琚为庶人，薛锈被流放瀼州（治所在今广西上思西）。接着，这些人又都被赐死。

太子李瑛死后，再立太子的问题被提到日程上来了。李林甫为了讨好武惠妃，极力主张立武惠妃所生的寿王瑁（玄宗第

---

①《资治通鉴》卷218，至德元年六月。

十八子），玄宗倾向于忠王玙（玄宗第三子）。在犹豫不决的时候，玄宗又征求高力士的意见，高力士当然揣摸到玄宗的心意，遂投其所好地说："大家（指玄宗）何必如此虚劳圣心，但推长而立，谁敢复争！"高力士的意见完全符合玄宗的心意，所以，他连声赞许道："汝言是也！汝言是也！"① 就这样，李玙于开元二十六年（738）六月初三被立为太子了。

李玙，初名嗣昇，开元十五年（727）改名浚，开元二十三年（735）更名玙；开元二十八年（740）又名绍；天宝三载（744）再名亨。马嵬驿兵变时的太子就是李亨。

由于玄宗没有按照李林甫的意见立李瑁为太子，故而李林甫对李亨被立为太子极其不满。同时，他又顾虑李亨对他进行报复，遂千方百计地想加害太子。

天宝五载（746）正月十五，太子出游，碰见太子妃韦氏兄韦坚，韦坚又与太子为忠王时的老朋友皇甫惟明相会于景龙观（在长安城中崇仁坊）。于是，李林甫就把这种偶然的相会牵强附会地联系起来，诬奏韦坚与皇甫惟明阴谋立太子为帝。这种所谓罪状，自然为玄宗所不能容忍，韦坚、皇甫惟明立即被下狱中。不久，玄宗以谋求进身为官罪贬韦坚为缙云（治所在今浙江丽水西）太守，又以离间君臣罪贬皇甫惟明为播川（治所在今贵州遵义）太守。最后，他们又被赐死。其他受牵连的人很多，凡与韦坚等人有关者，被贬或被流放者有数十人之多。为此，太子也惶恐不安，连忙上表请求与韦妃离婚，要求对韦妃也进行处分。这当然是自我表白太子与此事无关。由此看来，太子和李林甫的矛盾日益深化，太子的地位也岌岌可

---

①《资治通鉴》卷214，开元二十六年五月。

危。李林甫危害太子，当然要假玄宗之手，所以，太子也不能不时刻提防着玄宗。反而，玄宗在李林甫挑拨离间下，也对太子不无惑疑。这样一来，父子关系自然也难以和谐了。

李林甫死后，杨国忠为相，专横跋扈，可与李林甫同日而语。本来，李林甫为危害太子所制造的韦坚、皇甫惟明冤案，杨国忠就曾参与其事；后来，杨国忠专政，太子也自然不满。这就是说，太子和杨国忠之间也存在严重分歧。正因为如此，在安禄山攻取洛阳后，玄宗欲使太子监国，自己亲征安禄山的时候。杨国忠大为恐惧，立即找韩国夫人、虢国夫人、秦国夫人商议道："太子素恶吾家专横久矣，若一旦得天下，吾与姊妹并命在旦暮矣！"① 他们相聚哭泣，无可奈何，最后由三夫人去求助于杨贵妃，杨贵妃拼命劝阻玄宗，才使玄宗改变主意。显而易见，太子能不能掌权，关键还在于玄宗。也可以说，如果永远在玄宗身边，太子永远不能掌握自己的命运。实际上这就是李亨要远离玄宗的基本原因。

面对当时的形势，玄宗与李亨也有不同的思路。玄宗是为了安全而寻找避风港；李亨为了执政而立功，也就是以平定叛乱争取众人的支持。一个是消极的逃跑，一个是积极的进取，二者水火不容，当然不能同路而行。李亨要想摆脱玄宗的控制，自己掌握自己的命运，必须平定叛乱，以便顺乎民心，迎合臣意。这就决定他前进的道路，不是去找叛军难到之处，而是去找有利于用兵，便于平定叛乱之地。李亨正是根据这种形势的需要，堂而皇之的离开玄宗，进而又做皇帝了。

李亨离开玄宗的去向如何，也是经过认真考虑的。原来，

---

①《资治通鉴》卷217，天宝十四载十二月。

在开元十五年（727）时，玄宗决定，其诸子都遥领州牧、刺史、都督、节度大使、大都护、经略使等职，实际上根本不到任所，还在京师。根据玄宗这个决定，李亨曾领朔方大使。李亨虽未到过朔方（驻所在今宁夏灵武西），但他对这里的驻军将领却略有所知，他在这里也有一定影响，而且驻军也很强大，道路也较近。这几方面，正是他反攻长安，树立自己威望的有利条件。于是，他决定向朔方节度使的驻地灵武前进了。

李亨经奉天（今陕西乾县）到新平（今陕西彬县），由于昼夜行走，士卒极其疲惫，逃亡甚多，器械也损失很多，所余之众不过数百人。新平太守薛羽弃郡逃走，被李亨斩首。第二天，到达安定（今甘肃泾川），安定太守徐毂也弃城而逃，又被太子斩首。一直到乌氏（今甘肃泾川北），才有彭原（今甘肃静宁县）太守李遵迎接李亨，贡献了一些衣物和干粮，还在这里募集了几百士卒，继续前进。进至平凉（今甘肃平凉）后，在这里的国家养马场选取了数万匹马，又募集了500余人，才使李亨的队伍稍具规模，显得有点声势了。

李亨在平凉停留数日后，朔方留后杜鸿渐、六城水陆运使魏少游、节度判官崔漪等人，迎接李亨于平凉北境，并且劝请李亨道："朔方，天下劲兵处也。今吐蕃请和，回纥内附，四方郡县大抵坚守拒贼以俟兴复。殿下今理兵灵武，按辔长驱，移檄四方，收揽忠义，则逆贼不足屠也。"① 这些话的内容，正符合李亨的愿望。李亨要过河，有船迎上来，当然是有求必应。七月初九，李亨到达灵武。七月十二日，李亨即帝位于灵武，改元至德，奉玄宗为上皇天帝，后改称太上皇，这就是肃

---

①《资治通鉴》卷218，至德元年六月。

宗。它在即位的制书中说:"圣皇久厌大位,思传眇身,军兴之初,已有成命,予恐不德,罔敢祗录。"这就是说,玄宗早就有意要他做皇帝了。显然,这是为他在玄宗在位的时候做皇帝说明原因。接着又说:他要平定安禄山叛乱,"须安兆庶之心,敬顺群臣之请"①,所以,他才即位于灵武。后来的事实证明,李亨灵武即位有利于平定安禄山叛乱,他也是实现了自己的诺言的。

3 肃宗重用李泌,巩固其地位

李泌字长源,原籍辽宁襄平(今辽宁辽阳),后迁居京兆(今陕西西安)。因其精明能干,颇得玄宗赏识。他淡于名利,不愿做官。李亨为太子时,与李泌为布衣之交,李亨常称他为先生。因杨国忠对他不满,后隐居于颍阳(今河南伊川东)。

李亨在灵武即位后,李泌奉召至灵武。肃宗把他视为心腹,不管大小事都征求他的意见,甚至任免将相也与他商议。肃宗欲以李泌为右相(中书令),他认为宾友贵于宰相,固辞而不为。

李泌虽然没有任何官职,但他对肃宗的各种决策都很关心,而且有重要影响。至德元年(756)九月,肃宗欲以建宁王倓(肃宗第三子)为天下兵马元帅,统兵东征。肃宗的决定有其道理。因为李倓英勇果断,很有才干。在随肃宗北去灵武途中,多次遇到寇盗,李倓都自选骁勇之士,血战以保卫肃宗。有时碰到不能按时吃饭或其他困难,大家都把希望的眼光

---

①《旧唐书》卷10《肃宗纪》。

投向于他。由此可见,他是众望所归的人物。但李泌却提出了不同意见。

李泌认为:"建宁(李倓)诚元帅才;然广平(王李俶,肃宗长子),兄也。若建宁功成,岂可使广平为吴太伯乎!"肃宗不理解李泌的用意,又进一步申述自己的意见说:"广平,冢嗣也,何必以元帅为重!"这时,李泌不得不明确自己的意思了。他说:"广平未正位东宫。今天下艰难,众心所属,在于元帅。若建宁大功既成,陛下虽欲不以为储副,同立功者其肯己乎!太宗,上皇,即其事也。"①

李泌的建议,很有远见,他完全是为了肃宗地位的巩固。仅按个人才能说,李倓肯定在李俶之上;李倓为元帅,必然在平定叛乱中可以更好的发挥作用。但历史的教训,使人们必须考虑另一种后果,就是平定叛乱以后,在统治集团内部很有可能发生争权夺位的斗争,致使肃宗在这种斗争中处于极其艰难的地位,甚至像高祖、睿宗那样,不得不做太上皇。他特别指出:"太宗,上皇(玄宗),即其事也。"就是因为太宗自恃有功,杀了太子建成,迫使高祖让位;玄宗有功,其兄李成器借鉴李建成的教训,恭谨相让太子的地位,其父睿宗也主动退位。这就是说,肃宗要巩固自己的地位,既要平定目前的安禄山叛乱,还要着眼于未来的稳定政权。正是李泌这样一针见血地用实际事例说明了自己的用意,才使肃宗恍然大悟。于是,他立刻改变主意,命长子李俶为天下兵马元帅。

李泌与肃宗形影不离,他们相伴外出,军士们常窃窃私语道:"衣黄者,圣人(指肃宗)也;衣白者,山人(隐士,这

---

①《资治通鉴》卷218,至德元年九月。

里指李泌）也。"显然，这是军士们认为李泌不是政府官员，对他不够重视。肃宗为了抬高李泌的威望，遂对李泌道："艰难之际，不敢相屈以官，且衣紫袍（三品以上的官服）以绝群疑。"① 李泌以为穿上官服只是装模作样，故作姿态，遂穿上紫袍。不料，肃宗立即改变口气道：既然穿上官服，就得有官名，遂拿出早已准备好的命令，命李泌为侍谋军国、元帅府行军长史。当时，皇帝所谓的宫室都非常简陋、狭小，不像长安那样规模宏大，富丽堂皇。所以，元帅府就在禁中。从此以后，李泌和李俶常在元帅府商议军旅大事。由于军旅事务繁忙，各地上报的表疏甚多，故而各种要事都由李泌和李俶先行议论后，再酌情上奏肃宗。由此可见，李泌在当时的朝廷中是一个非常重要的角色。

张良娣是肃宗的爱妃，在前往灵武的途中，由于随从人员不多，每晚入寝，她都睡在肃宗前面，保护肃宗。肃宗说妇人不能御敌，张良娣则说在紧要关头妾可以身替你，你可乘机离去。这种舍己救人的精神，肃宗当然非常感动。但当太上皇（玄宗）赐给张良娣七宝鞍的时候，李泌却反对张良娣使用。李泌说："今四海分崩，当以俭约示人，良娣不宜乘此。请撤其珠玉付库吏，以俟有战功者赏之。"把玄宗对张良娣的所赐物转赏给"有战功者"，当然这是鼓励将士努力平定叛乱。正因为如此，张良娣虽然不悦，但肃宗却认为是"先生为社稷计也。"②接受了李泌的建议。

李泌还不赞成肃宗根据个人恩怨处理问题。最初，李林甫曾极力反对立李亨为太子，李亨怀恨在心，曾和李泌谈到在收

---

①②《资治通鉴》卷218，至德元年九月。

复长安后,将对李林甫发其冢并焚骨扬灰。李泌语重心长地劝阻道:"陛下方定天下,不必与死者计较,他的枯骨没有知觉,反而显得陛下不够宽宏大量。现在,跟随安禄山叛乱者都是陛下的仇敌,如果他们知道你胸怀如此狭隘,谁还敢改过自新,背敌来降呢!"肃宗感动万分,自感自己不如李泌有远见。

至德元年十二月,肃宗向李泌询问破敌之策及其对形势的看法。李泌胸有成竹地说:我看叛军把所得子女金帛,全都送往范阳,可见安禄山没有雄据四海之志。为其所用者多是胡人,中原(汉人)人士很少,据此估计,不过二年,叛乱即可平定。肃宗要他把话说得更具体一些,他深入分析道:安禄山的主要将领就是史思明、安守忠、田乾真、张忠志、阿史那承庆等数人,今陛下若命李光弼自太原(今山西太原)出井陉(今河北井陉西北),命郭子仪自冯翊(今陕西大荔)入河东(今山西永济西),则史思明、张忠志就不敢离开范阳,安守忠、田乾真就不敢离开长安。这四员战将被分割两地,安禄山身边只有阿史那承庆。然后,陛下新征集的军队进驻扶风(今陕西扶风),与郭子仪、李光弼所部分别出击,互相呼应。使叛军"救首则击其尾,救尾则击其首,使贼往来数千里,疲于奔命,我当以逸待劳,贼至则避其锋,去则乘其弊,不攻城,不遏路。"最后派建宁王李倓为范阳节度大使,与李光弼共同进攻范阳,覆敌巢穴。元人胡三省对《资治通鉴》有关此事的记载作注说:"使肃宗用泌策,史思明岂能再为关、洛之患乎!"① 显而易见,李泌善于纵观全局,很有战略眼光。他对肃宗的建议,都有实用价值。

----

① 《资治通鉴》卷219,至德元年十二月。

至德二年（757）九月，唐军克服长安，肃宗在凤翔（今陕西凤翔）召见李泌。李泌表示，他对肃宗报德已足，要再为闲人。肃宗问道：我们长期共患难，现在要同娱乐了，为什么要远去呢？李泌回答说他有五不可留，就是"臣遇陛下太早，陛下任臣太重，宠臣太深，臣功太高，迹太奇"①。当然，这有怕因功高遭猜疑的意思。肃宗立即表示说：你不要学范蠡，把我当成勾践，我们只能共患难，不能同安乐。言外之意，当然是要李泌打消顾虑，肃宗和他既可共患难，也能同安乐。但是，李泌并不相信肃宗的诺言，他尖锐地指出，肃宗赐其子建宁王李倓死，就是相信了张良娣与李辅国的谗言。既然相信谗言能赐其子死，何以能保证臣僚不遭此难呢！在李泌的一再要求下，肃宗只得于十月同意他归衡山，并命郡县为其筑室于山中，发给相当于三品官的俸禄。

李泌是一位有远见卓识的政治家，他为肃宗出谋划策，加速了平定叛乱的进程，巩固了肃宗的地位，所以，肃宗很需要他的辅佐。但由于他淡于名利，不愿陷入统治集团内部错综复杂的漩涡之中，故而他急流勇退，去过平静的山人生活。看来，在那种尔虞我诈，争权夺利的社会里，很有才干的人也是难以发挥作用的。

4　开始反攻，初战失利

肃宗在灵武即位，虽然又重新组织朝廷，但其力量相当薄弱，莫说进攻，就是自卫力量也嫌不足。于是，他下诏要郭子

---

①《资治通鉴》卷220，至德二年九月。

仪、李光弼班师，回到灵武。

郭子仪，华州郑县（今陕西华县）人，他出身于一个中层官吏家庭，是通过武举考试走上政治舞台的。天宝八载（749），为横塞军使，天宝十三载（754），为天德军使，兼九原太守与朔方节度使右兵马使。天宝十四载（755），安禄山叛乱初起，郭子仪即被调任朔方节度使，又奉命东讨叛军。肃宗即位时，他刚和李光弼共同在河北常山一带大败叛军，并且取得了很大胜利。

李光弼，在天宝五载（746），河西节度王忠嗣任用他为兵马使，充赤水军使，并对其十分器重。安禄山叛乱后，郭子仪推荐李光弼为河东节度使，不久，又为范阳长史、河北节度使。他奉命班师时，正是他和郭子仪共挫叛军以后，刚撤军至太原。

至德元年（756）八月，郭子仪所部及李光弼部分军队5万人到达灵武。这时，"兵众寡弱"的朝廷，才"军声遂振，兴复之势，民有望焉"。[①] 肃宗遂命郭子仪为兵部尚书，并保留原来的灵州大都督府长史、朔方节度使的职务；又命李光弼为户部尚书、北都（今山西太原）留守。同时，郭子仪、李光弼又都被任命为宰相。看来，这是要重用两位将军，准备向叛军反攻了。

正当肃宗准备反攻叛军，前进到顺化（今甘肃庆阳）时，玄宗的使臣韦见素、房琯来见肃宗。韦见素因与杨国忠同时为相，事事附和杨国忠，故而肃宗不愿用他；而对房琯则十分信任，立即加以重用。"琯亦以天下为己任，知无不为；诸相拱

---

① 《旧唐书》卷120《郭子仪传》。

手避之"。①

房琯,是少年好学的知识分子,天宝十四年(755),安禄山叛乱时,他是宪部(刑部)侍郎。第二年六月,玄宗离京出走,未曾通知他。后来,他追赶玄宗,直到普安郡(即剑州,治所在今四川剑阁),才见到玄宗。玄宗喜悦异常,认为他忠心耿耿,遂命他为文部(吏部)尚书、宰相。八月,玄宗命他与韦见素同去册立肃宗,由于他能言善谈,对当时形势的认识很有见解,故而得到肃宗重用。

至德元年(756)十月,肃宗经顺化(今甘肃庆阳)到彭原(今甘肃静宁)。房琯上疏请求自己率军收复两京,并要求自己安排幕僚参佐,肃宗都表示同意。房琯以御史中丞邓景山为其副手,户部侍郎李揖为行军司马,给事中刘秩为参谋。他特别相信李揖、刘秩,一切军务都交这两人处理。但这两人都是书生,不懂军事,显然,这样安排对作战极其不利。

其实,房琯也只会坐而论道,纸上谈兵,根本没有实际作战的才能。他分兵三路,杨希文率南军,自宜寿(今陕西周至)前进;刘贵哲统中军,从武功(今陕西武功)前进;李光进率北军,自奉天(今陕西乾县)前进。十月二十日,房琯以刘贵哲的中军和李光进的北军为前锋,前进至便桥(在今陕西咸阳),两军在前进中与叛军在陈涛斜(今陕西咸阳东)相遇。房琯效法春秋时的战法,进行车战。他用牛车2000乘,再参加骑兵和步兵。这种阵势,看起来颇为雄伟壮观,但不易机动灵活。叛军看准了这个弱点,他们顺风扬尘鼓噪,使牛惊惧。接着,叛军就纵火焚烧,人畜混在一起,指挥失灵,溃乱不堪

---

①《资治通鉴》卷218,至德元年九月。

收拾。房琯又将杨希文的南军投入战斗，也遭失败。这次作战，唐军死伤4万余人，幸存者只有数千人而已。杨希文、刘贵哲都向叛军投降。这次全军覆没性的失败，使肃宗大为忿怒，幸而有李泌尽力营救，才使房琯免遭问罪。

房琯是一个"好宾客，喜谈论，用兵素非所长"①，徒有虚名的高谈阔论者，他所重用的李揖、刘秩等人，也都是从来未接触过军事的儒生。就这样，房琯还夸夸其谈地说，安禄山的勇士虽多，也难以抵挡他重用的刘秩等人。知彼知己，才能百战百胜。房琯看不到自己的弱点，认不清敌人的优势，以自己之短去碰敌人之长，显然，这是在军事上的庸劣表现。事实证明，肃宗重用房琯是个极大的错误。

---

①《旧唐书》卷111《房琯传》。

十　安禄山被杀，安庆绪继续叛乱

安禄山攻取洛阳后，建元称帝，自以为大功告成，遂逐步丧失了前进的锐气，开始骄奢淫逸，止步不前。其统治集团内部也因利害关系而产生了错综复杂的矛盾。由于各种矛盾的激化，安禄山被其子安庆绪所杀。

安庆绪取代安禄山的地位以后，由于叛军的力量仍然相当强大，同时，唐朝廷暂时还无力消灭叛军。所以，安庆绪继续领导叛军，与唐朝廷分庭抗礼。肃宗吸取重用房琯而出师不利的惨痛教训，开始重用郭子仪、李光弼等有军事才干的将领，收复长安，继续东进，从实际意义上揭开了平定叛乱的序幕。

1　众叛亲离，安禄山被杀

玄宗抛开了太宗以来居安思危的传统观念，在太平盛世的氛围中逐步骄奢淫逸，不理政事，致使大权旁落，奸相专权，为安禄山叛乱提供了可乘之机。安禄山在洛阳称帝后，更是目光短浅，他没有注意玄宗失败的惨痛教训，反而紧步玄宗放纵奢侈、荒淫无度的后尘，很快激化了统治集团内部的矛盾，促使自己走上了绝路。

最初，玄宗每逢宴会，场面都非常奢华，开始先是太常雅乐，太常雅乐又称大唐雅乐，分坐、立二部，堂下立奏者，谓之立部伎；堂上坐奏者，谓之坐部伎。立部伎有《安舞》、《太平乐》、《破阵乐》、《庆善乐》、《大定乐》、《上元乐》、《圣寿乐》、《光圣乐》等八部；坐部伎有《燕乐》、《长寿乐》、《天寿乐》、《鸟歌万岁乐》、《龙池乐》、《小破阵乐》等六部。太常雅乐之后，接着就是鼓吹，鼓吹乐就是鼓、钲、箫、笳等合奏的一定乐曲。其次是胡乐，就是来自龟兹、疏勒、高昌、天竺等地的音乐。再者是教坊，教坊乐是针对雅乐而言的俗乐。最后是府、县散乐、杂戏，即京兆府及长安、万年两赤县的散乐、杂戏。另外，还有山车、陆船载乐往来。山车就是车上布置的像山林一样；陆船即旱船，用竹木捆成船的形状，人在其中架船行走，像船在陆地上行动。再者，还有宫人演奏的《霓裳羽衣》，这是河西节度使杨敬述献给玄宗的乐舞。除了这些人的各种表演之外，还有马、犀牛、象等各种动物的表演。安禄山对玄宗的这些享受都十分羡慕。所以，在攻取长安后，安禄山命长安的叛军搜捕乐工，运载乐器、舞衣以及供表演用的马、犀牛、象等，都送往洛阳。

安禄山在洛阳禁苑中大宴群臣于凝碧池，盛奏各种音乐，表演各种舞蹈。演奏者都是从长安押送来的梨园弟子。所谓梨园弟子，就是专为玄宗演奏乐舞的人。这些人，过去为玄宗享乐服务，现在又为安禄山享乐服务，这种从正面到反面的转变，自然使其中一些人的观念难以适应。故而有些人边演奏边哭泣；更有甚者，有一名叫雷海清的乐工，把手中乐器扔在地上，面向西而痛哭失声。这对安禄山来说，当然是败坏兴致，大煞风景。于是，安禄山怒发冲冠，对雷海清施以肢解的酷刑。

对于玄宗的骄奢淫逸，司马光曾有过尖锐的批评。司马光说:"圣人以道德为丽,仁义为乐;故虽茅茨土阶,恶衣非食,不耻其其陋,惟恐奉养之过以劳民费财。明皇恃其承平,不思后患,殚耳目之玩,穷声技之巧,自谓帝王富贵皆不我如,欲使前莫能及,后无以踰,非徒娱己,亦以夸人。岂知大盗在旁,已有窥窬之心,卒致銮舆播越,生民涂炭。乃知人君崇华靡以示人,适足为大盗之招也。"① 这就是说,玄宗不是靠高尚的道德治理国家,而是自以为天下太平,尽量显示自己的富贵,超过前人,后人也不可及。岂不知当他在高兴地炫耀自己的时候,在他身旁的安禄山已准备对其取而代之了。由此可见,人君崇尚奢靡,正是为野心家打倒自己提供良机。

安禄山看到了玄宗的败逃,但他没有从中总结经验,吸取教训,根本不理解玄宗的骄奢淫逸和失败而逃亡的因果关系。反之,安禄山又亦步亦趋地学着玄宗的样子,尽情的享受着人间的快乐。这就决定他必然要重蹈玄宗的覆辙。他赶跑了玄宗,别人又在窥伺着他的地位。这真是螳螂捕蝉,黄雀在后,鼠目寸光者的危机。

再者,安禄山叛军每到一处,都严重的摧残人民群众,史书记载:"贼每破一城,城中衣服、财贿、妇人皆为所掠。男子,壮者使之负担,赢、病、老、幼皆以刀槊戏杀之。"② 攻取长安后,安禄山听说玄宗逃跑后,有些百姓曾乘混乱之机盗取国库财物。于是,他下令叛军在长安"大索三日",名义上是索取官物,实际上连百姓的私有财产都全部夺去。同时,又命京兆府、长安、万年二县官员也尽力对百姓敲榨勒索,甚至

---

①《资治通鉴》卷218,至德元年八月。
②《资治通鉴》卷219,至德元年十月。

在百姓之间造成互相牵连，致使广大市民怨声载道，其后果是"民间骚然，益思唐室"。① 所谓"益思唐室"，实际上就是反对安禄山的情绪日益高涨。

安禄山只知享乐奢靡，在其统治集团内部日益孤立；叛军到处烧杀抢掠，和广大人民群众形成了尖锐的对立。这样以来，安禄山无形之中成了众矢之的。统治集团内部斗争的导火线，终于使醉生梦死中的安禄山身首异处了。

本来，安禄山患有眼病，从起兵叛乱以来，眼病日益严重，最后失明。后来，又患毒疮，病情加重给他带来的痛苦，使他原来就很暴躁的性格更为暴躁了。他左右的用人，稍不如意，他就严加惩罚，轻则箠挞，重则杀之。做了皇帝，也像玄宗一样，深居禁中，大将也很难见他一面。文臣武将要想奏事，必须经过他的亲信严庄。严庄虽然显贵，也难免遭受毒打。遭受毒打最多的是他身边的宦官李猪儿。既然严庄、李猪儿屡遭毒打，其他人就可想而知了。

跟随他叛乱的大将们不能见到他，身边的亲信又屡受毒打之苦，这些人当然对安禄山怀恨在心，不再为其所用。众叛亲离，必然使安禄山成为名副其实的孤家寡人。

安禄山称帝时，封其子安庆绪为王，有以安庆绪为其帝位继承人的意思。但其宠妾段氏，欲以自己所生的安庆恩取代安庆绪的地位。为此，安庆绪常常忧惧，担心自己被害而死。于是，经常挨打受气的严庄就想利用安庆绪除掉安禄山。安庆绪又鼓动挨打受气最多的李猪儿，利用李猪儿接触安禄山机会较多的便利条件，直接动手。他们安排妥当以后，在至德二年

---

① 《资治通鉴》卷218，至德元年八月。

(757)正月五日,严庄与安庆绪手持兵器站于帐外,李猪儿直接进帐砍杀安禄山。次日早晨,严庄对外宣布安禄山病危,立晋王安庆绪为太子,接着,就即帝位,尊安禄山为太上皇。最后,才宣布安禄山已死,为其办理丧事。

安禄山曾经是玄宗的亲信,他视杨贵妃为母,玄宗为父。结果,安禄山叛乱,迫使玄宗逃之夭夭。严庄曾是安禄山的亲信,在别人很难见到安禄山的时候,只有严庄可以转呈文官武将的上疏。结果,严庄伙同安禄山的儿子安庆绪杀死了安禄山。类同的历史事件,为什么会接连重现呢?难道亲信都是最危险的敌人吗?回答只能是否定的。问题的关键在玄宗、安禄山本人。他们生活奢靡,不理政事;用人只看表面,不问本质,喜听华而不实的阿谀奉承,拒闻有实际意义的忠言。他们深居禁中,不了解民情,也不知周围人的实际情况,把自己完全孤立起来。这样以来,就给那些野心勃勃,善于投其所好者提供了良机。历史是一面镜子。如果后来的统治者不懂得这面镜子的作用,不注意从玄宗、安禄山的败亡中吸取教训,还是要重蹈覆辙的。

2 安庆绪继续叛乱

安庆绪,是安禄山的第二子。其母康氏,是安禄山的结发之妻。由于安庆绪善骑射,故得安禄山偏爱。不到20岁,就被玄宗命为鸿胪卿兼广阳(今北京)太守。他最初名仁执,后被玄宗赐名庆绪,为安禄山的都知兵马使。

安庆绪取代安禄山的帝位以后,改安禄山的年号圣武为载初。由于安庆绪懦弱无能,说话语无伦次,严庄担心他在统治集团中难孚众望，故而不使其见人。严庄身为御史大夫、冯翊郡王，一切权力集中于他一人之身。在统治集团，他尽量笼络人心，以巩固自己的地位。安庆绪以兄事严庄，自己不理政事，日夜纵酒为乐。

安庆绪继安禄山为帝，这个政权的性质没有改变，他仍是和唐朝廷针锋相对的叛乱政权的代表。因此，他不可能向唐朝廷投降，因为投降就意味着这个政权的覆灭；再者，安禄山虽死，但叛军的力量没有遭到重大损失，这就决定他必然坚持与唐为敌，继续叛乱。由此看来，安庆绪取代安禄山，对全国的形势没有产生重要影响。

安庆绪即位不久，就命尹子奇为汴州刺史、河南节度使，继续进攻睢阳。接着，又命史思明为范阳节度使，兼领恒阳军事，封妫川王；又以牛廷介领安阳军事；再以张忠志为常山太守兼团练使，镇守井陉口；其他将领都维持原来的地位，继续募兵与唐军作战。

安庆绪的部署和安排，实际上就是继续进行叛乱。这就决定肃宗要进行的平定叛乱的战争还是一个艰难的进程。

3 郭子仪攻取河东

肃宗重用房琯的失败，促使他不得不把注意力转移到善于指挥作战的军事将领身上。但是，他重用手握重兵的军事将领也是顾虑重重的，玄宗重用安禄山的后果，他还历历在目。所以，他急需要郭子仪、李光弼等这些能征善战的将军，但又对他们很不放心。于是，肃宗征求李泌的意见道："今郭子仪、李光弼已为宰相，若克两京，平四海，则无官以赏之，奈何？"

显然，这是考虑李光弼，郭子仪在立了战功以后应该怎样控制的问题。其实，不仅是肃宗，而是很多最高统治者都关心的问题。当然，也有例外，像晚年的玄宗那样，整日沉浸于醉生梦死之中，无疑是没有这些顾虑的。

做为谋臣、李泌为肃宗提出了一套有效的方案。李泌说："古者官以任能，爵以酬功。……夫以官赏功有二害，非才则废事，权重则难制。是以功臣居大官者，皆不为子孙之远图，务乘一时之权以邀利，无所不为。"他还举例说，安禄山就是官大权重而难制的典型。因此，他认为最好的办法就是以能任官，以爵赏功。这是"万世之利"① 的良策。肃宗颇为欣赏。

按照李泌的良策，肃宗自然要重用郭子仪、李光弼等军事将领。郭子仪认为，河东（即蒲州、治所在今山西永济西）位于两京（长安和洛阳）之间，如果夺取河东，即可使叛军所据的两京受到威胁。当时，叛军将领崔乾祐驻守河东。在崔乾祐夺取河东时，唐朝的一些地方官员，如永乐（今山西芮城西）尉赵复、河东司户韩旻、司士徐昬、宗子李藏锋等，都被崔乾祐俘虏。这4人虽然身陷叛军之手，但还念念不忘唐室，他们时刻希望唐军反攻河东，自己乘机内应。郭子仪了解这些情况，遂派人潜入河东，和这些人取得联系，准备里应外合，夺取河东。

至德二年（757）二月初十，肃宗前进至凤翔（今陕西凤翔）。肃宗前进至关中，虽然未经战争的夺取，但也标志着肃宗又向长安前进了一步。叛军夺取长安后，安禄山忙于改元称帝，没有再继续向前发展势力。所以，在关中，叛军只是控制

---

①《资治通鉴》卷219，至德二年正月。

着以长安为中心，南不出武关（在今陕西丹凤东南），北不过云阳（在今陕西泾阳北），西不过武功（今陕西武功西）的局部地区。凤翔距武功不远，肃宗由灵武逐步前进，直达凤翔，接近叛军控制区的边沿，实际上反映了肃宗决心平定叛乱，一往无前的进取精神。肃宗临近前线，也就是支持郭子仪夺取河东的计划。

郭子仪从洛交（今陕西富县）出发，先进兵冯翊（今陕西大荔）。冯翊已经接近河东，然后又渡河而东，逼近河东。这时，在河东内部准备内应的韩旻等人，看到时机成熟，遂于二月十一日夜翻城迎接唐军，杀叛军近千人。叛军守将崔乾祐逾城而逃，又发动城北叛军反攻唐军，被郭子仪击破。崔乾祐逃走，郭子仪跟踪追击，斩首4000级，捕虏5000人。崔乾祐逃至安邑（今山西运城东北），安邑人开门迎接他，在他的人马进入一半时，安邑人突然将城门关闭，把进入的人全部杀死。崔乾祐未及入城，虽然幸免于死，但也只好远逃而去了。

二月二十二日，郭子仪命其子郭旰及兵马使李韶光、大将王祚渡河进攻潼关，初获胜利，杀叛军500人。不料，安庆绪立即派兵援救潼关，郭旰等战败，被杀1万余人，李韶光、王祚战死，另一将军仆固怀恩退回河东。

三月二十三日，叛军将领安守忠率骑兵2万人进攻河东，被郭子仪打败，叛军被杀8000人，被俘5000人。

郭子仪在战争中不断显示才能，由于形势发展的迫切需要，肃宗不得不把郭子仪放到重要岗位。四月，肃宗就命郭子仪为司空、天下兵马副元帅，使其率军前往凤翔。

郭子仪刚刚进据河东，肃宗为什么很快又召他回师凤翔呢？这主要和当时战争形势密切相关。

4 叛军西进，威胁肃宗

肃宗到达凤翔10日以后，陇右（今青海乐都）、河西（今甘肃武威）、安西（今新疆库车）、西域等地的军队陆续来到、江、淮一带的庸调，也运到了洋川（今陕西西乡）、汉中，很快即可陆运至关中。本来，江、淮一带的租庸是通过运河、黄河、渭河，运抵长安，现在因安禄山叛军占据洛阳、长安，只好改由长江、汉水，运到洋川、汉中，再陆运到关中。现在，既然有了相当数量的军队，物质供应也有了来源，下面就是怎样进兵的问题了。

李泌主张，派安西、西域来的军队，向北进军，绕到范阳之北，向南进攻范阳，直取叛军的巢穴。肃宗认为，各路军队已经集中，不必远道去取范阳，应当先取两京（长安和洛阳）。正当肃宗准备向叛军发起进攻时，叛军反而先向肃宗发动攻势了。

本来，原在潼关作战失败退回后方的王思礼，又被肃宗任命为关内节度使，驻守武功。其部属兵马使郭英乂驻军武功东原，王难得驻军武功西原。

二月十九日，叛军将领安守忠等进攻武功，郭英乂抵抗失利，面颊中箭；王难得望见而不加支援，反而后撤。王思礼后退至扶风（今陕西扶风），叛军前哨部队继续西进至大和关（在今陕西岐山北），距凤翔仅有50里。这样一来，肃宗所在的凤翔必然大为震动，立即实行戒严。郭子仪就是在这种形势下被任命为天下兵马副元帅，奉召回到凤翔的。

四月十三日，叛军将领李归仁于三原（今陕西三原东北）

北袭击唐军，郭子仪命其部将仆固怀恩、王仲昇、浑释之、李若幽等，对其进行还击，叛军全军覆没，李归仁只身逃走。

郭子仪率军东进至西渭桥（在今陕西咸阳），接着，又推进到潏水以西（即今陕西西安西郊）。叛军安守忠、李归仁所部屯兵于长安城西清渠（即今陕西长安香积寺北）。双方处于相持状态。

五月初六，安守忠假意后退，郭子仪跟随前进。叛军用9000精锐骑兵摆成长蛇阵，唐军猛冲其中，叛军首尾作为两翼夹击唐军，唐军溃败失利，判官韩液、监军孙知古均为叛军所俘，军资器械全部损失，郭子仪退保武功。

从当时的形势看来，叛军的力量还相当强大，肃宗平定叛乱的力量还不占明显的优势，双方在较量中互有胜负。这就是说，肃宗要实现平定叛乱的愿望，还是一个相当艰苦的过程。

十一　史思明力量日益强大

史思明与安禄山同时起兵反唐，故而后人称这次历史事件为安史之乱。安禄山从范阳南进，夺取洛阳，建国称帝。史思明奉命在河北一带攻取唐属的郡县，扩大以范阳为基地的叛军地盘。他曾率叛军攻取常山（今河北正定），俘虏坚守常山、英勇抗击叛军的颜杲卿。不久，为了争夺常山，与郭子仪、李光弼又进行大战，虽然被打得落花流水，但他仍然继续与唐军为敌。后来，他又统兵进攻太原，被李光弼打败。尽管如此，他在作战中还是不断发展自己的势力。由于其力量不断发展壮大，而且占据有相当大的地盘。故而他对安庆绪就不像对安禄山那样顺从，安庆绪对他也逐步感到有了尾大不掉的威胁。这样一来，就使安庆绪和史思明之间的矛盾日益加深。同时，安庆绪也缺乏安禄山的能力和威望，史思明又是他的父辈，根本不把他放在眼里。这就决定叛军内部的矛盾难以调和，叛军失败的命运也就不可避免了。

1　史思明的出身

史思明，与安禄山是同乡，也是营州（治所在今辽宁朝阳）杂胡。初名史窣干，后被玄宗赐名史思明。

史思明不仅与安禄山同乡里，而且还是同岁，也同样通多种民族语言，又都为互市郎。由于他负官债难以偿还，遂逃亡奚人城中。被奚人俘虏后，奚人欲将其杀死。于是，他冒充唐朝的和亲使，并且装模作样地说：你们如果杀了我，将会为你们国家招来大祸。后来，他见了奚王，长揖不拜，遭到责问时，他又非常傲慢地说："天子使见小国君不拜，礼也。"① 奚王虽然忿怒，但又担心得罪唐朝皇帝，故而不得不以礼相待。

后来，史思明临行时，奚王又派百人随其入朝。史思明为了以功赎罪（欠官债不还），欲挟持奚人将领表示立功，于是，他对奚王说："王遣人虽多，观其才皆不足以见天子。闻王有良将琐高（官名）者，何不使之入朝！"② 奚王根本不理解他的用意，遂命琐高与部下300人随史思明入朝。

史思明与琐高等将至平卢（今辽宁朝阳），史思明先于暗中派人向平卢军使裴休子通报消息说：奚王派琐高率精锐部队而来，声言入朝，实际上是要袭击平卢军城，望能早做准备，消灭他们。裴休子信以为真，表面上列队欢迎琐高等奚人，待将他们迎至馆舍时，一举将奚人全部坑杀，把琐高送往幽州（今北京）。幽州节度使张守珪认为史思明立了大功，遂以他为果毅，又升为将军。后来，他有了入朝奏事的机会，曾面见玄宗，玄宗对他颇有好感，遂赐他名思明。

天宝十载（751）八月，安禄山率幽州、平卢、河东三道兵6万人进攻契丹，由奚人骑兵2000人做向导，向北进军1000余里，到土护真水（即今内蒙古自治区与辽宁交界的老哈河）时，遇到大雨。安禄山昼夜兼程，继续前进到契丹牙

---

① 《新唐书》卷225《史思明传》。
② 《资治通鉴》卷214，开元二十四年四月。

帐，契丹大为震动。由于下雨的影响，弓弩筋胶皆都松弛，难以发挥作用，而且昼夜行军，军士十分疲惫。于是，大将何思德建议，不要急于进攻，只围困数日，即可迫使契丹投降。安禄山认为何思德畏缩不前，欲将其斩首。何思德立即表示要求带罪立功，冲锋陷阵在前，以死效忠安禄山。不料，此人面貌很像安禄山。契丹人为了捕杀安禄山，集中力量向何思德进攻，结果，何思德很快被杀。契丹人以为真的杀了安禄山，故而勇气倍增，更加奋勇作战。奚人本来为安禄山做向导，这时看到契丹人杀了何思德，士气高涨，遂又反戈一击，与契丹兵共同打击安禄山，致使安禄山几乎全军覆没。安禄山马鞍中箭，冠簪折断，鞋也丢失，独与麾下20骑逃脱，夜间，逃至师州（在营州境内）。安禄山把这次失败的责任归罪于由突厥来降的左贤王哥解和河东兵马使鱼承仙，并将这二人斩首。

这时的史思明是平卢兵马使，他也随安禄山进攻契丹。安禄山作战失败，他担心安禄山加罪于他，遂逃入山谷约20天。在这期间，他收集散卒，得700人，然后去见安禄山，安禄山非常高兴的说：我有了你，还有什么可忧虑的呢！史思明离开安禄山后对别人说：如果我要早日出来，已经和哥解一样也被杀头了。由此看来，史思明对安禄山的为人十分了解，所以，他在和安禄山的共事中，言行能够一致时，他就保持一致；在有所分歧时，他又善于察言观色，采取有效措施，保护自己。这正是一个野心家在复杂的环境中，善于运用狡猾的手段保护自己，发展势力的本色。

正因为史思明有一套对付安禄山的办法，所以，安禄山一直重用史思明。在契丹兵围攻师州时，安禄山又命史思明打退了契丹的军队。

2　史思明与安禄山叛乱

天宝十四载（755）十一月，安禄山开始叛乱，史思明是个积级参与者。安禄山举兵南下，史思明留在河北。这样一来，安禄山对史思明只能是遥控，难以直接指挥，无形之中，给史思明独立发展势力提供了方便。

天宝十四载（755）十二月，安禄山刚渡过黄河，正在向荥阳（今河南荥阳）进军，平原（今山东平原）太守颜真卿在黄河以北组织力量，反对安禄山叛乱。另外，曾一度被迫顺从的颜杲卿，也在常山（今河北正定）举起了反对安禄山的旗帜。颜真卿、颜杲卿互相呼应，对安禄山的后方形成了威胁。同时，颜杲卿还曾派人到范阳（今北京）暗中对安禄山的范阳留守贾循进行策反，虽然没有成功，但也使安禄山深感后方不安。于是，安禄山命史思明、李立节、蔡希德等将领率军进攻常山、博陵（今河北定县）。

至德元年（756）正月，在颜杲卿的守备尚未完成时，史思明、蔡希德已经进逼常山城下。颜杲卿向太原尹王承业求援，王承业拥兵不救。如前所述，颜杲卿曾杀了叛军将领李钦凑，又俘虏了叛军将领何千年、高邈。王承业为了窃取这些功劳，遂向玄宗上表说是自己所为。这时他当然不愿颜杲卿再次立功，以使自己相形见绌。颜杲卿孤军奋战，以至粮尽矢绝，最后失败。

史思明等攻克常山以后，又继续进攻响应颜杲卿，反对安禄山叛乱的各郡。在史思明强攻威胁之下，先后归附叛军的各郡有邺（即相州、治所在今河南安阳）、广平（即洺州，治所在今河北永年东南)、钜鹿(即邢州,治所在今河北邢台)、赵(即赵州,治所在今河北赵县)、上谷(即易州,治所在今河北易县)、博陵(即定州,治所在今河北定县)、文安(即莫州,治所在今河北雄县南)、魏(即魏州,治所在今河北大名东北)、信都(即冀州,治所在今河北冀县)。在以上各郡都纷纷降敌的时候,饶阳(即深州,治所在今河北深县)太守卢全诚倒独树一帜,继续坚决反对安禄山叛乱。

勿庸置疑,史思明决不允许反对叛乱的势力存在。首先,他打败了两支来增援卢全诚的军队,一支是河间(今河北河间)司法李奂的7000人;另一支是景城(今河北沧州西)长史李晖派其子李祀率领的8000人。接着,史思明就围攻饶阳,前后29天,未能攻下。

正当史思明围攻饶阳不下时,至德元年(756)二月,李光弼所率唐军攻取了常山。史思明获知常山被唐军占领的消息,立即解饶阳之围,又转向常山。史思明与李光弼相持40余日,后因郭子仪增援李光弼,史思明大败。史思明先逃奔赵郡,又到博陵。在他到达博陵时,博陵已经又投降了唐军,史思明忿怒异常,遂把所有郡官全都杀死。

五月,史思明收集散兵数万人,重新整顿队伍。另外,蔡希德到洛阳向安禄山报告了战况,安禄山又命蔡希德率2万人增援史思明。同时,安禄山又命接替贾循负责范阳军事的牛延玠从范阳发兵万余人援助史思明。这样以来,史思明又有了5万余人的队伍。

五月二十九日,史思明与郭子仪、李光弼大战于嘉山(在今河北曲阳附近),在大战中史思明落马,头盔丢失,鞋子脱落,露髻跣足,把折断了的枪当做拐杖,步行逃奔博陵。史思明的失败，使安禄山大为震惊，甚至使安禄山有放弃洛阳，回到范阳的打算，只是因其部将田乾真等极力劝阻，才又稳定下来。

六月，正当李光弼围攻博陵时，听到唐军在潼关失败的消息，故而主动撤退，史思明尾随其后，又被李光弼打败。

正当此时，唐平卢节度使刘正臣欲袭击范阳、尚未进至范阳，史思明即引兵迎击，打败刘正臣，刘正臣弃妻子而走，损失士卒7000余人。由此看来，史思明确是安禄山留在河北一带的主要将领。唐军李光弼、郭子仪部从河东道东出井陉，进军河北道，史思明部是阻挡其前进的主要力量；刘正臣率部从东向西袭击范阳，又是史思明击溃了这支西进的力量。显而易见，史思明保卫了范阳，支撑了叛军在河北的局面，使安禄山有了相对稳定的后方。不言而喻，史思明在安禄山集团中发挥了重要作用，占有非常重要的地位。

3 太原之战

由于叛军攻进潼关，占据长安，李光弼、郭子仪奉命撤军井陉以西，大大减轻了史思明的压力。于是，史思明又在河北一带大肆扩充势力。常山位于井陉之东，是河东道与河北道交往的必经重镇。安禄山叛乱后，唐军与叛军反复争夺此地。既然李光弼、郭子仪重兵撤去，史思明当然不会放过夺取的机会。

本来，李光弼、郭子仪撤退时，留常山太守王俌统率景城（今河北沧州西）、河间（今河北河间）团练兵守常山。由于王俌畏敌如虎，胆怯不敢迎敌，欲投降叛军，结果被部下所杀。

为了固守常山，常山诸将看到信都（即冀州，治所在今河北冀县）太守乌承恩麾下有3000朔方兵，战斗力很强，遂派人请乌承恩镇守常山。但由于乌承恩犹豫不决，没有勇气接受这一任务，故而给史思明提供了进攻常山的良机。至德元年（756）九月，史思明攻陷常山，杀数千人之多。

与此同时，史思明还先后攻占了藁城（今河北藁城）、赵郡（即赵州，治所在今河北赵县）。使史思明付出了较大代价的是九门（在今河北正定西）之战。七月，史思明、蔡希德率军1万人进攻九门。十日后，九门伪降，埋伏军士于城上。待史思明登城时，伏兵突然袭击，史思明措手不及，从城上坠下，忍受重伤，逃奔博陵。一直到八月初十，史思明才攻克九门，为了报复突然袭击之仇，史思明惨杀九门数千人。

十月，史思明又先后攻陷河间、景城，乐安（即棣州，治所在今山东惠民东南）举郡投降，平原（今山东平原）的颜真卿自感力不能敌，弃郡渡河南走，信都的乌承恩也向史思明投降。最后，史思明又攻陷坚持时间最久的饶阳。到至德元年（756）十一月，河北一带曾经高涨一时的反安禄山浪潮，基本上被史思明镇压下去了。

史思明稳定了河北的形势，又西经井陉，开始进攻太原了。至德二年（757）正月，史思明联合各路叛军，向太原进军。史思明从博陵（即定州，治所在今河北定县）出发，蔡希德从上党（今山西长治）出太行山，高秀岩从大同（即大同军，在今山西朔州东北）向南，牛廷介从范阳出发，共有10万人的兵力，集中于太原。

这时，负责太原防务的是李光弼。李光弼与郭子仪在常山一带大败安禄山后，本来打算北取范阳，颠覆安禄山的巢穴。

但由于玄宗的错误决策，潼关失守，肃宗在灵武即位，身边没有武装力量，遂派宦官刘智达调李光弼、郭子仪赴行在。李光弼被任命为户部尚书、北都（今山西太原）留守，并兼任宰相。接着，就带领景城、河间兵5000人，驻守太原。

李光弼进驻太原，并不顺利。原来在太原的河东节度使王承业，因为军政松弛，朝廷派侍御史崔众缴了他的兵权，不久又派宦官将他杀死。崔众侮辱王承业，并缴了他的兵权，李光弼甚为不满。这时，李光弼奉命接收崔众的兵权，崔众也甚为不悦。崔众见了李光弼，毫无礼节，又不按时交出兵权，李光弼怒不可遏，遂杀了崔众。

至德二年（757）正月，史思明等10万大军兵临太原城下。这时的李光弼，因其精锐部队都被调往灵武，在太原者只是一些团练乌合之众，数量不足1万。史思明面对这种形势，非常乐观，认为太原指日可取；得了太原，就可长驱西进，直取灵武，甚至河陇一带。太原诸将，也颇感恐惧，要求加紧修城，以便防御。李光弼反对这种建议道："太原城周四十里，贼垂至而兴役，是未见敌先自困也。"① 他的办法是于城外挖壕，又作数十万砖，大家都不知其用意。在史思明开始进攻时，李光弼用砖在适当位置增筑堡垒，损坏后立即补修。史思明攻城困难，派人到太行山以东（即河北一带）搬取攻城用具，并以胡兵3000人护送，行至广阳（今山西平定），遭唐军袭击，胡兵全部被杀。

史思明围攻太原一月有余，毫无进展。于是，他选取骁锐军士组成游兵，他对这些游兵的要求是："我攻其北则汝潜趣

---

①《资治通鉴》卷219，至德二年正月。

其南，攻东则趣西，有隙则乘之。"① 这就是说，史思明组织游兵的目的，是以声东击西的办法，寻找攻城的可乘之机，机动灵活的突然攻城。但由于李光弼军令严整，所有士卒无一松懈，致使史思明游兵四处寻找不到可乘之机。

李光弼为了充分发挥每一个人的作用，他对军中凡有一技之长者，都因材施用。当他发现军中有钱工3人，善穿地道时，他立即给这3人提供了发挥作用的机会。

当史思明攻城受挫时，史思明的士卒常常仰视城上守军，恣意辱骂。李光弼就派人挖地道通往叛军辱骂之处。在史思明士卒正在恣意辱骂时，唐军突然从地道出现，将辱骂者曳其足拉入地道，然后送至城边斩首。叛军根本没有预料到李光弼这一举措，都以为是神的作用，故而称此为"地藏菩萨"。② 从此以后，叛军走路都俯视地面，时刻提心吊胆地担心足下有地道，再不敢仰视城上，辱骂唐军了。

史思明另打主意，在城外堆土成山，使地面高起，接近城头，然后用梯子登城，李光弼针锋相对，在近城处挖地道，使叛军所堆土山突然下陷，不能登城。在史思明迫使士卒强攻时，李光弼又以强弩发巨石（有人称其为大炮）击杀攻城者。由于攻城者人多，蜂拥而上，成为密集人群，故而强弩发巨石的威力更大，一发有击杀20余人者，史思明的骁将劲卒死者十分之二三。史思明的损失严重，只得退军于李光弼用强弩发巨石的威力以外。虽然史思明屡遭失败，但其兵力仍占优势，太原仍在其围困之中。

---

①《资治通鉴》卷219，至德二年正月。
②《旧唐书》卷200《史思明传》

李光弼为了进一步打击史思明,他派人和史思明联系,伪称约定日期投降。史思明信以为真,遂放松戒备。李光弼乘机挖地道通往敌营,在敌营下挖空后,用木柱暂时支撑。到了约定日期,李光弼率领军队站在城上,派其裨将率数千人出城,好像投降的模样,叛军都在注意着他们。正当此时,李光弼命人在地道中抽去支撑的木柱,地面立即塌陷,叛军死亡1000余人。突然的意外挫折,使叛军陷入一片混乱之中,李光弼乘机鼓噪进军,斩俘叛军上万人。史思明又一次败在李光弼手下。

正当这时,安禄山被杀,安庆绪调史思明回到范阳,并赐其姓安,名荣国,封爵妫川郡王。太原前线的军事,留蔡希德负责。不久,李光弼率勇猛军士大肆出击,杀伤叛军7万余人,蔡希德逃走,太原转危为安。

4 史思明与安庆绪

史思明与安禄山同岁,还早于安禄山一日生。对安庆绪来说,史思明当然是父辈。本来,史思明也是不甘居人下的野心家,他从属于安禄山,是因为安禄山的地位在他之上,而且还取得了玄宗的信任,故而成为势力强大的显要人物。他对安禄山并不是死心踏地的服从,而是察言观色,投其所好。天宝十载(751)八月,安禄山进攻契丹失败,杀了哥解和鱼承仙,史思明则逃入山谷,20天后出山去见安禄山,安禄山不仅未加罪于他,反而赞扬了他。于是,他很得意地说,我若早日出来,也被杀头了。这足以说明他对安禄山有一套见机行事的手段,并不是对安禄山忠心耿耿。

安禄山被杀后,安庆绪虽然继承了他的地位,但由于安庆绪"素懦弱,言词无序"①,一切听从严庄的摆布,当然不可能有安禄山的能力和威望,做为父辈的史思明,本来对安禄山就没有忠心,如果说他对安庆绪更缺乏诚意,也是无庸置疑的。同时,安禄山在世时,他已经在河北一带发展了相当大的势力,有了与安庆绪分庭抗礼的资本。这就是史思明后来拒不从命,见死不救,进而对安庆绪取而代之的根本原因。

安庆绪即位后,命史思明为范阳节度使,兼领恒阳(即恒州,治所在今河北正定)军事。范阳是安禄山的起家之地,安禄山攻取洛阳、长安后,把在两京得到珍贵货物全都运到了范阳。因此,史思明据有范阳,既有了充裕的物质财富,又有广大的重要地盘,还有强大的武装力量,这就促使史思明更加骄横不可一世,他把安庆绪根本不放在眼里。这样一来,史思明与安庆绪之间的矛盾就愈演愈烈,日益不可收拾了。

---

①《旧唐书》卷 200 上《安庆绪传》。

十二 唐军反攻长安,安庆绪弃洛北走

肃宗从灵武进至关中,目的是要收复长安,东取洛阳,恢复唐朝廷在全国的统治地位。所以,虽然经过房琯、郭子仪两次进军的失败,但决不会动摇他实现自己目标的决心。至德二年(757)九月,郭子仪再次率唐军东进,经过激战,迫使叛军退出长安;继又收复洛阳,逼迫安庆绪退往黄河以北。由于唐军的步步胜利,叛军的节节败退,形势的发展对叛军日益不利。于是,叛军内部安庆绪与史思明的明争暗斗也迅速激化。史思明曾一度降唐,但史思明和安禄山一样,都是不甘居人下的野心家,降唐当然不能满足他的愿望,所以,他很快又继续叛乱,恢复了他叛军将领的本来面目。

1 叛军在长安的溃败

至德二载(757)八月二十三日,肃宗犒劳诸将,鼓励诸将反攻长安。肃宗还特别对郭子仪说:反攻能否成功,在此一举!郭子仪表示决心道:"此行不捷,臣必死之。"[①] 看来,郭子仪是要破釜沉舟了。

八月二十六日,唐御史大夫崔光远破叛军于骆谷(在今陕

[①]《资治通鉴》卷219,至德二年八月。

西周至南）。接着，崔光远的行军司马王伯伦、判官李椿带领2000人进攻中渭桥（在今陕西咸阳东），杀守桥的叛军上千人，乘胜一直前进到长安苑门。正当此时，原驻在武功（今陕西武功西北）的叛军急忙撤回，正好与王伯伦、李椿所部在长安苑北相遇，经过一阵激战，王伯伦被杀，李椿被俘送往洛阳。尽管这次唐军又受挫折，但自此以后武功以西已经没有叛军了。

为了更有力的打击叛军，郭子仪建议邀请回纥兵参加对叛军作战。

本来，肃宗就欲借夷人的兵力以扩张其军势。至德元年（756）九月，肃宗命邠王李守礼（高宗孙）之子李承寀为敦煌王，与仆固怀恩共同出使回纥，请求出兵援唐平定叛乱。十月，李承寀与仆固怀恩到达回纥牙帐，回纥怀仁可汗将其女嫁于李承寀为妻，并派其贵臣随李承寀入朝，到彭原（今甘肃静宁县）见到肃宗。肃宗对回纥贵臣送以厚礼，并赐回纥女为毗伽公主。勿庸置疑，肃宗对回纥的友好态度，必然是希望回纥出兵相助。

至德二年（757）九月，郭子仪建议邀请回纥共同进攻长安时，肃宗当然是赞成的。回纥怀仁可汗派遣其子叶护① 及将军帝德率领精兵4000余人到达凤翔（今陕西凤翔）。肃宗接待了叶护，并对其盛情款待，多加赐赏，尽量满足其要求。

九月十二日，元帅广平王李俶统率朔方军以及回纥、西域之众15万人，号称20万，从凤翔出发。李俶见叶护，约为兄

---

① 叶护：本是回纥最高大臣的称谓，这里称可汗之子为叶护，可能是可汗子担任叶护之职。

弟；叶护高兴异常，称李俶为兄。回纥军到达扶风（今陕西扶风），郭子仪又留宴三日。这样的盛情款待，使回纥叶护受宠若惊，他只好慷慨激昂地说："国家有难，远来相助，何暇食为。"① 宴会完毕，立即就开始行动。唐朝廷决定，一日供给回纥军羊200口，牛20头，米40斛。总之，肃宗千方百计对回纥军进行鼓励，促使其在作战中奋勇前进。

九月二十五日，向长安进军的各路人马全面出动。九月二十七日，前进至长安西南的香积寺（在今陕西长安西南），布阵于香积寺北的沣水以东地区。按照部署，李嗣业为前军，郭子仪为中军，王思礼为后军。叛军10万人，布阵于其北，叛军将领李归仁出阵挑战，唐军逼其后退，退至叛军阵前，叛军一齐出动，又打退唐军，唐军稍退，叛军乘机抢夺唐军辎重。这时，身为镇西、北庭支度行营节度使的前军将领李嗣业挺身而出，他对郭子仪说："今日之事，若不以身啖寇，决战于阵，万死而冀其一生。不然，则我军无孑遗矣。"说罢，他立即"脱衣徒搏，执长刀立于阵前，大呼当嗣业刀者，人马俱碎，杀十数人，阵容方驻。"在李嗣业的激励之下，"前军之士尽执长刀而出，如墙而进。嗣业先登奋命，所向摧靡。"正当激战之时，有人发现叛军在营东有埋伏兵，元帅广平王李俶立即分回纥精兵攻击其伏兵，叛军大败。李嗣业又突然出击于叛军营后，与回纥合势，表里夹攻，自午时到酉时，杀叛军6万余人，还有填沟壑而死者十分之二三。唐军的这次胜利，李嗣业奋不顾身，一往无前的勇敢精神，起了重要作用。

李嗣业，京兆高陵（今陕西高陵）人。他"壮勇绝伦"，

---

①《旧唐书》卷195《回纥传》。

天宝初年，应募到安西（今新疆库车）从军，当时"诸军初用陌刀，咸推嗣业为能。每为队头，所向必陷"。所谓陌刀，就是长刀。李嗣业是个使用长刀的能手，每经战斗，他都用长刀取胜。他曾随高仙芝征勃律，平石国，都有卓著战功。后来，肃宗在灵武即位，他奉召到达灵武。肃宗非常高兴地说："今日得卿，胜数万众，事之济否，实在卿也。"香积寺之战，进一步证明李嗣业确是一位"所向无敌"① 的将军

在香积寺之战中，唐军中还有一位将军值得称道。这就是凤翔都知兵马使王难得。肃宗在凤翔时，他是御营大将。当李嗣业正在与叛军进行拼杀时，其副将则陷入叛军重围之中，王难得力战使李嗣业副将摆脱险境，但自己却被叛军射中其眉，致使眼皮下垂，遮住其目，王难得不顾剧痛，自己将箭拔下，扯去障目的眼皮，血流满面，仍然继续与叛军拼杀。这种奋不顾身的英雄气概，大大鼓舞了唐军的士气。唐军士气的高涨，叛军的迅速溃败，二者无疑是因果关系。

香积寺之战失败后，叛军退入城内。这时，唐军如果穷追不舍，很有可能彻底消灭在长安的叛军。但是，元帅广平王李俶却放弃这个机会，使叛军从容地逃走了。

本来，郭子仪的部属朔方左厢兵马使仆固怀恩有过积极的建议，他对李俶说："贼必弃城走矣，请以二百骑马追之，缚取李归仁、田乾真、安守忠、张通儒。"李俶答道："将军战亦疲矣，且休息，迨明而图之。"② 仆固怀恩的预料叛军必弃城逃走，完全符合实际。失败者既然军事力量遭到严重削弱，无

---

①《旧唐书》卷109《李嗣业传》。
②《旧唐书》卷121《仆固怀恩传》。

力再战，必然乘机脱离战场。胜利者若要全歼败敌，必须穷追猛打，不使敌人有任何喘息的机会。固然，胜利者非常疲惫，但失败者因士气低落更感疲惫。在这个紧要关头，胜利者如果咬紧牙关，再坚持一下，克服疲惫带来的困难，必然彻底胜利。武德三年（620）四月，李世民大破宋金刚就是一个典型的例子。当李世民一昼夜行军200余里，大战数十合，取得很大胜利时，总管刘弘基建议道：要爱护自己的身体，要考虑士卒的饥疲，要求休息后再战。李世民鼓励大家道："金刚计穷而走，众心离沮，功难成而易败，机难得而易失，必乘此势取之。若更淹留，使之计立备成，不可复攻矣。吾竭忠徇国，岂顾身乎！"① 李世民身先士卒，策马而进，二日不吃饭，三日未解甲，结果，彻底打败了宋金刚。

其实，仆固怀恩的主张和李世民的所作所为基本类同。当李俶主张休息后明日再战以后，仆固怀恩立即申述不可休息的理由说："归仁、守忠，天下骁贼也，骤胜而败，此天与我也，奈何纵之不取？若使得众，复为我患，虽悔无及。夫战尚速，何明日为？"② 由于李俶执意坚持休息，所以，仆固怀恩虽又再三进言，李俶终未采纳。第二天早晨，侦察军士报告，安守忠、李归仁、张通儒、田乾真等人，都率余众逃走了。唐军虽然顺利进入长安，但却为叛军保存了相当的武装力量。李俶这样的皇子元帅，实在缺乏统率大军、指挥作战的才能。他不会把握战机，不能使仆固怀恩这样智勇兼备的将领发挥作用，致使敌人轻而易举地摆脱了全军覆没的命运。这样以来，无形

---

①《资治通鉴》卷188，武德三年四月。
②《旧唐书》卷121《仆固怀恩传》

中就延长了平定叛乱的进程。由此看来，在战争过程中，统帅的作用是极其重要的。

2 肃宗稳定长安

军事上的胜利，使唐军迅速收复长安。肃宗得到这个消息，悲喜交加，当天就派宦官啖庭瑶去成都向玄宗报喜；同时，又命左仆射裴冕入京师，祭祀天地与皇家祖庙，还安抚百姓。当然，这是非常容易办到的事。还有两件非常棘手的事，就是怎样对待回纥和玄宗的问题。

为什么会出现怎样对待回纥的问题呢？原来，肃宗为了迅速收复长安，刺激回纥奋勇作战，曾与回纥约定："克城之日，土地、士庶归唐，金帛、子女皆归回纥。"收复长安后，回纥的叶护要求按约办事，也就是要在长安大肆掳掠。这当然是个严重的问题。唐朝廷逃走时的混乱，叛军对长安的洗劫，已经给京师人民带来了沉重的灾难。这时，京师人民翘足引领，热切盼望唐廷回来时，再来一次回纥掳掠的浩劫，必然使肃宗失去人心。由此可见，怎样处理这个问题，是有关肃宗能否众望所归的关键问题。

元帅李俶位居前线，在这个问题上，他首当其冲。所以，李俶对这一问题非常谨慎，当叶护要求在长安掳掠时，李俶卑躬居膝地拜于马前道："今始得西京，若遽俘掠，则东京之人皆为贼固守，不可复取矣，愿至东京乃如约。"叶护看到皇子下拜，也颇受感动，遂答应了李俶的要求。但是，李俶还不放心，又采取了相应的措施，就是命仆固怀恩带领回纥与西域兵绕道城南，到浐水（在今陕西西安东郊）以东宿营。既然回纥兵没有进城,长安就避免了一场洗劫的灾难,长安百姓、军士都高兴的称赞李俶"真华、夷之主"。肃宗也喜出望外的赞扬李俶说:"朕不及也!"在李俶"整众入城"时,"百姓老幼夹道欢呼悲泣"。① 不难看出,李俶对回纥问题的处理,取得了各方面都满意的效果。

怎样对待玄宗的问题,也是关系到政局能否稳定的大事。当叛军逼近潼关时,玄宗惊慌失措,像丧家之犬一样,逃往成都去了;肃宗于危难之际前往灵武,重新组织朝廷,征集军队,收复了长安。在这个时候,是请玄宗回来,继续做皇帝,还是把肃宗在灵武即位的事实合法化,是值得考虑的。虽然说肃宗在灵武即位后不久也得到了玄宗的承认,但那时二人相距遥远,鞭长莫及,谁也控制不了谁,当然可以相安无事。但在都回到京师以后,玄宗能够安于太上皇的地位吗?

太上皇,看起来是极其尊贵的地位,实际上是有名无实,是不准其干预政事的变相说法。颜师古注释"太上皇"一词说:"太上,极尊之称也。皇,君也。天子之父,故号曰皇。不预治国,故不言帝也。"② 简言之,太上皇就是不参与治理国家的皇帝之父。唐高祖做了太上皇,度过了9年的凄凉岁月,睿宗的太上皇生活,玄宗更是历历在目。曾经大有作为,为唐朝的强盛有过重要贡献的玄宗,这时是否甘居太上皇的地位呢?这都是肃宗不得不考虑的问题。为了妥善的解决这一问题,他特以骏马急召随军进入长安的李泌,李泌回到凤翔,肃宗立即以征求意见的口气道:我已上表太上皇,请他东归,继

---

① 《资治通鉴》卷220,至德二年九月。
② 《汉书》卷1下《高帝纪下》。

续为帝，我仍然回东宫为太子，恢复原来的君臣关系。显然，这是肃宗经过再三考虑所采取的步骤。如果说这是肃宗试探玄宗的态度，应该是符合实际的。

当初，肃宗与玄宗分道扬镳，北走灵武，主要是为了平定了安禄山叛乱，恢复唐朝廷在全国的地位。这时，已经初见成效，为什么要中断自己的夙愿呢？但由于他考虑到玄宗的地位，自己的处境，又不得不试探一下玄宗，看其是否真的愿意放弃原有的权力和地位。

出其所料，李泌对此事考虑非常周到。他问肃宗道：陛下的上表可以追回来吗？肃宗答道：送表人已走得很远了。李泌道：太上皇不会回来。肃宗惊问其原因，李泌答曰："理势自然。"① 这个"理势自然"，很耐人寻味。按照字面看，应该是大势所趋的意思。根据当时的实际情况，玄宗是畏敌逃跑，肃宗则是于危难之际，组织力量，反攻破敌。在这种情况下，玄宗应当惭愧万分，自怨自艾；不应该忘记自己承认了肃宗的地位，自食其言。所以，他不可能再回来做皇帝。再者，平定叛乱的战争，还任重道远，他已73岁，早已养成了骄奢淫逸的习惯，丧失了进取的锐气，他已没有平定叛乱的勇气和精力，所以，他也不敢再接受肩负重任的皇帝地位了。如果这就是"理势自然"的内容，那么，李泌是颇有远见的。事实证明，李泌的估计完全正确。

肃宗接受李泌的建议，由李泌执笔起草，以"群臣贺表"的形式再次上奏玄宗。其内容是，自马嵬分离以后，肃宗在群臣劝进之下于灵武即位。现在反攻胜利，肃宗思念父亲，请速

---

①《资治通鉴》卷220，至德二年九月。

返京,以便尽孝养之意。

事情完全按照李泌的预料在发展。十月中旬,肃宗派往成都的使者啖庭瑶回到凤翔,带回玄宗的意见是:"当与我剑南一道自奉,不复来矣。"剑南道就是以益州(治所在今成都)为中心的今天四川西部一带地方。玄宗要"剑南一道自奉",当然是不回长安了。

不久,又一使者从成都回来,带来的消息很好,完全解除了肃宗的忧惧。其内容是:"上皇初得上请归东宫表,彷徨不能食。欲不归;及群臣表至,乃大喜,命食作乐,下诰定行日。"得到这个消息,肃宗放心了。他立即告李泌道:"皆卿力也!"①

李泌帮助肃宗对这一问题的处理,恰如其分。肃宗以父子之礼请玄宗还京,玄宗即便是不甚乐意,也不便回绝。因为没有肃宗夺回长安,他根本谈不上返京;况且他还正式表示过:"朕称太上皇,军国大事先取皇帝处分,后奏朕知。"② 由此看来,肃宗以父子之礼请玄宗还京,是名正言顺,合情合理的。

总而言之,肃宗有效的处理了关于回纥的问题,稳定了长安的社会秩序,取得了广大市民的支持;妥善的肯定了玄宗的地位,平衡了统治集团内部的关系。这样以来,肃宗就可以解除各种后顾之忧,全力以赴的进行平定叛乱的战争了。

---

①《资治通鉴》卷220,至德二年十月。
②《旧唐书》卷91《玄宗纪下》。

3 唐军步步东进，安庆绪退保邺郡

至德二年（757）九月二十八日，唐军进入长安。元帅李俶在长安安抚百姓3天，即率军出城东进，临行时留太子少傅虢王李巨（高祖第十四子李凤的后代）为西京留守，等待肃宗还京。

在叛军东走时，郭子仪跟踪追进，追至潼关，杀敌5000余人。收复华阴（即华州，治所在今陕西华县）、弘农（即虢州，治所在今河南灵宝）二郡。接着，潼关以东唐军向肃宗献俘百余人。肃宗不加思索，命将这百余俘虏全部杀死。监察御史李勉立即表示了不同意见，他说："今元恶未除，为贼所污者半天下，闻陛下龙兴，咸思洗心以承圣化，今悉诛之，是驱之使贼也。"① 这个建议十分重要。本来，安禄山叛乱不得人心，很多人是被迫参加；被俘，对这些人来说，可能是他们脱离叛军的良机。对这些人如果采用安抚手段，必然对叛军发挥分化瓦解作用；全部杀死，必然使所有叛军死心塌地追随叛乱。正因为如此，肃宗接受了这个建议，赦免了这些俘虏的罪过。

十月初八，唐军又于武关（在今陕西丹凤东南）大败叛军，收复上洛郡（即商州，治所在今陕西州）。

叛军将领张通儒从长安退出后，又收拾余众，走保陕城（今河南陕县）。安庆绪命洛阳所有的军队统归其御史大夫严庄率领，前往陕城，增援张通儒。这时，张通儒部和严庄部合兵

---

①《资治通鉴》卷220，至德二年九月。

一处，共约15万人，力量还相当可观。

十月十五日，李俶到达曲沃（在今河南灵宝东北），回纥军旁南山进行搜索埋伏的叛军，郭子仪部与叛军相遇于新店（在今河南陕县西）。郭子仪与叛军交战，初战不利，正当叛军自南向北压迫唐军时，回纥自南山突然出现于叛军背后，两面夹击，使叛军惊慌失措，溃不成军。在激战中，叛军死伤无数，僵尸蔽野。严庄、张通儒放弃陕城，率残部东走，李俶、郭子仪乘胜进入陕城，仆固怀恩等继续追击叛军。从陕城到洛阳，沿途都有叛军遗弃的器械、戈甲。可见，叛军溃逃极其狼狈。

严庄首先逃回洛阳，向安庆绪报告了陕城的战况，安庆绪束手无策，决定放弃洛阳，逃往河北。在其临走之时，将被迫投降叛军或被俘虏者哥舒翰、程千里、许远等30余人杀害。

哥舒翰，是在唐军潼关兵败时，被蕃将火拔归仁等挟持投降叛军的；投降后被囚禁于洛阳。

程千里，是京兆（今陕西西安）人，安禄山叛乱前，曾任御史中丞，安西、北庭节度使，河东节度副使、云中太守。天宝十五载（756）正月，迁上党郡（即潞州、治所在今山西长治）长史、特进，摄御史中丞，以兵守上党。叛军屡次进攻上党，都为其所败，故而因战功卓著又加开府仪同三司、礼部尚书、兼御史大夫。

至德二载（757）九月，叛军将领蔡希德率轻骑攻城，程千里看到蔡希德兵力不强，欲发扬自己勇敢善战的精神，出城生擒蔡希德。于是，他率精锐骑兵百人，突然出城。正当激战之际，蔡希德的援军赶到，程千里感到寡难敌众，遂退回城内。在退回途中，因桥坏而坠入坑中，反为蔡希德所俘。程千里被俘后，也被囚禁于洛阳。

许远，是杭州盐官（今浙江盐官）人，唐初许敬宗的曾孙。安禄山叛乱时，他是睢阳太守。他与张巡坚守睢阳（今河南商丘），直到城陷被俘。被俘后也被囚于洛阳。

安庆绪在穷途末路时杀害这些唐朝官员，说明他要继续叛乱，与唐朝对抗到底了。

十月十八日，李俶进入洛阳。这时，又有一个问题需要解决。原来，在收复长安时，李俶为了稳定民心，不使回纥在京师进行抢掠，向其承诺到东京以后再满足其要求。现在到了东京，是否要向回纥兑现呢？这是刻不容缓的问题。但是，如果放任回纥兵在洛阳随意掳掠，必然使东京市民对唐朝廷大失所望。对唐朝廷来说，这自然是亲者痛、仇者快的错误。如果李俶在这方面迁就回纥，必然失去民心。因此，李俶又采取了变通的办法，当回纥大肆抢掠的时候，立即送回纥罗锦万匹，暂时缓和了回纥的贪欲，使洛阳市民又减少了一些灾难。

安庆绪退出洛阳，渡河北走，到达邺郡（即相州，治所在今河南安阳）。他改邺郡为安成府，又改元天成。这时，安庆绪颇为狼狈，从骑不过三百，步卒不过千人。如果唐军穷追不舍，真有朝不保夕的危险。十日内，各地叛军才陆续到来，蔡希德自上党（今山西长治）来，田承嗣自颍川（今河南许昌）来，武令珣自南阳（今河南南阳）来，各率所部会集一起，又在河北诸郡召募士卒，共有军队6万人。这样，安庆绪才恢复了一定的声势。

这时的唐军，自感已经取得很大胜利，没有对叛军采取彻底消灭的步骤，反而给安庆绪提供了喘息的机会，使其有了聚集力量的可能，为其继续叛乱赢得了时间。

十月二十三日，肃宗回到长安，"百姓出国门奉迎，二十里不绝，舞跃呼万岁，有泣者。"① 肃宗住于大明宫。十月二十九日，回纥的叶护自东京回到长安，肃宗命百官迎接于长乐驿（在今陕西西安东郊），肃宗又宴请叶护于大明宫的宣政殿。叶护表示，因军中马少，他要求屯兵于沙苑（在今陕西大荔境内），自己回去取马，肃宗厚加赏赐并同意其要求。

十一月，元帅李俶、郭子仪也从东京回到长安。肃宗慰劳郭子仪道："虽吾之家国，实由卿再造。"② 既然在前方作战的主将和元帅都回到了京师，无疑就是给安庆绪提供了聚集力量，卷土重来的机会。固然，军队作战需要休整，但在失败者狼狈逃命的时候，胜利者停止追击而休整，正是给失败者逃命提供方便。李俶在香积寺之战后犯了这种错误，在克复洛阳后又重蹈覆辙，可见，他的指导思想是一贯的。这一举措，又延长了平定叛乱的时间。

4 肃宗怎样处理投降安禄山的唐朝官员

安禄山举兵南下，所到之处，特别是攻陷洛阳、长安两京以后，不少唐朝官员向叛军投降。李俶、郭子仪收复长安、洛阳以后，安禄山已死，安庆绪像丧家之犬一样仓皇逃走。这些人当然不可能再追随失败者而去，只有留下来听候处理。但又不可避免，他们都是担心吊胆，惶恐不安，无时无刻不在担心着自己的下场如何。

---

① 《资治通鉴》卷220，至德二年十月。
② 《旧唐书》卷120《郭子仪传》。

在肃宗刚入长安后，御史中丞崔器就命令凡是接受安禄山官爵者，一律去掉头巾，脱去鞋子，站立于含元殿（大明宫正殿）前，再捶打胸口，叩头及地，表示请罪。周围有兵士看守，还命其他官员到此观看。这当然是有意对这些人进行羞辱，要他们知道投降的可耻。

崔器何许人也，他为什么要如此羞辱这些投降过安禄山的官员呢？简单说，就是他和这些人有过类同的遭遇，也曾接受安禄山的任命，但他后来又反正，奔赴灵武，投靠肃宗了。

崔器，深州安平（今河北安平）人。安禄山叛乱时，他为奉先（今陕西蒲城）令。叛军攻取长安后，京兆府（治所在今陕西西安，辖境相当于今陕西秦岭以北，铜川以南，乾县以东，蒲城以西地区）各县都为叛军所有，崔器又继续做了叛军的奉先令。不久，渭河一带有人聚众起义，反对叛军，声势很大，崔器惧怕，遂烧掉接受叛军的文书，准备响应起义者。后来，起义者失败，叛军将领崔乾祐镇压蒲州（治所在今山西永济西）、同州（治所在今陕西大荔）一带的起义者，奉先离同州不远，故而崔乾祐派三十骑兵抓拿崔器，崔器遂远走灵武，投靠肃宗。肃宗命其为御史中承、兼户部侍郎。

这里需要说明一个问题，就是崔器是否奉先令。《旧唐书》卷115《崔器传》记载他是奉先令，但《资治通鉴》卷218至德元年七月条则记载他是奉天（今陕西乾县）令，二者必有一误。根据以上崔乾祐镇压蒲、同一带起义者的记载，他应当是奉先令。因为奉先距同州很近，崔乾祐在同州镇压起义者，很容易涉及崔器。反之，奉天距同州很远，崔乾祐派30个骑兵从京兆府的东境到西界去捉人，显然是不可能的。所以，崔器应当是奉先令。

曾经是投降叛军者的同路人的崔器，既然中途和他们分道扬镳，反正归唐，现在又狭路相逢，以不同的身份碰到一起，当然，他要在投降者面前显示自己的正确，显示自己归唐以后的身份地位。因此，他以胜利者自居，一方面向肃宗表示他是忠心耿耿，唐朝廷的臣子，一方面又斥责投降者可耻，必须请罪。对长安投降者如此，对洛阳的投降者也是如此。

李俶到东京后，在洛阳接受安禄山任命为官者陈希烈等300余人，皆素服悲泣请罪。李俶未加何罪，把他们全部送往长安。十月二十五日，崔器又如法炮制，命令这些人也像长安的投降者一样，到大明宫含元殿左右的东西朝堂请罪。然后，把他们收入狱中。另外，府、县为叛军所用的地方官员，也都被收入狱中。

肃宗还用对比的办法对这些投降者进一步加以羞辱。最初，也就是安禄山尚未公开叛乱时，有一个汲县（今河南卫辉）人名甄济者，在当地颇有名气，隐居于青崖山。安禄山欲使其为自己所用，他观察安禄山有背离朝廷的意图，遂诈称有病，用人将其抬回家去。安禄山公开叛乱后，又强迫其出山，甄济宁死不屈。后来，安庆绪又将其强抬至洛阳，他仍不从命。一个多月后，李俶进入洛阳，甄济立即去拜见李俶。李俶将其送往长安，肃宗以甄济为秘书郎。肃宗为了使投降安禄山者自感惭愧，遂命他们列队拜见甄济。另外，国子司业苏源明，叛军攻陷长安后，他称病未接受安禄山的任命，肃宗对其也很赞赏，命其为考功郎中、知制诰。对于死去的坚决抵抗叛军者，如以死守洛阳的李憕、卢奕、蒋清，为守常山而死的颜杲卿、袁履谦，为守睢阳而死的许远、张巡，为守荥阳而死的张介然，为守颍川而死的庞坚等人，都追加官爵。不言而喻，肃宗真可谓是非分清，忠奸明辨。一方面斥责投降者，一方面表彰对唐忠诚不二者。这是当时统治者为巩固其统治地位惯用的伎俩。

十月二十八日，肃宗登上丹凤门（大明宫正南门）发布命令："士庶受贼官禄，为贼用者，令三司条件闻奏；其因战被虏，或所居密近，因与贼往来者，皆听自首除罪；其子女为贼所污者，勿问。"① 这道命令有三项内容，其一，是降敌为官者，由御史台、刑部、大理寺三司组成的审理机构按罪轻重处理。其二，是因作战被俘或与叛军居住较近而与叛军有所来往者，应自首免罪。其三，以上诸人的子女被叛军玷污者，不问罪。看来，肃宗对与叛军有牵连的人员不是一概加罪，而是区别对待。这样，有利于争取多数，孤立少数。这是一项有利于社会安定的政策。

十二月初八，肃宗特以任命了专门审理曾受安禄山任命的官员的使职。这就是详理使。礼部尚书李岘、兵部侍郎吕𧨀被任命为详理使，详理使与御史大夫崔器共同负责审理陈希烈等降敌官员的案件。

在审理案件的过程中，发生了两种不同意见的分歧。崔器、吕𧨀主张一律严办，因为投降安禄山就是背叛国家，都应处以死刑。李岘不同意这种做法，他认为："贼陷两京，天子南巡，人自逃生。此属皆陛下亲戚或勋旧子孙，今一概以叛法处死，恐乖仁恕之道。且河北未平，群臣陷贼者尚多，若宽之，足开自新之路；若尽诛，是坚其附贼之心也。"他建议惩办罪魁祸首，对于胁从分子不必治罪。双方争论了多日，最后

---

① 《资治通鉴》卷220，至德二年十月。

肃宗支持了李岘的意见，对于所有投降叛军的官员分六等定罪。六等罪是："重者刑之于市，次赐自尽，次重杖一百，次三等流、贬。"①

十二月二十九日，按照六等定罪的原则，分别对投降者进行处理。定罪最重的是达奚珣等18人，这18人被斩于城西南独柳树下。达奚珣是在安禄山攻陷洛阳时，以河南尹的身份投降的，安禄山称帝后，以他为侍中。侍中是门下省的长官，当然比河南尹的地位要高。可见，他是投降升官了。其次，对陈希烈等人是赐其自尽于大理寺。陈希烈是玄宗时的知识分子，精通黄老之学，曾于禁中讲授《老子》、《易经》，颇得玄宗赏识。玄宗每有撰述，必然得到他的帮助。他先后为中书舍人、集贤院学士、工部侍郎，又和李林甫同为宰相。杨国忠执政后，他受到排斥，在其郁郁寡欢的时候，安禄山进军长安，他遂投降叛军，被安禄山用为宰相。

在对待张均、张垍的问题上，太上皇玄宗和肃宗也有严重分歧。张均、张垍都是玄宗在位时的著名宰相张说之子。最初，他们都很受玄宗器重，张垍还尚玄宗女宁亲公主为妻，被允许于禁中置内宅，可见其甚为受宠。但由于二人均欲为相，未达目的，故而对杨国忠甚为不满。叛军进入长安后，他们都投降安禄山。安禄山命张均为中书令，张垍为宰相。按照处理原则，他们都应被处死刑。但由于肃宗考虑到自己为太子时，李林甫曾欲动摇他的太子地位，张均、张垍保护了他，故欲免除他们的死刑。玄宗对此二人则恨之入骨，因为叛军攻破潼关，玄宗在逃难途中时，预料张均、张垍兄弟受他所宠，必然

---

①《资治通鉴》卷220，至德二年十二月。

追随他而去。不料，事与愿违，张均兄弟却背他而往，投靠安禄山了。因此，他怒不可遏，一定要将二人处死。由于肃宗叩头再拜，恳切要求，玄宗才允许把张垍长流岭表，张均必须判死罪。看来，玄宗与肃宗的分歧，只是个人的恩怨，不是原则的是非问题。

肃宗对投降安禄山者的处理，影响相当深远。安庆绪逃往邺郡后，还有一部分投降的唐官员在其周围。这些顽固的追随叛军者，在知道李俶进入洛阳后未惩办陈希烈等投降者时，还都自感惭愧，悔恨自己失身于叛军；后来，他们又听说肃宗赐陈希烈自尽时，又断绝了对唐朝廷的希望。为此，肃宗曾感到后悔。

其实，肃宗为此而后悔大可不必。安禄山叛乱，虽然沉重的打击了玄宗、杨国忠为首的腐朽集团，但改变腐朽集团的统治局面，完全可以通过宫廷政变，或者待玄宗死后由肃宗改变，都不可能给广大人民造成生命财产的巨大损失。安禄山叛乱则不然，它是一场大规模的战争，叛军所到之处，烧杀掳掠，给广大人民带来了沉重的灾难。同时，大规模的战争又造成了无数人员的伤亡，其直接后果就是严重破坏社会生产力，打破了稳定的社会秩序，阻碍了生产的发展及历史的前进。投降叛军，无疑是助纣为虐，为虎作伥。惩办他们，正是长正气，压邪气，使人们分清是非，明辨善恶。这有什么值得后悔呢！至于那些顽固的追随叛军者，本来，他们就是见风转舵，见利忘义的人。他们看到唐军失败时，卖身求荣，投降叛军；难道当叛军失败，走投无路时，他们就不后悔或另找出路吗？即使他们有反正的意图，但肃宗平定叛乱的举措，为什么要迎合这些人的需要呢！

事实上，按六等定罪的原则，已经给相当一部分投降者开放了自新之路，曾经被安禄山命为河南尹的张万顷，因能利用职务之便保护百姓而未追究其罪过。在这种情况下，如果仍然死心踏地地追随叛军，必然是罪大恶极，十恶不赦者。这些人葬身于安禄山叛乱之中，是咎由自取，自作自受，何必为他们准备后路呢！

对肃宗的后悔，司马光也曾有过尖锐的批评。他说："为人臣者，策名委质，有死无二。希烈等或贵为卿相，或亲连肺腑，于承平之日，无一言以规人主之失，救社稷之危，迎合苟容以窃富贵；及四海横溃，乘舆播越，偷生苟免，顾恋妻子，媚贼称臣，为之陈力，此乃屠酤之所羞，犬马之不如。倘各全其首领，复其官爵，是谄谀之臣无往而不得计也。"司马光接着又说，像颜杲卿、张巡等人，天下太平时，把他们排斥在朝廷之外；叛军进攻时，他们坚守孤城，为抵抗叛军而献身。如果不严办投降者，岂不正是"善者之不幸而为恶者之幸，朝廷待忠义之薄而保奸邪之厚邪！"最后，司马光说："六等议刑，斯亦可矣，又何悔焉！"① 固然，司马光是从臣应忠君的角度来评论此事的，但至少应当承认，司马光赞扬颜杲卿、张巡等坚决抵抗叛军的英雄；斥责那些贪图富贵、卖身求荣的官僚是必须肯定的。再者，司马光肯定肃宗对投降者分六等定罪，也说明司马光并不赞成对投降者一律杀头，而是主张区别对待的。由此可见，肃宗既然公布了"六等议刑"的处理投降者原则，而且付诸实施；但又后悔对陈希烈等人的处理过重，足证肃宗在这个问题上显得优柔寡断了。

---

①《资治通鉴》卷220，至德二年十二月。

5　史思明降唐复叛

史思明据有范阳，有地盘，有兵力，也有物质财富，安庆绪已经无力对他进行控制，所以，史思明逐步由叛军的一支重要力量转变为安庆绪的心腹大患。

在安庆绪退出洛阳，渡河北走的时候，其大将北平王李归仁及一部分精兵，还有同罗、六州胡共数万人，溃退向范阳。这些溃兵败将，所过之处，抢掠物质财富，劫持俘虏人口，使许多人惶恐不安。史思明对这些人严加防备，同时，派人于范阳境迎接招降他们。一部分精兵及六州胡愿意归附史思明，同罗兵则不愿从命。于是，史思明举兵袭击同罗兵，同罗兵失败，史思明全部收缴其所得人口及物质财富，放其余众逃回其本部。不难看出，这是史思明乘机兼并安庆绪势力，实际上这是史思明削弱安庆绪，壮大自己，准备另有打算的信号。

史思明的所作所为，安庆绪自然不能容忍。安庆绪既然感到史思明已难以控制，而且已成为自己的心腹之患，于是，他就想除掉史思明。

安庆绪命其将阿史那承庆、安守忠等率 5000 骑至范阳，名为向史思明征兵，实际上是乘机杀掉史思明。其实，这时史思明也正在另谋出路，准备背离安庆绪。其判官耿仁智向史思明建议道："大夫（指史思明）久事禄山，禄山兵权若此，谁敢不服。如大夫比者，逼于凶威耳，固亦无罪。今闻孝感皇帝（至德二年十二月玄宗加肃宗尊号曰光天文武大圣孝感皇帝）聪明勇智，有少康、周宣之略。大夫发使输诚，必开怀见纳，此转祸为福之上策也。"① 史思明立即表示同意向唐投降。

史思明对阿史那承庆、安守忠的到来表现非常热情，同时，又用欺骗的手段使其受到麻痹，放松警惕，致使阿史那承庆、安守忠等将领与其部众分开。史思明一方面在内厅与阿史那承庆等饮酒作乐，一方面又暗中使人对阿史那承庆的部众迫其缴械。然后对这些缴械的部众进行处理，愿留者编入史思明的队伍，愿去者听任自便。在阿史那承庆失去部众以后，史思明遂将阿史那承庆囚禁起来，把安守忠等人斩首。不言而喻，这无疑是与安庆绪公开决裂了。

史思明派其部将窦子昂奉表向肃宗投降，上表的内容是愿将其所属的十三郡，即范阳（治所在今北京）、北平（即平州，治所在今河北卢龙）、妫川（即妫州，治所在今河北怀来东南）、密云（即檀州，治所在今北京密云）、渔阳（即蓟州，治所在今天津蓟县）、柳城（即营州，治所在今辽宁朝阳）、文安（即莫州，治所在今河北文安西）、河间（即瀛州，治所在今河北河间）、上谷（即易州，治所在今河北易县）、博陵（即定州，治所在今河北定县）、勃海（即沧州，治所在今河北沧州东南）、饶阳（即深州，治所在今河北深县）、常山（即恒州治所在今河北正定），还有所属军队 8 万人以及其河东节度使高秀岩所部，全都归附唐廷。

十二月二十二日，窦子昂到达京师，肃宗大喜，遂命史思明为归义王、范阳节度使，并命其子 7 人皆为大官。同时，肃宗还命内侍李思敬与劝史思明降唐的乌承恩对史思明进行安抚，并命其率部讨伐安庆绪。

---

① 《旧唐书》卷 200《史思明传》。

十二 唐军反攻长安,安庆绪弃洛北走

史思明为了巩固自己的地盘,又采取了一些相应的措施。例如,原来安庆绪以张忠志为常山太守。这时,史思明就召张忠志回到范阳,另派其将薛萼暂代恒州(即常山郡)刺史,开通井陉关,使太原到常山畅通无阻。实际上这是史思明用自己任命的官员去取代了安庆绪的官员。另外,他又使赵郡(即赵州,治所在今河北赵县)太守陆济降唐;还使其子史朝义率兵5000人代理冀州(治所在今河北冀县)刺史、再使其将令狐彰为博州(治所在今山东聊城东北)刺史。显然,这是史思明要把力能所及的地盘牢牢控制在自己手中。

在肃宗所遣的内侍与乌承恩在河北一带宣布了肃宗的旨意以后,产生了更大的影响,陆续又有德州(治所在今山东陵县)、棣州(治所在今山东惠民东南)归附唐廷。河北一带除了相州(即邺郡,治所在今河南安阳)为安庆绪所盘据以外,其他大部分地区都为唐所有了。

在史思明的影响下,乾元元年(758)二月,安庆绪的北海(即青州,治所在今山东益都)节度使能元皓也向唐投降,肃宗命他为鸿胪卿,充河北招讨使。三月,又有安庆绪的平原(即德州,治所在今山东陵县)太守王暕、清河(即贝州,治所在今河北清河)太守宇文宽,都杀了安庆绪的使者,投降唐廷。安庆绪恼羞成怒,遂派蔡希德、安太清率军攻拔平原与清河,生俘王暕与宇文宽。王暕与宇文宽被押赴邺郡,凌迟处死,极其惨忍。后来,安庆绪凡发现有欲背离他者,他都采用极其残酷的手段,是胡人者,灭其种;是汉人者,灭其族。总之,要连坐所有与其有关者。安庆绪为了防止其属下背他而去,遂与其群臣歃血为盟,实际上是要求群臣发誓效忠于他。但是,这种举措很难挽回其不可逆转的败局。

史思明降唐，主要是为了另找出路。因为安庆绪已到穷途末路，继续追随安庆绪只能是死路一条；肃宗收复两京，正在逐步恢复天下共主的地位，做一名正言顺的天子之臣，自然比叛臣贼子的下场光彩。显然，他与颜杲卿、颜真卿不同，颜杲卿虽曾暂时依附叛军，但他又很快反正，坚决打击叛军，至死不屈；颜真卿抵抗叛军，虽因寡不敌众而失败，但他又绕道荆、襄，奔赴凤翔，为肃宗所用。总之，他们都是为忠于唐室而贡献了自己的一切。所以，他们是诚心诚意的。史思明则完全不同，他是为了寻找出路而降唐，有利则进，无利则退，不可能是忠诚不二的。所以，史思明时刻有动摇的可能。

史思明本身存在的动摇可能，许多人都能看得出来。最早对史思明提出惑疑的是宰相张镐。史思明向唐投降时，张镐就秘密上表道："思明凶竖，因逆窃位，兵强则众附，势夺则人离。包藏不测，禽兽无异，可以计取，难以义招。伏望不以威权假之。"同时，张镐还谈到另一与史思明类同的人许叔冀，他说："滑州防御使许叔冀，性狡多谋，临难必变，望追入宿卫。"① 事实证明，张镐的预见是正确的，史思明、许叔冀后来都背离了唐朝。但是，肃宗没有接受张镐的意见。事也凑巧，这时正好有宦官从范阳及滑州来，宦官都说史思明、许叔冀忠恳可信，故而肃宗罢免了张镐的宰相职务，改命张镐为荆州大都督府长史。

更不相信史思明的是李光弼。李光弼认为史思明终当叛乱，遂欲利用乌承恩从暗中除掉史思明。乌承恩，本来是唐的信都（即冀州，治所在今河北冀县）太守，在至德元年（756）

---

① 《旧唐书》卷111《张镐传》。

七月，李光弼、郭子仪从常山撤军以后，常山诸将欲迎乌承恩去镇守常山，因为他麾下有3000朔方兵，力量较强。不料，他不愿接受这一重任，仍留信都。十月，史思明围攻信都，他举城投降，并亲自引导史思明入城，后得史思明信任。

为了利用乌承恩，李光弼劝肃宗命乌承恩为范阳节度副使；为了对史思明部将阿史那承庆策反，李光弼又劝肃宗赐阿史那承庆铁券（因功可享受特权的证明），希望阿史那承庆与乌承恩共同除掉史思明。

乌承恩为了掩人耳目，暗中在史思明诸将中发展势力，多次男扮女妆，到诸将各营进行串联。不料，有人走漏消息，史思明开始惑疑乌承恩了。不久，乌承恩到长安，肃宗命内侍李思敬与乌承恩共同去范阳对刚降唐的史思明进行宣慰。史思明有意安排乌承恩与其子共住一室，并在乌承恩床下埋伏二人。深夜时，乌承恩对其子道："吾受命除此逆胡，当以吾为节度使。"埋伏在床下的二人听到此话，大呼而出，乌承恩父子被俘。乌承恩所带物件均被搜去，其中有李光弼在一文件中说："承庆事成则付铁券；不然，不可付也。"① 这种记载，是否可信，值得惑疑。李光弼的话，是专告乌承恩的，这种极其秘密的内容，当面告之即可，为什么要写出来，即便是李光弼有手书告知，乌承恩阅后也应毁去，为什么还带在身上！这种漏洞百出的情节，很可能是史思明为自己再次叛唐制造的借口。按照这种情节，史思明榜杀乌承恩父子自然是证据确凿，顺理成章。为此事受连坐而死者还有200余人。

事件发生后，肃宗没有斥责史思明无礼，反而派宦官去安

---

①《资治能鉴》卷200，乾元元年六月。

慰史思明，并向史思明表示，乌承恩的所作所为，应由乌承恩个人负责，决不是朝廷与李光弼的意思，杀掉乌承恩甚好。这种推卸责任于死者，保全李光弼与自己的做法，自然是肃宗不得已而为之。但是，肃宗虽然用心良苦，对史思明这种反复无常的人来说，是无济于事的。

在肃宗处理陈希烈等投降安禄山的官员以后，史思明受到很大影响，他感到降唐不能满足个人的野心。于是，他又鼓动其部将说："陈希烈已下，皆重臣，上皇弃之幸蜀，既收复天下，此辈当慰劳之。今尚见杀，况我本从禄山反乎！"其诸将一致表示，希望史思明上表肃宗，要求杀李光弼以除后患。史思明遂命耿仁智、张不矜修表，耿、张二人在上表中写道："请诛光弼以谢河北。若不从臣请，臣则自领兵往太原诛光弼。"① 显然，这是逼迫肃宗杀李光弼。修表的耿、张二人觉得这些内容极为无礼，故在史思明过目后，他们又将这些内容删去。不料，此事又被史思明发现，耿仁智、张不矜被史思明活活打死，脑流于地。由此看来，史思明是决心再次背叛唐廷，一个野心家的本来面目暴露无遗了。

---

① 《旧唐书》卷200上《史思明传》

十三　邺郡大战与史思明取代安庆绪

安庆绪退往邺郡后，其统治集团内部争权夺利的斗争，时有发生。安庆绪懦弱无能，又陷入骄奢淫逸的氛围之中；面对唐军压境，一筹莫展，只得求救于史思明。

肃宗在收复洛阳以后，继续进行平定叛乱的战争，命郭子仪、李光弼等九节度使分头向邺郡进军。由于在九节度使之上未设主帅，缺乏统一指挥，故而在双方激战中难以步调一致，协同行动，致使双方经过一场混战，两败俱伤。野心勃勃的史思明乘机杀了安庆绪，使自己成为叛军另一领袖人物，把这场叛乱战争推向了一个新的阶段。

1　唐军进逼邺郡

乾元元年（758）九月二十一日，肃宗命朔方节度使郭子仪、淮西节度使鲁炅、兴平节度使李奂、滑濮节度使许叔冀、镇西·北庭节度使李嗣业、郑蔡节度使季广琛、河南节度使崔光远、河东节度使李光弼、关内·泽潞节度使王思礼等九节度使，还有平卢兵马使董秦，各率所部兵马，分头向邺郡（即相州，治所在今河南安阳北）进发。对这次大规模的军事行动，肃宗最大的失策是没有设置统一指挥各部的元帅。因为他认为郭子仪、李光弼都是战功卓著的元勋，难以互相统辖，故而不置元帅，仅以宦官鱼朝恩为观军容宣慰处置使。观军容宣慰处置使，前所未有，这是临时设置的使职，根据当时的形势，其职责应该是代表皇帝临时处理有关军务。肃宗的这一举措，十分错误。

众所周知，大规模的战争，仅唐军一方面，参战者就有数十万之众。这样多的军队，都必须服从进行战争的总要求。为了战争的总要求，各部人马均应密切配合，互相策应。这就需要有人全面部署力量，统一指挥各部，使其步调一致。同时，在战争进行过程中，双方都在算计对方，都想利用对方的弱点，发挥自己的优势，取得胜利。所以，战争不仅是双方军事力量的较量，而且也是双方统帅智慧的较量。不设最高统帅，实际上就是在智慧较量方面弱于对方。鱼朝恩是宦官，既未经过战争的考验，也缺乏军事生活的洗礼，根本不具备指挥大规模战争的条件。反之，久经战争锻炼的将领郭子仪、李光弼等人，却不能充分发挥作用。这就决定唐军在这次战争中难以取得胜利。

唐军的很多弱点，本来给安庆绪取胜提供了方便。但是，安庆绪统治集团也暴露出了很多难以取胜的矛盾。安庆绪本人，不亲政事，日夜饮酒作乐，贪图享受；其亲信严庄，在安庆绪退出洛阳后，就于河内（今河南沁阳）降唐；另外两名大臣高尚、张通儒，又争权夺利，互不相让；较有才能的蔡希德，所部是精锐之师，战斗力很强，但由于他好直言，得罪了张通儒，故因张通儒的诬陷而被安庆绪所杀，其部下数千人皆逃散而去，大大削弱了安庆绪的力量，也加速了其内部的分崩离析。这时，实际掌握兵权的崔乾祐，安庆绪以他为天下兵马使，总掌各路兵马。崔乾祐刚愎自用，专权好杀，士卒敢怒而不敢言，心中不服。这就决定安庆绪叛军也不是胜利之师。

十月，郭子仪部自杏园（在今河南卫辉境内）渡河，进至获嘉（今河南获嘉），打败叛军安太清部，斩首4000级，俘虏500人。安太清走保卫州（治所在今河南卫辉），郭子仪跟踪而至，围攻卫州。另外，鲁炅自阳武（今河南原阳）渡河，季广琛、崔光远自酸枣（今河南延津西北）渡河，还有远道而来的李嗣业，共同与郭子仪在卫州会师。在紧急情况下，安庆绪集中邺郡所有军队7万之众，分三路援救卫州。崔乾祐率上军，田承嗣率下军，安庆绪自率中军，齐向卫州前进，准备与唐军决战。

郭子仪做了周密的部署，命3000射手埋伏于垒垣之内，并对这些射手明确了任务。然后与安庆绪交战，稍有交锋，即向后退；叛军乘机追逐，追至垒下，埋伏的射手突然出现，箭如雨下。这时，郭子仪引军回击，安庆绪大败。安庆绪弟安庆和被俘，后被郭子仪所杀。接着，卫州被唐军攻下。安庆绪率残部退至愁思冈（在今河南汤阴），郭子仪、许叔冀、董秦、王思礼以及河东兵马使薛兼训等，都率部尾随而至。又经过大战，安庆绪再次失败。前后两次大战，安庆绪叛军被杀3万余人，被俘上千人。屡次失败，使叛军元气大伤，士气受挫，不能再与唐军决战。于是，安庆绪退缩在邺郡城内，固守待援。安庆绪待何人来援呢？无疑就是史思明。因为这时史思明是叛军将领中最有实力的人物。他既有地盘，又有军队，还有充裕的物质财富，别人无有可比者，所以，史思明是安庆绪惟一的希望所在。

2　史思明援邺实为夺权

安庆绪在走投无路的时候，派遣薛嵩去范阳向史思明求援，并且向史思明表示，愿以帝位相让。当然，安庆绪并不一定真心以帝位相让，但至少可以说安庆绪把史思明视为惟一可求的救星了。

史思明是非常狡猾的野心家，他发兵13万欲救邺郡，但又观望徘徊，不立即前进。他选遣李归仁率步骑兵1万人进至滏阳（今河北磁县），南至邺城仅60里之远，但他不再前进，只是虚张声势，使安庆绪感到有望。

乾元元年（758）十一月，唐军崔光远部攻取魏州（治所在今河北大名东北），十二月，肃宗命崔光远为魏州刺史。这时，史思明兵分三路进攻魏州，一路出邢州（治所在今河北邢台）、洺州（治所在今河北永年东南），从西北方向朝东南前进；一路出冀州（治所在今河北冀县）、贝州（治所在今河北清河西），从正北方向而南进；一路自洹水（在今河北临漳东南）东进。三路大军直逼魏州。在史思明看来，崔光远刚到魏州，立足未稳，可一举而下。

在史思明大军直逼城下时，崔光远遣将军李处崟出兵与叛军交战。在连战失利的情况下，李处崟退还城内。这时，史思明利用离间手段取得胜利。当李处崟退还城内时，叛军追至城下，并大声呼叫道："处崟召我来，何为不出！"① 崔光远误认为确是李处崟把叛军引至城下，遂腰斩了李处崟。其实，这完

---

①《资治通鉴》卷220，乾元元年十二月。

全是史思明的阴谋。李处崟是个勇敢善战的将军,在士卒中威信很高,他被杀后,军心动摇,士气严重受挫,崔光远不敢再战,逃回汴州(治所在今河南开封)。接着,史思明攻破魏州,杀唐军3万人,平地流血数日。崔光远在魏州的失败,未曾得到唐军其他各部的援救,正是唐军不设元帅,缺乏统一指挥,所导致的严重后果。反之,史思明三路大军,能够朝着一个方向前进,最后,诱使崔光远误杀李处崟,攻取魏州,正是战场主帅充分发挥作用的结果。双方对照起来,何优何劣,不言而喻。

史思明占领魏州,暂时停止了军事行动。他于乾元二年(759)正月初一,在魏州城北筑坛,自称大圣燕王,建元应天。虽然只是称王,尚未称帝,但已建年号,正说明他要对安庆绪取而代之了。这正是他兴师动众,援救安庆绪的真正目的。这个阴谋家、野心家的本来面目更加暴露无遗了。过去投降唐廷时,就是"外顺命,内实通贼,益募兵"①,发展势力;这次援救安庆绪,实际上是乘机迫使安庆绪让位。由此可见,史思明继续叛乱,就其本身说,早已具备了这种素质。

针对史思明盘据魏州的情况,李光弼建议道:"思明得魏州而按兵不进,此欲使我懈惰,而以精锐掩吾不备也。"② 李光弼要求与郭子仪所率的朔方军共同进逼魏城,迫使其交战。据李光弼估计,史思明一定会考虑到至德元年(756)五月他被郭子仪、李光弼在常山打败的教训,从而不敢出战。这样旷日持久,安庆绪难以支持,邺城自然可破。破了邺郡,杀了安

---

① 《新唐书》卷225上《史思明传》。
② 《资治通鉴》卷220,乾元二年正月。

庆绪，史思明师出无名，军心必然动摇。

李光弼对形势的分析，颇有道理。当时，安庆绪一败再败，已经失去了主动出击的能力。史思明远来援救，虽然兵力相当强大，但在曾经打得他落花流水的李光弼、郭子仪面前，必然也有顾虑。因此，围困魏州，攻破邺城的分别击破之策，肯定可以奏效。不料，李光弼的建议，轻易被鱼朝恩所否定。一个不懂军事的宦官，随心所欲地否定了能征善战者的行动计划，给后来的唐军作战带来了极大的损失。

乾元二年（759）二月，安庆绪在邺城已经十分困难。郭子仪等九节度使围困邺城，采取了许多措施，筑垒三重，穿堑三重，还壅漳水灌城，使城中的井泉皆溢，房屋被淹，人们临时构筑栅棚居住。城中粮食吃完，一只老鼠可值4000钱，甚至马粪也被人当食。安庆绪束手无策，只有等待史思明来解围。面对安庆绪的困难，唐军应乘机破城，消灭安庆绪的势力。但是，唐军没有元帅，前进还是后退，无人决策，各部应怎样配合，无人统一指挥。城中有人愿意投降，但因水深难以出来。这样以来，欲攻城取胜者不能进城，欲投降者难以出城。这种进不去、出不来的僵持局面，使双方兵众都甚不满。

在唐军放弃了主动进攻的机会以后，史思明倒开始向唐军发动攻势了。史思明开始向邺城进军。狡猾而颇有作战经验的史思明，他不直接立即进攻唐军，而是进至距城50里的地方止步安营，每营都击鼓300，表示他要援救邺城。同时又使500精锐骑兵在城外进行抄掠，唐军出击，他们就很快散去。史思明这种出其不意的抄掠，使唐军人马牛车日有所失，樵采也十分困难。唐军日间防备，他们夜间抄掠；夜间防备，他们日间抄掠，使唐军防不胜防。缺乏统一指挥的唐军，不时遭到损失。

史思明另一狠毒的措施就是釜底抽薪。当时，由于战乱，天下饥馑，所用军饷，都来自江、淮或并、汾一带。这就需要大量的舟车运输。史思明针对这种情况，命一部分叛军改以唐军打扮，督运军粮。运输者被诱骗将载粮的舟车聚集一起，叛军则暗中将其纵火焚烧。这样以来，唐军粮饷不继，士气自然大受影响。史思明用这样的手段又削弱了唐军的战斗力。

在这样唐军力量不断遭到削弱的情况下，史思明与唐军的决战开始了。乾元二年（759）三月，唐军60万布阵于安阳河北，史思明率精兵5万准备向唐军进攻，唐军未发现这是史思明的主力，误以是叛军游军，故而未曾介意。不料，史思明发动猛烈冲击，唐军李光弼、王思礼、许叔冀、鲁炅等各部先与其交战，双方均有相当人员的死伤，鲁炅中流矢受伤。本来，郭子仪欲接续而上，但尚未布阵，忽然狂风大作，吹沙拔木，天昏地暗，咫尺之近，不辨敌我，双方都大为震掠。于是，唐军向南溃退，叛军向北溃退，沿途堆满了士卒丢弃的甲仗辎重。由此可见，这是在风沙弥漫中，不分胜负的一场混战。

郭子仪向南撤退，断了河阳（今河南孟县）的黄河桥，准备保卫洛阳。但是，这支队伍也损失极为惨重，"战马万匹，惟存三千；甲仗十万，遗弃殆尽"。① 由于这样狼狈不堪的溃退，东都洛阳的士民也惊恐万状，很多人逃散山谷之中；东都留守崔圆，河南尹苏震等官吏，也都南奔襄（今湖北襄阳）、邓（今河南邓县），真是风声鹤唳，草木皆兵，东都洛阳又陷入一片恐怖气氛之中。其他各节度使也都各自退回本镇去了。

---

①《资治通鉴》卷221，乾元二年三月。

在这次乱军溃退中,遭受灾难最为严重的还是一般百姓。乱军所过之处,恣意剽掠,百姓敢怒而不敢言,官吏也难以制止。在这方面,官军与叛军完全可以相提并论。当然,也有一部分队伍表现较好,如李光弼、王思礼所部,他们整饬纪律,有秩序的退却,减少了百姓的灾难。这里又充分说明,大规模的战争,有多部军队参加,必须由元帅统一指挥,全面协调,才能取胜。即便是失败,也可以有秩序的撤退,不至于损失过重,有害于百姓。这次唐军溃乱,各部自作主张,互不配合;李光弼、王思礼有组织的撤退,损失小,无害于民。其他各部则完全相反。这又说明唐军不设元帅是严重的错误。

更能说明问题的是郭子仪是否守河阳。郭子仪退守河阳,并非有人统一部署,也是他自作主张。到了河阳不久,他又退至缺门(今河南新安西)。到了缺门,其内部又发生争论。有人主张放弃东都,退保蒲(即蒲州,治所在今山西永济西)、陕(即陕州,治所在今河南陕县)一带;另一部分人主张据守河阳,郭子仪同意后一种意见,遂派都虞候张用济在河阳修筑南、北两城,加以防守。郭子仪在无人统一指挥的情况下据守河阳,如果他要退保蒲、陕,当然就是把东都一带拱手送与史思明了。

与唐军相反,叛军在史思明统一指挥下,很快稳定下来,史思明在沙河(今河北邢台南)收集整顿士众,很快又还屯邺城以南。因为他发现唐军向南溃退,故而立即占领了唐军原有的地盘。史思明占领了唐军原有的地盘,为什么不立即继续南进,消灭唐军,攻取东都呢?主要是史思明欲对安庆绪取而代之。

在唐军向南溃退的时候,安庆绪也乘机大捞一把,他收取了郭子仪部丢弃的粮食六七万石,大大缓解了饥饿的危机。本来,安庆绪在朝不保夕的时候向史思明求援,并表示愿以帝位相让。这时,唐军远去,他又得了不少粮食,不仅不提让位之事,反而又和孙孝哲、崔乾祐等亲信密谋怎样对付史思明的问题。这时的史思明,则对安庆绪不理不睬,不热不冷,只是每日慰劳将士,稳定军心。这样的局面,看来似乎平静,实际上孕育着不可避免的矛盾爆发。安庆绪的部属也有人看清了这一点,他们劝安庆绪不可再敌视史思明了。他们认为:"史王远来,臣等皆合迎谢。"① 安庆绪遂命张通儒、高尚等人去见史思明。史思明接见张通儒、高尚等,表现非常悲伤、并以厚礼相待。史思明这种亲善的面孔,实际上是希望安庆绪亲自前来,以便取而代之。

3天后,安庆绪仍然不来,史思明就暗中勾结安庆绪部将安太清,迫使其前往。安庆绪无可奈何,只得遣安太清向史思明上表,对其称臣,并且表示:"请待解甲入城,奉上玺绶。"史思明看了安庆绪的上表,当然兴奋异常,但他还是装腔作势地说:"何至如此!"接着,他又不由自主的将表遍示将士。既然大家都看到安庆绪要让位于史思明,诸将也就不约而同的对史思明高呼万岁了。

史思明虽然洋洋得意,但在手书中还没有视安庆绪为臣,而是兄弟相称。他说:"愿为兄弟之国,更作藩篱之援。鼎足而立,犹惑庶几;北面之礼,固不敢受。"② 不言而喻,这决非史思明的本意,而是诱骗安庆绪亲自出面。安庆绪看到史思

---

① 《旧唐书》卷200《安庆绪传》。
② 《资治通鉴》卷221,乾元二年三月。

明的手书，喜出望外，遂要求歃血同盟，史思明慨然应允。于是，安庆绪带300骑兵赴史思明营中，史思明命军士全付武装，等待命令。

安庆绪及其诸弟被引至庭下，安庆绪向史思明再拜稽首道："臣不克荷负，弃失两都，久陷重围，不意大王以太上皇（指安禄山）之故，远垂救援，使臣应死复生，摩顶至踵，无以报德。"安庆绪向史思明称臣，又承认有"弃失两都"之过，本来是想取得史思明的谅解，缓和二人之间的矛盾。不料，史思明勃然大怒，同时借题发挥道："弃失两都，亦何足言。尔为人子，杀父夺其位，天地所不容。吾为太上皇讨贼，岂受尔佞媚乎！"[①] 史思明不允安庆绪再进行辩解，命将安庆绪及其4个弟弟，还有高尚、孙孝哲、崔乾祐等人，全都缢杀。

杀了安庆绪，史思明率军进入邺城，把安庆绪府库中所存物资都赏给将士，将其兵马都编入自己的队伍，原有的地盘，也全归史思明所有。本来，史思明有意继续进攻唐军，但又考虑到其基本地盘需要巩固，遂留其子史朝义守邺城，自己率军回到范阳。

乾元二年（759）四月，史思明自称大燕皇帝，改元顺天，立其妻辛氏为皇后，其子史朝义为怀王，以周挚为相，李归仁为将，改范阳为燕京，又改州为郡。安禄山称帝时，建国号大燕，现在史思明自称大燕皇帝，显然是说明他继承了安禄山的衣钵。他改州为郡，显然是要和肃宗分庭抗礼。唐初，在地方建制方面，改隋的郡为州；到天宝元年（742）二月，玄宗又改州为郡；到至德二年（757）十二月，肃宗再改郡为州。到

[①]《资治通鉴》卷221，乾元二年三月。

史思明称帝才一年多的时间,他又改州为郡,无疑有与肃宗不共戴天的意思。由此看来,史思明取代安庆绪是要继续叛乱下去,肃宗的平叛任务还任重而道远。

3 唐军重新调整部署力量

邺郡大战,本来是天气突变,风沙骤起,致使双方都自行溃退。但由于史思明机动灵活,当他发现唐军向南溃退后,立即返回南进,对安庆绪取而代之,进入邺城;而唐军则因缺乏统一指挥,各节度使都自作主张,退回本镇,而且有些军队还乘溃乱之机,大肆剽掠百姓,例如,淮西节度使鲁炅,因其部下剽掠尤甚,自感惭愧恐惧,只得饮药而死。这就是说,从实际后果看,唐军是全面失败了。

肃宗是要彻底平定叛乱的。邺郡大战的失败,迫使他必须从失败中吸取教训。于是,他于三月三十日命郭子仪为东畿(指东部洛阳附近地区)、山东(今河南、河北一带)、河东(今山西一带)诸道元帅,权知东京留守。这样广大的地区,正是唐军与叛军交战的主要战场。郭子仪就是这样广大地区所有唐军的元帅。如果在邺郡大战前设置这样一个掌握全局的元帅,至少唐军不会失败的那么悲惨。看来,是失败的教训促使肃宗清醒了。

有了元帅,当然还需要调整,部署各方面的力量,为了长安和洛阳之间的安全,肃宗命河西节度使来瑱充任陕(治所在今河南陕县)、虢(治所在今河南灵宝)、华(治所在今陕西华县)三州节度使。来瑱在安禄山叛乱时为颍川(即许州,治所在今河南许昌)太守,曾屡败叛军,后为淮南西道节度使。乾元二年（759）初，受命为河西节度使，尚未赴任，因邺城作战唐军失败，他就被命为陕州刺史，充三州节度使。由此可见，对来瑱的任命，是在紧要关头的临时措施，目的是要这位屡败叛军的官员来保卫洛阳到长安之间的交通要道。

四月初八，肃宗又命徐州刺史尚衡为青（治所在今山东益都）、密（治所在今山东诸城）、登（治所在今山东蓬莱）、莱（治所在今山东掖县）、淄（治所在今山东淄博南）、沂（治所在今山东临沂）、海（治所在今江苏连云港）州节度使。显然，这是要把全部山东半岛置于唐军的控制之下。

与此同时，肃宗又命兴平军节度使李奂兼任豫（治所在今河南汝南）、许（治所在今河南许昌）、汝（治所在今河南临汝）三州节度使。兴平军本来是在今陕西兴平，因参加邺城大战后留在中原。四月十二日，肃宗又命鸿胪卿李抱玉为郑（治所在今河南郑州）、陈（治所在今河南淮阳）、颍（治所在今安徽阜阳）、亳（治所在今安徽亳县）四州节度使。李抱玉本姓安，是李光弼的裨将，在对叛军作战中屡立战功，因感到与安禄山同姓非常耻辱，故而肃宗赐其姓李。李奂、李抱玉两个节度使的势力范围，基本上覆盖了今河南与安徽北部的大部地区。

五月十七日，肃宗又命滑（治所在今河南滑县）、濮（治所在今山东鄄城北）节度使许叔冀为滑、汴（治所在今河南开封）、濮、曹（治所在今山东菏泽南）、宋（治所在今河南商丘）五州节度使。这又和李抱玉的势力范围连接了起来。

从以上部署看来，肃宗把当时的河南道基本上联成一片，用节度使这样的军政长官统治保卫这些地方。不过，从总的形势看来，肃宗还只是在叛军所到之处或受叛军威胁过的地方，恢复唐的建制，稳定社会秩序；没有向叛军发动进攻的趋势。不过，尽管如此，肃宗还是千方百计地加强自己的力量，巩固自己的地盘。实际上这是为下一步的军事行动进行准备。

邺郡大战的失败，观军容使鱼朝恩为了推卸责任，尽量在肃宗面前加罪于郭子仪。从而使肃宗误认为邺郡大战的失败是郭子仪的责任。于是，乾元二年（759）七月，肃宗召郭子仪还京，另以李光弼为朔方节度使、兵马元帅，取代郭子仪的职务。

郭子仪是军事家，也是政治家。在统治集团的勾心斗角中，他善于左右逢源，纵横捭阖。他既在战场上立下汗马功劳，又尽量避免因权大位高而遭皇帝的猜忌，所以，他能够善始善终，其他军事将领很难如此。

当郭子仪要离职还京时，其所部士卒悲愤万分，拦道向传达皇帝之命的宦官请求留郭子仪于原职。这时，郭子仪如果乘机拒绝皇帝之命，不放弃兵权，肃宗也是无可奈何的。因为肃宗在当时还没有力量用武力去解除郭子仪的兵权。但是，郭子仪为了取得肃宗的信任，以利于将来的发展，他坚决从命。于是，他采用缓和紧张气氛的办法，对其士卒们说：我为中使（指传达皇帝之命的宦官）饯行，并不离去。待士卒们离开后，他就跃马而回京师了。这样，当然可以减少或消除肃宗对他的猜忌。

肃宗以李光弼代替郭子仪也不是一帆风顺中。本来，郭子仪与李光弼在治军的策略上各有不同，郭子仪主张宽厚，李光主张严厉。原来郭子仪的部下对李光弼的严厉治军策略颇感畏惧。同时，久在郭子仪属下的士卒，已经对郭子仪有了深厚的感情，在另换主子的时候，他们不了解皇帝的用意，只看到李光弼取代了郭子仪，故而在感情上敌视李光弼也是很自然的。因此，在李光弼接替郭子仪后，原来郭子仪的麾下发生了一些异常现象。

当然，李光弼也不会不考虑到以上情况，所以，他主动要求肃宗派一亲王为元帅，他为副元帅。于是，肃宗命赵王系（肃宗第二子）为天下兵马元帅，李光弼为副元帅，实际上由李光弼主持军务。

李光弼到了东都，驻守河阳（今河南孟县）的左厢兵马使张用济与诸将密谋策划，打算率精锐部队突然进入东都，驱逐李光弼，请回郭子仪。这种粗暴而愚蠢的主张，立即遭到他人的反对。颇为郭子仪所赏识的仆固怀恩说：驱逐李公，强请郭公，就是造反，我们怎能造反呢！右武锋使康元宝说："君以兵请郭公，朝廷必疑郭公讽君为之，是破其家也。郭公百口何负于君乎！"① 这就是说，如果用暴力手段逐李请郭，必然使朝廷惑疑郭子仪唆使其麾下对抗朝廷，实际上这是加害于郭子仪全家。仆固怀恩与康元宝的严重警告，才使张用济打消了自己的主张。此事后来为李光弼知道，李光弼就制造借口，指责其不按时奉召而杀了张用济。看来，愚蠢、鲁莽的不虑后果者，是往往会被别人暗算的。

相反，仆固怀恩就比较理智、聪明，他既反对以兵逐李请郭，又解除了李光弼对他的惑疑。李光弼知道张用济欲用兵驱逐他的情况后，当然对仆固怀恩也有惑疑，故而对仆固怀恩也时有警惕。当仆固怀恩去见李光弼，二人正在谈话时，忽然有人报告，有仆固怀恩麾下500骑来到。李光弼脸色突变，惑疑

---

① 《资治通鉴》卷221，乾元二年七月。

仆固怀恩有不规行动。仆固怀恩立即走出,佯作怒容对其麾下道:告诉你们不要来,为什么故意违抗我的命令。李光弼看到仆固怀恩无意与他作对,遂以温和的口气道:士卒随将,也不算有罪。接着,又给以牛酒,以示安抚。仆固怀恩就是这样又逐步取得了李光弼的信任。

总而言之,李光弼用软硬兼施的手段,取得了原来郭子仪麾下的支持。八月二十九日,肃宗以李光弼为幽州(治所在今北京)长史、河北节度使。幽州、河北一带,都是史思明的势力范围,对李光弼的任命,当然意味着要他去收复这些地方。看来,肃宗要彻底平定叛乱的决心仍然没有动摇。

十四　史思明大举南下，再陷洛阳

史思明乘安庆绪穷途末路之机，杀其人，夺其位，又占领其地盘。但这并不能满足史思明的欲望，他的野心是要推翻唐朝廷，自为全国之主。于是，经过充分准备，他又举兵南下，攻占洛阳，又一次把对唐朝廷的叛乱推向了高潮。所谓"安史之乱"，正是以安禄山、史思明相继叛乱而得名的。

1　汴州唐军受挫，史思明进据洛阳

乾元二年（754）九月，史思明命其子史朝清守卫范阳，又命诸郡太守各带兵3000人随自己南下。他分兵四路，一路由令狐彰率兵5000自黎阳（今河南浚县）渡河，攻取滑州（治所在今河南滑县），一路由史思明为首，从濮阳（今河南濮阳西南）渡河，一路以史朝义为首，自白皋（在滑州西北）渡河，另一路以周挚为首，从胡良（在滑州西北）渡河，各路人马过河后，会合于汴州（治所在今河南开封）。

这时，李光弼正在沿河诸营巡视，知道史思明大军渡河的消息以后，他立即到汴州，对汴滑节度使许叔冀说：你能守汴州15天，我就会率兵来救你。许叔冀痛快的接受这一任务。不料，双方一经交战，叛军获胜，许叔冀就不愿坚守汴州了。

许叔冀与濮州（治所在今山东鄄城北）刺史董秦及其部将梁浦、刘从谏、田神功等人都向史思明投降了。

许叔冀本来就是个看风转舵，狡诈善变的人，面对李光弼，他表示要固守汴州；李光弼走了，他就投降史思明，这并不奇怪。早在史思明表示降唐时，当时的河南节度使张镐就劝肃宗不要相信史思明。同时又说："滑州防御使许叔冀，性狡多谋，临难必变"① 不可重用。由此可见，许叔冀的实际表现与同僚们对他的评价是完全一致的。

许叔冀投降，史思明命他为中书令，使他仍守汴州。对于濮州刺史董秦，史思明则很不放心，一方面对其待遇优厚，一方面又将其妻和子送往长芦（今河北沧州）做为人质。对于其他人如梁浦、刘从谏、田神功等，则由史思明派其部将南德信率领，向江、淮一带进攻。

田神功也是经过反复的人，天宝末年，他曾为县吏，安禄山叛乱后，他为安禄山的平卢兵马使。后来，他又归唐。在史思明进攻汴州时，他守陈留（今河南开封东南），因战败又降史思明。在他奉命随南德信进攻江、淮一带时，他乘机袭杀了南德信、兼并了南德信的部众，刘从谏乘混乱之机脱身逃走，田神功遂率众又一次归附唐军。

史思明取得了汴州，他虽命南德信等进攻江、淮，但他却率叛军主力部队转向西进。可见，他和安禄山一样，把进攻的首要目标是指向洛阳的。接着，史思明又攻取了郑州。随着叛军的不断西进，身为副元帅而实际主持军务的李光弼，并没有组织有力的抵抗。反而是整顿部众，徐徐后退。

---

①《旧唐书》卷111《张镐传》。

李光弼到了洛阳,与东京留守韦陟商讨御敌之策,李光弼说:"贼乘邺下之胜,再犯王畿,宜按甲以挫其锋,不利速战。洛城非御备之所,公计如何?"这里李光弼只是提出了一个原则,就是洛阳城不是作战的地方,不宜速成,应按兵不战,先挫敌锐气。

韦陟马上提出了自己的具体主张:"加兵陕州,退守潼关,据险以待之,足挫其锐矣!"看来,韦陟与李光弼的主张有共同之处,就是都主张不在洛阳城死守硬拼,而是先挫敌锐气,韦陟的具体措施是退兵陕州、潼关。李光弼则认为这是"兵家常势,非用奇之策也"。也就是老生常谈,不是出奇制胜。在李光弼看来,两军作战,贵进忌退,前进可鼓舞士气,后退则动摇军心。如果放弃潼关以东500里土地,必然大长敌人的气势。

他的具体行动计划是:"若移军河阳,北阻泽潞,三城以抗,胜则擒之,败则自守,表里相应,使贼不敢西侵,此则猿臂之势也。"这个主张,确有军事家的眼光。河阳即今河南孟县,泽州治所在今山西晋城,潞州治所在今山西长治。三个地方紧相连接,河阳与洛阳仅一河之隔,如果叛军从洛阳西进,唐军可从河阳南下,渡河取洛。显然,唐军驻守河阳,史思明是不敢轻易西进的。即使作战失败,可北退泽州或潞州的太行山区,进而向东威胁史思明的后方。这就是所谓的"猿臂之势"。也就是像猿臂一样,可伸而长,可缩而短,根据具体情况酌情而定。

判官韦损又质问李光弼道:"东京帝宅,侍中(指李光弼)奈何不守之?"李光弼又讲了一番他不守洛阳的道理。他说:"若守洛城,汜水、崿岭皆须人守,子为兵马判官,能守之乎?"[①] 汜水

[①]《旧唐书》卷110,《李光弼传》。

在今河南巩义东,即虎牢关所在地;要守洛阳,虎牢关应先有重兵把守。崿岭在今河南偃师东南与登封交界之处,是洛阳东南重要一关;要守洛阳,这里也应有重兵把守。李光弼还提到龙门,龙门是洛阳的南大门,更不能忽视。这就是说,在李光弼看来,守卫洛阳需要大量的兵力,现有的兵力远不够用,所以,只有移兵河阳,伺机行动。

李光弼按照自己的行动计划进行周密的部署,他通知东京留守韦陟率东京官员家属向潼关以西撤退,又通知河南尹李若幽率领洛阳吏民出城避开叛军,然后又命军士把必要的物资运到河阳,以利于守备,李光弼又亲率500骑在最后掩护转移。总之,是有组织、有秩序的转移,与过去安禄山进攻洛阳时封常清的兵败溃退完全不同。正因为如此,史思明也不敢像安禄山那样,轻而易举地进入洛阳。

史思明到了偃师(今河南偃师),其游兵已进至石桥(今河南偃师西)。这时,李光弼正在率军转移。叛军看到李光弼若无其事一样的行动,虽然近在咫尺,但不敢进逼。在夜幕降临时,李光弼命军士秉炬徐徐前进,丝毫没有感到叛军威胁的表现。夜间,李光弼到达河阳,仅有2万人。由此可见,李光弼不在洛阳与叛军决战是非常正确的。

九月二十七日,史思明进入洛阳,洛阳完全是一座空城,一无所得。正因为洛阳是空城,叛军一无所得,史思明产生许多疑虑,非常担心陷入李光弼的圈套。所以,他不敢入宫,反而退军于白马寺(在今河南洛阳东)南,又筑月城于河阳南,防止李光弼的突然袭击。

以上事实,进一步说明一个问题,就是进行战争的双方,在军事较量的同时也在进行智慧较量。李光弼有计划、有步骤的放弃洛阳，使市民安全转移，军队有秩序的撤出，既使自己免遭损失，又使史思明犹豫不决，坐失良机。这正是史思明在智慧较量中的失败。史思明的失败，使李光弼不折不扣地实现了自己的行动计划。

2 河阳之战

乾元二年（759）十月初，史思明开始进攻河阳，他先遣素称骁勇的将军刘龙仙到河阳城下挑战。刘龙仙自恃勇敢善战，装出一副根本瞧不起唐军的架势，举起右足，加在马颈上，大骂李光弼。李光弼问左右谁敢出战，仆固怀恩要求前往。李光弼说：这里还不需要动用你这大将。这时，左右有人建议可遣白孝德出战。白孝德领受任务后，李光弼问其需要带多少人马，还需要什么帮助。白孝德要求选50骑为后继，并要求大军击鼓助威。白孝德挟二矛，策马出阵，勇往直前。仆固怀恩看到他不慌不忙，揽辔安闲，预料他必然取胜，并向李光弼说，胜利在望。

刘龙仙看见白孝德独身前往，甚为轻视。两人接近时，刘龙仙仍然骂不绝口。白孝德停马休息，待人马精力充沛后，怒目而视道：贼将认识我吗？我是国家大将白孝德。刘龙仙骂道：是什么狗猪！白孝德大声呼叫，持矛跃马直取刘龙仙。城上唐军看到白孝德奋勇前进，遂击鼓助威，所选50骑精兵也跟随前进。刘龙仙来不及放箭，环走河堤上。白孝德穷追不舍，将其斩首。这个身为安西胡人的白孝德，从此威名大振，后来又屡立战功，官至鄜坊邠宁节度使，被封为昌化郡王。

初战失利，史思明只是损失一将，当然不会甘心示弱。反之，他又炫耀武力，以示其强大。本来，史思明只有良马1000余匹，但他为表示自己的良马很多，故而天天把马放到河南岸边洗澡。史思明想用这种办法给人一种错觉，使唐军误认为每天洗澡的马都是不同的，今天一批，明天一批，好像有洗不完的马。

针锋相对，李光弼又使用了一个绝招。由于史思明的良马多为雄马，李光弼遂把军中的雌马集中起来，共有500匹。先把雌马的驹关在城内，然后把雌马送出去城外，使史思明的雄马能够看到。雄马看到雌马，狂奔渡河而北，叛军不能制止。这样一来，李光弼轻而易举地得到了大批良马。

史思明失去大批良马，恼羞成怒。又用战船数百艘，置火船于前，欲使战船保护火船，去烧毁架在黄河上的浮桥。针对史思明的举措，李光弼又出奇谋。他备百尺长竿数百枚，用巨木固定其根，又置铁叉于其首，火船到来时，铁叉钩住了火船，既不能前进，也不能后退，很快就使火船自我烧尽。接着，又用铁叉阻止战船前进。在战船难以发挥作用的时候，李光弼又命唐军于桥上用炮石击船，致使很多战船沉没。就这样，史思明又一次遭到失败。

屡次失败，使史思明对李光弼恨之入骨。史思明千方百计，总想活捉李光弼。于是，史思明突然出兵于河清（今河南孟津北），打算断绝李光弼的粮道。李光弼率军于野水渡（河清附近）加强防御，入夜后，李光弼回河阳，留部将雍希颢及兵千人，守卫临时构筑的防御工事。李光弼临行时告诫雍希颢道："贼将高庭晖、李日越、喻文景，皆万人敌也，思明必使一人来劫我。我且去之，汝待于此。若贼至，勿与之战。降，则与之俱来。"唐军诸将对李光弼的安排都表示不可理解，只是窃窃私语，暗中笑谈。

事情的发展，果然不出李光弼所料。史思明对李日越道："李光弼长于凭城，今出在野，此成擒矣。汝以铁骑宵济，为我取之，不得，则勿返。"① 在史思明看来，李光弼善于据城固守，不擅长野战，所以，他看到李光弼出军野外，遂派李日越乘夜去活捉李光弼。同时，还下了死命令，抓不到李光弼，不许回来。李日越率500骑于夜间出发，凌晨到达雍希颢驻军栅下，只见雍希颢阻壕休兵，吟啸相视，没有出战的架势。李日越颇感奇怪，遂问李光弼在否，雍希颢答曰已经离去。李日越心情十分矛盾，李光弼已经离去，即使抓到雍希颢，也难回见史思明，因为史思明要求他捉不到李光弼不准回去。在这种前进不能、后退无路的情况下，他决定投降。雍希颢按照李光弼的事前安排，与李日越同去拜见李光弼。李光弼厚待李日越，并视其为心腹，加以重用。在李日越的影响下，高庭晖也向唐军投降。

李光弼这样不经拼杀，轻而易举地争取叛军两将投降的胜利，使其部将颇感迷惑不解。他向诸将解释道：这是人情所致。因为史思明常想利用野战胜我，今知我在外，正是他视为的大好良机。李日越抓不到我，史思明肯定大失所望，必然加罪于李日越，所以，他只有投降。论才能，高庭晖在李日越之上，我既重用李日越，高庭晖势必抱更大的希望，所以，他也投降。李光弼正是按照人们的这种思路，使高庭晖得到了比在史思明部下更高的地位和职务。

史思明不甘心自己的失败，又一次进攻河阳。当时，河阳

---

①《资治通鉴》卷221，乾元二年十月。

有南、中、北三城，李光弼问郑陈节度使李抱玉道：将军能为我守南城二天吗？李抱玉反问道：如果超过二天怎么办？李光弼说：如果过期救兵不到，你可任意放弃。李抱玉接受了守南城的任务。在叛军攻城紧急时，李抱玉向叛军表示：城内粮食已尽，明天投降。叛军喜出望外，遂停止进攻，等待李抱玉投降。其实，这是李抱玉的缓兵之计，他乘机迅速修缮完备城防设施，加强守备措施，第二天，又与史思明军展开战斗。叛军气急败坏，又加紧攻城。李抱玉瞅准敌人的弱点，突然出击，奇袭叛军，杀伤叛军甚多。史思明又一次遭到失败。

更使史思明始料不及者，是董秦归唐。董秦原为濮州刺史，史思明进攻汴州时，他与许叔冀、梁浦、刘从谏、田神功等投降史思明。这时，他随史思明进攻河阳，由于田神功已经反正归唐，对他有所影响，他也自感降敌可耻，遂于夜间率众500人突围，归降李光弼。这对史思明来说，当然又是当头一棒。

战争常是瞬息万变的，史思明进攻南城的失利，又有董秦的归唐，使他又改变了进攻的重点。当时，李光弼亲自率军屯驻中潬，中潬是在黄河中间的沙洲上建立的城池，是专为保卫浮桥而修建的。此城不大，但却相当牢固，在城置栅，栅外穿堑，堑深二丈，宽二丈，易守难攻。这就是河阳的中城。

十月十二日，史思明部将周挚放弃进攻南城计划，全力进攻中潬。李光弼命荔非元礼出强兵于羊马城抑制叛军，羊马城就是于城外临时构筑的类似羊圈或马圈的防御工事。由此看来，李光弼于中潬城内、城外构筑有完整的防御体系，对于战争的进程是有充分准备的。

周挚依仗人多势众，准备强攻中潬，以车运载攻城的械器，向城逼近，又督众填平深堑多处，为向城进兵铺平道路，又开栅为门，破除前进中的障碍。在叛军这样步步前进的时候，荔非元礼却晏然不动。李光弼质问荔非元礼为何不阻击敌人。荔非元礼说：按照司空（指李光弼）的意思，我们现在是要战，不是守。既要战，敌人为我们填平壕沟，有利于出击，为什么要阻止他们呢！李光弼对荔非元礼的主张颇为赞赏。

不久，荔非元礼率敢死队出击，前进数百步，荔非元礼发现叛军阵地防守严密，不易攻破，遂又退回，欲待敌人防守松懈时再行进攻。李光弼发现荔非元礼退回，以为他畏缩不前，遂命人召荔非元礼，欲将其斩首。荔非元礼以战事正紧为由，未曾从命。迟了一段时间，在叛军防守松懈时，他鼓噪而出，奋勇冲向敌阵，叛军措手不及，混乱异常，唐军又一次取得胜利。

史思明进攻南城、中城的失败，又把进攻的矛头转向北城。在周挚率叛军向北城进攻时，李光弼也很快率众进入北城。李光弼登城观察敌阵，发现叛军虽多，但军容不整，必然可破。他询问诸将看到的敌人情况，大家认为，敌人西北隅力量最强，其次是东南隅。于是，李光弼命其爱将郝廷玉抵挡，郝廷玉要500骑兵，李光弼只给了300。李光弼又命其将论惟贞抵挡东南隅敌军，论惟贞要求300骑，李光弼只给200。李光弼命令诸将道：你们都要看我摇旗行动，我如果摇旗缓慢，你们可见机而动；如果我急摇旗三下至地，大家开始全面进攻，后退者斩首。同时，又向大家表示决心道："战，危事，吾国之三公（李光弼身为司空，司空为三公之一），不可死贼手，万一战不利，诸君前死于敌，我自刭于此，不令诸君独死也。"① 李光弼这种与将士兵共生死的决心,使其麾下大受感动,军士无不勇气倍增,奋勇出战。

李廷玉身先士卒,猛冲敌阵,不料,其马中流矢而伤,只得退回。李光弼命人去斩李廷玉。李廷玉解释道:我并非战败,而是马受伤了。李廷玉换马再次上阵,大量杀伤敌人。仆固怀恩父子也曾稍有后退,李光弼又命人去斩仆固怀恩。仆固怀恩看有人提刀而来,立即勇往直前。这时,李光弼急摇其旗,全军将士视旗如命令,个个争先,舍生忘死,在震天动地的呼杀声中,猛冲敌阵。叛军闻风丧胆,全线溃乱,被杀千余人,500人被俘,还有溺死于水中者千余人,大将徐璜玉、李秦授也被生擒,主将周挚带数名骑兵仓猝而逃。史思明不知道周挚已经惨败,仍在进攻南城。李光弼把大批俘虏送到河边上,以示唐军在北城的胜利,史思明才仓皇失措地退去。

3 史思明继续扩张势力

史思明虽然在河阳作战中屡次失败,但他还有相当强大的兵力,所以,他又继续向西扩张势力。十二月,史思明遣其将军李归仁率精锐骑兵5000进攻陕州(治所在今河南陕县),在礓子阪(在今河南陕县东南)一战,被唐军神策兵马使卫伯玉以数百骑击败,叛军失马600匹,李归仁逃走。肃宗因卫伯玉作战胜利有功,遂命其为镇西、四镇行营节度使。

接着,李归仁又与唐军大战于永宁(今河南洛宁西北)和莎栅(今河南洛宁西)之间。这次作战,唐军将领是李忠臣。

---

①《资治通鉴》卷221,乾元二年十月。

李忠臣原名董秦，因他在河阳之战中脱离史思明归唐，肃宗赐其姓李，名忠臣。在永宁和莎栅之间大战中，他又大破李归仁，阻止了叛军的西进。

河阳之战失败后，史思明遣其河南节度使安太清占据怀州（治所在今河南沁阳）。上元元年（760）二月，李光弼进攻怀州，史思明出兵救援安太清，李光弼与史思明援军激战于沁水之上，结果，叛军失败，被杀3000余人。三月，李光弼又于怀州城下大败安太清。四月，李光弼又于河阳西渚打败史思明，史思明部众被杀1500余人。

史思明向各地发展势力，虽然接连遭到失败，但他发现洛阳确是空城，决不是李光弼设的陷阱，所以，他决定进入洛阳。本来，乾元二年（759）九月，史思明曾进入洛阳。当时他担心李光弼设计诱他进城，怕遭暗算，遂未曾进宫，即又退出城外，屯兵于白马寺南。后来，经过河阳之战、怀州之战，他发现李光弼暂时不可能反攻洛阳，遂于上元元年（760）闰四月堂而皇之的进入洛阳了。

十一月，李光弼再次进攻怀州，接连攻打100余天，终于攻破怀州，生擒安太清。史思明于河阳之战以后新发展的据点，终于被唐军拔除了。

史思明不仅向洛阳以西以北发展势力，而且还向东方和南方扩张势力。就在李光弼攻破怀州的时候，史思明遣其将军田承嗣率军5000人进攻淮西（今河南东部和安徽北部一带），又命其将军王同芝率兵3000人向陈州（治所在今河南淮阳）进攻，还命将军许敬江率兵2000人向兖州（治所在今山东兖州）、郓州（治所在今山东东平西北）一带扩张力量，再命其将军薛鄂率军5000人向曹州（治所在今山东菏泽）进军。根据事实的发展，史思明的这些举措，都没取得预期的效果。

4　唐军进攻洛阳失败

史思明进占洛阳后，肃宗焦躁不安，深感从叛军手中夺回的洛阳再度失守是莫大的耻辱。因此，乾元二年（759）十月初四，肃宗曾下制亲征史思明。当然，这只是表示一下他要收复洛阳的决心，并不一定有亲自出征的意思。所以，在群臣劝阻之下，他就体面的收回成命了。

上元元年（760）九月二十一日，肃宗又命郭子仪统率诸道军自朔方直取范阳，然后再定河北。同时，又命禁军中的射生手英武军① 以及朔方、鄜坊、邠宁、泾原诸道蕃、汉兵共7万人，皆受郭子仪节度。肃宗的这种安排，显然是用釜底抽薪的办法，使郭子仪从河北对洛阳形成威胁，从而使史思明感到有被郭子仪、李光弼夹击的可能。当然，这也是欲收复洛阳的一种战略部署。如果按照这种部署采取行动，必然加速史思明的失败。但是，宦官鱼朝恩极力阻挠重用郭子仪，致使这种部署未能实现。

与肃宗急于收复洛阳的同时，史思明也迫切希望与唐军早日决战。因为史思明所部，多为胡兵，胡兵善骑射，利速战；不宜旷日持久，固守城池。于是，史思明暗中遣人到官军散布谣言，蛊惑人心。他们四处散布："洛中将士，皆幽、朔人，

---

① 至德二年十二月，肃宗选善骑射者千人为殿前射生手，射生手分为左、右厢，号曰英武军。

感思归。"① 这种谣言，越传越奇，唐军中不仅流传着叛军"将士皆燕人，久戍思归"，更为甚者，还流传着"上下离心，击之，可破也"。② 这对唐军来说，当然是进攻洛阳的良机。如果唐军把这当作真实情况，无疑是史思明的阴谋得逞了。

陕州观军容使鱼朝恩完全相信了史思明散布的谣言，他屡次向肃宗建议，应该命李光弼夺取洛阳。李光弼则认为"贼锋尚锐，请候时而动，不可轻进"。③ 面对两种意见，肃宗正在难以抉择的时候，朔方节度使仆固怀恩起了反面作用。

仆固怀恩原是郭子仪的部下，郭子仪待人宽厚，治军以安抚为主；李光弼治军严厉，两人截然不同。仆固怀恩对李光弼的严厉治军手段颇为不满，于是，他极力支持鱼朝恩的意见，主张立即夺取洛阳，肃宗经不起煽动，遂接二连三的派遣宦官督促李光弼出兵。迫不得已，李光弼命李抱玉守河阳，自己与仆固怀恩会合鱼朝恩及神策节度使卫伯玉等部，共同进攻洛阳。

上元二年（761）二月二十三日，李光弼布阵于邙山（在今河南洛阳北），仆固怀恩不听调遣，布阵于邙山下的平原。李光弼劝其移动道："依险则可以进，可以退；若平原，战而不利，则尽矣。思明不可忽也。"④同时，命令他移兵于险要之处，仆固怀恩仍然我行我素，一意孤行。结果，史思明乘其立足未稳时，大军直逼仆固怀恩，仆固怀恩虽系勇将，但因布阵不当，地势对其作战不利，故而全军溃败，死者数千人，军资

---

①《旧唐书》卷200上《史思明传》。
②④《资治通鉴》卷222，上元二年二月。
③《旧唐书》卷110《李光弼传》。

器械全部损失。仆固怀恩所部是李光弼大军的一支重要力量，这支重要力量的失败，使李光弼难以支撑全局。于是，李光弼、仆固怀恩渡河北走，退往闻喜（今山西闻喜东北）。鱼朝恩、卫伯玉向西撤退，走保陕州（治所在今河南陕县）。李光弼、仆固怀恩远走闻喜，李抱玉也难抵叛军，只得放弃河阳而走。接着，怀州也陷于叛军之手。消息传到长安，朝廷大为震动，肃宗只得增加陕州的兵力，加强防守。

唐军进攻洛阳的失败和以前邺郡作战的失败，都与宦官鱼朝恩密切相关。邺郡大战，他身为观军容宣慰处置使，在没有元帅的情况下，他应当负责考虑全局。但他把失败的责任都转嫁给郭子仪，使能征善战的将军被闲置起来。这次进攻洛阳，首先是鱼朝恩轻信了叛军的谣言，大力促使肃宗下令进军，致使在常山之战、太原之战、河阳之战中屡挫叛军的常胜将军不能发挥作用。这正是在安史之乱中逐步形成的宦官专政局面所带来的早期恶果。

十五　祸起萧墙，史思明被杀

安禄山占据洛阳后，被胜利冲昏头脑，自称皇帝，得意忘形。但在其统治集团内部的勾心斗角中，安庆绪杀了安禄山，取代为帝。这种子杀父的悲剧，理应为后人视为教训，避免其重演。但是，不足四年，史思明的儿子史朝义又杀了史思明，同样是在洛阳。由此看来，前车之覆，不一定为后车之鉴；历史的教训，不一定为后人所吸取。因为在古代社会里，由于权位和私利的驱使，那些野心勃勃的争权夺利者，往往把君臣、父子、兄弟、夫妻等伦理道德置之脑后，而为满足私欲不惜互相惨杀或逼迫让位。仅安史之乱前的唐代，这种事例就屡见不鲜。唐太宗杀其兄李建成，迫其父唐高祖让位，自己做了皇帝；武则天杀害其子，为自己称帝扫清道路；韦后为效法武则天，毒死其夫中宗，虽未如愿以偿，却也开创了为争帝位而妻杀夫的先例。当然，这些事实并非始于唐代，古已有之。所以，孔子说："君君，臣臣，父父，子子。"① 孔子的学生有若说："君子务本，本立而道生。孝悌也者，其为仁之本与！"② 儒家的这些理论，并非无中生有，而是有针对性的。正因为这种事件屡有发生，所以，宋代的史学家又一再重复这种理论。范祖禹说："若为子不孝，为弟不悌，悖天理，灭人伦，而有

---

①《论语·颜渊》。
②《论语·学而》。

天下不若亡之愈也。"① 司马光说："妇之从夫，终身不改；臣之事君，有死无二；此人道之大伦也。"② 这都是针对唐初和五代的人和事而言的。由此可见，安庆绪杀其父安禄山，史朝义杀其父史思明，都不是历史上的罕见之事。

不过，四年之内，在洛阳发生两起子杀父的事件，可以说明一个重要问题，第一次子杀父事件，发生在安禄山占据洛阳，称帝以后，也就是在叛军势力发展到第一个高峰时；第二次子杀父事件，发生在史思明取代安庆绪，进入洛阳以后，也就是在叛军势力发展到第二个高峰时。由此看来，安禄山、史思明在军事上的胜利，并非意味着他的成功，反而是为其自掘了坟墓。因为随着胜利的到来，统治集团内部围绕着权位和各种私利的角逐，必然发生各种冲突。如果是有政治手腕的远见灼识者，有效的处理这种矛盾，自然可以巩固自己的地位。但安禄山、史思明都是鼠目寸光，只看表面现象，不知问题实质者，所以，他们都在胜利后的勾心斗角中成了牺牲品。事实证明，安禄山、史思明根本不具备政治家的素质；仅靠匹夫之勇，可以暂时取得军事上的胜利，但不能巩固其地位，使众望所归。这正是他们最后必然失败的内在原因。总而言之，不能随着形势的变化而采取相应措施的统治者，是不能持久的。

1　父子不和，史思明被杀

本来，史思明就是个惨无人道，又多猜忌别人的胡人，后

---

①《唐鉴》卷2。
②《资治通鉴》卷291，显德元年四月。

来，随着军事上的胜利，地位的变化，他的这种性格更有进一步的发展。在他左右的人，稍有使他不如意的地方，就会被杀，甚至族诛。所以，和他常接近的人都有朝不保夕，时有大祸临头之感。他对自己的儿子不能一视同仁，而是厚此薄彼。这些因素，都加深了统治集团内部矛盾的激化。

史朝义，是史思明的长子，他常随史思明南征北战，有一定的军事才能，也善于和将士们相处，在叛军中甚得士卒拥护，较有威望。但史思明对史朝义颇有偏见，他宠爱其少子史朝清。他率大军渡河南进时，留史朝清据守范阳，正是要史朝清守卫他的基本地盘，以便巩固其后方。由于这种厚此薄彼的思想根深蒂固，后来逐渐产生了欲杀史朝义，立史朝清为太子的念头。常在其左右，和其接触较多的人逐渐看破了他这种阴谋，故而自然有人向史朝义有所泄漏。这样一来，史思明、史朝义父子之间的裂痕也就日益加深了。

史思明打败李光弼、仆固怀恩以后，打算乘胜西进，打入潼关。于是，他命史朝义为前锋，率军从北道进攻陕城（今河南陕县），史思明率军从南道西进。① 三月初九日，史朝义兵至礓子岭（在今河南陕县东南），唐军卫伯玉出兵迎击，大破史朝义；史朝义又数次进兵，都被唐军所败。史朝义难以前进，退屯永宁（今河南洛宁北）。史思明认为史朝义畏缩不前，大骂史朝义不能成大事，打算按军法杀史朝义及其诸将。

---

①从洛阳到陕州有南北二道：南道是：洛阳—甘泉驿（今洛阳西南）—寿安（今河南宜阳）—柳泉驿（今宜阳西北）—福昌（今宜阳福昌镇）—鹿桥驿（今河南洛宁北）—莎栅（鹿桥驿西）—硖石（今河南渑池西）—陕州。北道是：洛阳—新安（今河南新安）—渑池（今河南渑池）—硖石—陕州。（见《资治通鉴新注》第 7507 页）

三月十三日，史思明又命史朝义筑三隅城，即城的一角靠山，只筑其余三角，用此贮存军粮，限期一天完成。史朝义筑城后，未来得及用泥涂抹。史思明看到后，怒骂不止。史朝义赶快解释说，是因为士兵过于疲劳，所以休息了。史思明进一步斥责道：你爱惜士兵，竟敢违抗我的命令。史思明命随行的数十人站立马傍，监督士卒用泥涂抹，很快就完成了。接着，他又怒气不息的道："待收陕州，斩却此贼（指史朝义）。"①以往的厚此薄彼，现在的怒骂斥责，还要伺机杀头，不能不使史朝义提心吊胆，父子之间的矛盾日益激化也就不言而喻了。

史思明住在鹿桥驿（今河南洛宁北），令其心腹曹将军对其负责保卫任务。史朝义住在陕城东的漫口客舍，其部将骆悦、蔡文景等人，看到史思明、史朝义父子之间的冲突必然涉及到他们，所以，他们欲鼓动史朝义发动政变，如果取得胜利，自然有利于他们飞黄腾达。基于这种动机，他们煽动史朝义道："向兵败，悦与王死无日，不如召曹将军同计大事。"此事当然非同小可，史朝义不敢立即表态，显示出犹豫不决的心情，但他又不持反对态度，故而骆悦等人又带威胁口气煽动道："王（指史朝义）诚不忍，吾等且归唐，不得事王矣。"②史朝义看到箭已在弦，不得不发，遂痛下决心，准备发难。

骆悦、蔡文景等密召曹将军，将其阴谋以实相告，要求曹将军合作。曹将军平时已知史思明不得人心，这时看到众怒难犯，不敢违背骆悦等人的意愿，只得表示顺从众意。当天夜间，骆悦等以史朝义所部300人，全副武装向史思明住处进

---

① 《旧唐书》卷200上《史思明传》。
② 《新唐书》卷225上《史思明传》。

发。史思明的守卫士卒虽看到情况可疑，但因没有曹将军的命令，他们都不敢轻举妄动。

骆悦等人进入史思明的住室，恰值史思明去厕所，骆悦不见史思明，遂问史思明左右的人，这些人战战兢兢，不知所措，在骆悦杀了数人后，才有人指示史思明的去向。这时，史思明也已发觉动静异常，遂越墙而至马厩，自己牵马欲骑马而逃命，不料，被骆悦的侍从周子俊发现，周子俊一箭射去，正中其臂，史思明落马被擒。

史思明质问何人作乱，有人答曰是奉怀王（史朝义被史思明封为怀王）之命。这时，史思明才恍然大悟，这是他说待攻取陕州后要杀史朝义所招致的后果。但他还有生存的幻想，所以，他大呼道："然杀我太早，何不待我克长安！今事不成矣。"① 这种临死前呼救，根本无济于事。在两种力量较量的关键时刻，面对着你死我活、水火不容的形势，谁也不会放弃致对方于死地的任何机会。史朝义是不愿被杀而置不忠不孝的罪名不顾，发动政变的。如果他不杀史思明，自己必然身首异处，参与政变者也必然大祸临头。不言而喻，史思明想在此时求得活命，无疑是痴心妄想。

骆悦等人把史思明送到柳泉驿（今河南宜阳西北）监禁起来，然后去向史朝义报告，任务已经完成。当时，史思明部将周挚、许叔冀都驻军福昌（今河南宜阳福昌镇）。许叔冀暗中参与了政变，思想早有准备。事先一无所知的周挚则完全不同，当他知道史思明被囚禁后，大惊失色，昏倒于地。当然，这种表现意味着他对史思明情意深厚。于是，骆悦等人劝史朝

---

①《资治通鉴》卷222，上元二年三月。

义先杀了周挚。

在史朝义与各路军队先后到达柳泉驿时,骆悦担心各军将领不一定对史思明的处理达成共识,于是,他果断的缢杀了史思明,以氈裹其尸,用骆驼负归洛阳。

史朝义于洛阳即皇帝位,改元显圣。史朝义的皇帝地位,好像在沙丘上建的房屋,基础不稳。因为史思明的厚此薄彼,对诸子无嫡庶之分,以少者为尊,故而使诸子之间矛盾重重,互争上下。史朝义虽然对部下宽厚,颇得一部分将士的拥护;但辅佐史朝清留守范阳的,还有阿史那玉、向贡、张通儒、高如震、高久仁、王东武等,有相当实力的将领;史朝清恃史思明之宠,骄奢淫逸,以史思明的继承人自居,如果知道其父被杀,自己的靠山已倒,自然不会善罢甘休。由此看来,史朝义做皇帝后的首要问题,是怎样处理和史朝清的关系。

勿庸置疑,史朝义决不会让位于史朝清,更不可能两人都做皇帝,惟一的办法,就是除掉史朝清。于是,史朝义暗中勾结向贡、阿史那玉,使他们伺机动手。除掉史朝清,也并不容易。史朝清有亲兵3000人,都是一些不怕死的剽贼,他们都忠于史朝清。所以,向贡、阿史那玉遂用心设计智除。向贡欺骗史朝清道:"闻上(指史思明)欲以王(指史朝清)为太子,且车驾在远,王宜入侍。"① 史朝清信以为真,遂到帐下整理行装。向贡使高久仁、高如震很快率军进入牙城(主帅的住宅区,此处指史朝清的住宅周围),史朝清发现情况不利,立即穿甲登楼,斥责向贡,并射杀楼下士卒数人。阿史那玉率军伪装败退,诱使史朝清下楼,结果,史朝清及其母辛氏均被擒

---

① 《新唐书》卷225上《史思明传》。

杀。

史朝清被杀后,由于各种势力间的利害冲突,使范阳城内各派之间又展开互相攻击。这种争权夺利的武装冲突,一直延续了数月之久,为此而死伤数千人。最后,史朝义以其部将李怀仙为范阳尹、燕京留守,范阳的局面才暂时稳定下来。

2 唐内部矛盾重重,影响平叛

正当史思明、史朝义父子水火不容的时候,叛军的两个重要据点,洛阳和范阳都是危机四伏。范阳城内混战数月,死伤数千人;洛阳虽然在史朝义即位时表面平静无事,但其麾下不少将领都是安禄山、史思明的旧部,是史朝义的长辈,他们对史朝义明服暗不服,史朝义对他们指挥不动。同时,由于战乱,"时洛阳四面数百里,人相食,州县为墟"。① 这种荒凉的局面,必然为史朝义增加许多困难。既然如此,肃宗为什么不抓紧有利时机,向洛阳进军,彻底平定叛乱呢?这主要是因为唐内部矛盾重重,严重影响了平叛的顺利进行。

当时,唐内部有些什么问题呢?

其一,肃宗和玄宗的关系难以协调。唐军收复长安后,肃宗、玄宗先后回到长安,肃宗住在大明宫,玄宗住在兴庆宫,最初也相安无事,但后来在他二人的关系中,逐渐引发出了许多难以处理的问题。

玄宗在兴庆宫,在闲暇无事时,常常去南临大道的长庆楼向外观望,路过这里的百姓看见玄宗,都瞻拜口呼万岁,玄宗

---

① 《旧唐书》卷 200 上《史朝义传》。

也常下楼款待他们,并赐酒食。另外,玄宗还在这种场合接待过羽林大将军郭英义以及剑南道进京的奏事官。这些活动,都引起肃宗的亲信宦官李辅国的注意。

李辅国在肃宗为太子时是东宫的宦官,玄宗为避安禄山叛乱,逃离长安,途经马嵬时,陈玄礼等发动兵变,杀了杨国忠、杨贵妃,李辅国极力促使肃宗与玄宗分道扬镳,到灵武即位,取代了玄宗的地位。正因为这样,李辅国被视为肃宗的心腹人物。百官向肃宗奏事,都先经李辅国之手,一时权大无比,成为炙手可热的人物,连宰相李揆也对其行子弟之礼。尽管如此,由于其过去微贱,最初曾是高力士的仆人,所以,玄宗的亲信宦官高力士等人,根本不把他放在眼里。这样一来,看起来是李辅国与高力士等私人的恩怨,实际上就延伸到肃宗和玄宗的关系了。因为高力士受玄宗所宠,才能发挥作用;要除掉高力士,必须改变玄宗的处境。于是,李辅国设计了一套迫使玄宗迁移住址的阴谋。

上元元年(760)六月,李辅国上奏肃宗道:太上皇在兴庆宫与外人多有交往,他的亲信陈玄礼、高力士也有异谋,这些迹象,对陛下不利。今天的六军将士都是从灵武随陛下而来的功臣,他们都翻来覆去,辗转不安。既然李辅国掌握的专门保卫皇帝的六军对玄宗及其左右的人不满,无疑这对肃宗是很大的威胁。肃宗表示他不相信玄宗会对他有什么不利的活动。李辅国进一步煽动肃宗道:太上皇固然不会对你不利,但他周围的群小就不一定了。"陛下为天下主,当为社稷大计,消乱于未萌,岂得徇匹夫之孝!"李辅国还说:兴庆宫与民宅互相交错,宫墙浅露,不适合于太上皇居住,太极宫深严,使太上皇居住,与兴庆宫没有什么区别,又可以杜绝小人的逸言。

当肃宗还不相信李辅国的时候，李辅国就进一步采取实际行动了。最初，兴庆宫有马300匹，可供玄宗使用，李辅国就伪称肃宗之命，将马大量的牵走，最后只剩下10匹。玄宗无可奈何，只得对高力士哀叹道："吾儿为辅国所惑，不得终孝矣。"① 更为甚者，李辅国还命六军将士，号哭叩头，要求将玄宗迁到太极宫。不管肃宗内心如何，表面上他还是悲泣不允。

李辅国的一再要求，得不到肃宗的支持，他当然感到惶恐不安，恰逢肃宗生病，于是，他于七月十九日伪称肃宗之意，迎玄宗出游太极宫，待玄宗行至睿武门（在兴庆宫长庆殿北），李辅国突然率军500骑，拦道奏曰：皇帝因兴庆宫低下狭小，请太上皇迁居太极宫。显然，这是武力劫持。玄宗大吃一惊，几乎从马上摔下来，高力士十分气忿，挺身而出，怒斥李辅国无礼。李辅国虽然被迫下马，但他还是寸步不让，软硬兼施的把玄宗迁到了太极宫，负责侍卫玄宗的数十人，都是老弱病夫。玄宗的亲信陈玄礼、高力士以及原有的宫人，都不许留在玄宗身边。不难看出，玄宗被孤立而软禁起来了。

木已成舟，李辅国与六军大将装模作样的去向肃宗请罪。眼看六军掌握在李辅国手中，他无力改变现实；同时，玄宗被软禁起来，也利于他在政事上自作主张，故而他顺水推舟，安慰李辅国道："南宫（兴庆宫）、西内（太极宫），亦复何殊！卿等恐小人荧惑，防微杜渐，以安社稷，何所惧也！"②

李辅国把玄宗迁到太极宫，既然得到了肃宗的认可，他就

---

①《资治通鉴》卷221，上元元年六月。
②《资治通鉴》卷221，上元元年七月。

更加肆无忌惮了。当刑部尚书颜真卿要求和百官同去问候太上皇的生活情况时，李辅国立即表示极大的不满，很快把颜真卿贬为蓬州（治所在今四川仪陇南）长史。接着，就把玄宗身边的亲信全都进行了处理。高力士被流放巫州（治所在今湖南黔阳西），内侍王承恩被流放播州（治所在今贵州遵义），魏悦被流放溱州（治所在今重庆綦江东南），左龙武大将军陈玄礼被迫辞官退休。常在玄宗身边的宫女如仙媛也被迫出居归州（治所在今湖北秭归）；睿宗女玉真公主也常在玄宗左右，这时也被迫出居玉真观（在长安辅兴坊西南隅）。玄宗周围都换成了肃宗的宫女。最初，肃宗还亲自前往太极宫问安，不久，肃宗生病，不再前去探望，玄宗更感到孤独凄凉。这种郁郁寡欢的心情，再加年高体弱，玄宗也就日益龙体欠安了。

通过高力士与李辅国的冲突，可以看出玄宗与肃宗必然有难以共处的矛盾。玄宗地位的改变，不仅他自己失落感颇为严重，同时，也直接影响他周围的亲信们有大失所望之感。陈玄礼在马嵬发动兵变，杀死杨国忠，决不是轻举妄动，必然有所更高的期望；高力士等宦官在危难之际追随玄宗奔赴成都，也决不只是为了尽奴才的义务，必然还有更多的追求。随着玄宗地位的改变，他们的一切期望和追求都成了泡影。因此，李辅国惑疑他们和外界接触较多是别有用心，也不一定是无中生有。肃宗最后同意李辅国迫使玄宗迁居太极宫，实际上就是清除玄宗有复辟可能的疑虑。这个问题的存在，当然影响肃宗不能专心致志的平叛。

其二，刘展反唐，战乱殃及江淮

安禄山叛乱以来，中原、河北一带频遭战乱之灾，唐政府的财政来源主要依靠江、淮一带。这时，也就是肃宗与玄宗的关系难以解决，史思明统治集团内部的矛盾日益激化的时候，又发生了刘展反唐的战争。这场战争，给江、淮一带也带来了沉重的灾难。

上元元年（760）十一月，当时任御史中丞的李铣和宋州刺史刘展，都领淮西节度副使。李铣贪暴不法，刘展刚愎自用。他们的顶头上司节度使对他们甚为不满。于是，节度使王仲昇首先加罪名于李铣，奏请肃宗，将其斩首。然后，又借口有谣言"手执金刀起东方"，指责刘展"倔强不受命，姓名应谣谶（因劉字中包含有金刀）"①，应当将其除掉。王仲昇指示其监军使、内左常侍邢延恩按他的意思上奏肃宗。

邢延恩向肃宗建议道：刘展与李铣是同一类人，现在已经杀了李铣，刘展必然感到不安，若不把他除去，恐怕他要叛乱。然而刘展手握强兵，宜用计使其就范。可命他为江淮都统，代替李峘，待他离开强兵去赴任时，中途将他除掉。肃宗接受了这个建议，命刘展为都统淮南东、江南西、浙西三道节度使。同时，又秘密通知原都统李峘及淮南东道节度使邓景山伺机袭杀刘展。

始料不及，刘展接到皇帝的任命后，颇为惑疑，他回忆自己参军数年就升到刺史，已经算是暴贵了，江、淮一带，是国家租赋的来源，自己没有特殊的功劳，又不是皇亲贵贤，怎能被这样重用呢？于是，他感疑有人在陷害他，故而悲泣不止。邢延恩虽然一再恳切的劝其赴任，但还是不能解除他的疑虑。最后，刘展提出先拿到印节，再去上任。邢延恩无可奈何，只得去广陵（今江苏扬州）与李峘密谋策划，取李峘印节授与刘

---

①《资治通鉴》卷221，上元元年十一月。

展。刘展得了印节，才放心赴任，率宋州（治所在今河南商丘）兵7000千人，前往广陵。

邢延恩提前又回广陵，与李峘、邓景山共同发兵拒绝刘展前往广陵，同时，又向各州县发布檄文，宣布刘展造反。刘展针锋相对，也向各州县发布檄文，宣布李峘造反。双方互相指责对方造反，各州县官民不知内情，无所适从。军事上的较量就不可避免了。

李峘引兵渡江而南，与润州（治所在今江苏镇江）刺史韦儇、浙西节度使侯令仪，屯兵京口（今江苏镇江），邓景山屯兵徐城（今江苏盱眙西北）。刘展首先使其将孙待封、张法雷进攻邓景山，邓景山虽有万人之众，但和刘展军一触即溃，邓景山与邢延恩逃奔寿州（治所在今安徽寿县）。

刘展进入广陵后，遣其将军屈突孝标率兵3000人进攻濠州（治所在今安徽凤阳东北）、楚州（治所在今江苏淮安）、又派将军王暅率兵4000进攻淮西（即淮南西道）。结果，屈突寿标顺利攻取濠州、楚州，王暅先后攻陷舒州（治所在今安徽潜山）、和州（治所在今安徽和县）、滁州（治所在今安徽滁州）、庐州（治所在今安徽合肥），所到之处，唐军望风披靡，江、淮之间，横行无阻，刘展暂时取得很大胜利。

李峘插木以塞江口，欲固守京口，刘展屯军白沙（今江苏扬州西），又设疑兵于瓜洲（在白沙东），疑兵多张火、鼓，好像要进攻京口的险要之地北固山。李峘看到这些情况，更加全力以赴，固守京口。不料，刘展于京口上流渡江，袭取下蜀（在今江苏句容）。下蜀在京口西南，正当李峘注意江北的时候，刘展军突然出现在京口西南。这种出乎所料的态势，使李峘军惊慌失措，全军溃乱，李峘束手无策，逃往宣城（今安徽宣城)。刘展很快攻陷润州。浙西节度侯令仪看到唐军连吃败仗,形势不利,遂将后事委托于兵马使姜昌群,自己溜之大吉。姜昌群很快向刘展投降,战争的进展,对刘展更为有利,刘展又很快取得金陵(今江苏南京),势力范围进一步扩大。

邓景山、邢延恩的一再失败,又无力挽回败局,只得向肃宗要求派遣田神功救援淮南,同时,又直接和田神功联系,答应田神功军所到之处,金帛子女任其所取。田神功喜出望外,遂率军南下。

田神功是平卢节度都知兵马使,兼鸿胪卿,史思明渡河进攻汴州时,他曾一度投降史思明。又久,又乘机杀敌立功,归附唐军。这时,他屯兵任城(今山东济宁)。既然有邓景山、邢延恩之约,又有肃宗的命令,更有淮南物质财富的诱惑,他就毫不犹豫地向淮南进军了。

由于田神功"于郑州破贼四千余众,生擒逆贼大将四人,牛马器械不可胜数"。[1] 所以,刘展闻知田神功南进,颇为惊惧,遂选精兵2000,渡淮北进,于都梁山(在今江苏盱眙)袭击田神功,结果失败。刘展退至天长(今江苏天长),又一次战败,刘展独与一骑逃往江南。田神功到达广陵与楚州,"大掠居人资产,鞭笞发掘略尽,商胡大食、波斯等商旅死者数千人"。[2] 当时的广陵(今江苏扬州),是运河和长江的交汇点,楚州(今江苏淮安)是运河和淮河的交汇点,交通非常方便,商业十分发达,居住有许多外国商人。田神功为了掠夺物质财富,对当地居民中稍有资产者,都严刑拷打,逼其交出财

---

[1]《旧唐书》卷124《田神功传》。
[2]《旧唐书》卷110《邓景山传》。

富,外国人也不放过,大食、波斯商人为此而死者数千人。由此可见,田神功进攻淮南的目的主要是为了掠夺财富,他在淮南犯下了不可饶恕的滔天之罪。

上元二年(761)正月,田神功兵分三路,一路由范知所率领,从广陵以西的白沙(今江苏扬州西)渡江,一路由邓景山率领,从广陵以东的海陵(今江苏泰州)渡江,另一路是田神功与邢延恩从瓜洲(在白沙东)渡江,对刘展所在京口形成了包围形势。刘展力战不胜,最后战败负伤被杀。田神功取得胜利后,又在江南大肆抢掠十多天,"安、史之乱,乱兵不及江、淮,至是,其民始罹荼毒矣"。①

从上元元年(760)十一月到上元二年(761)正月,在这3个月的时间里,刘展被迫反唐,田神功进军江、淮,使原来安、史叛乱未曾波及的地方江、淮一带,也遭到沉重的战争灾难。江、淮一带,是当时唐政府的财政来源之地。刘展占据这一地区,必然威胁唐政府的财政来源。所以,尽管田神功在这里大肆抢掠,给广大人民甚至外国商人造成生命财产的巨大损失,但肃宗还是对他大加奖励"以擒展功,累迁检校工部尚书、兼御史大夫、汴宋等八州节度使"。②

刘展反唐的战争,不仅影响了唐政府的财政,还使唐政府投入了大量的军队。中原,江、淮一带相当的军队加入这场战争,必然削弱平定史思明、史朝义叛乱的力量,延缓平定叛乱的进程。

其三,李辅国专权,肃宗病逝

---

①《资治通鉴》卷222,上元二年正月。
②《旧唐书》卷124《田神功传》

玄宗被迫迁居太极宫后，李辅国的权力愈来愈大。上元二年（761）八月，肃宗命李辅国为兵部尚书，当他去上任时，宰相百官都为他送行，皇帝的御厨也为其设宴，还有人奏乐，隆重异常。但他还不满足，他还要求做宰相，他暗中启发仆射裴冕向肃宗推荐他为宰相。肃宗虽然非常不满，但也不愿公开拒绝，遂秘密告诉宰相萧华："辅国求为宰相，若公卿表来，不得不与。"当然，这是要宰相不要推荐李辅国。萧华了解裴冕的态度，裴冕表示："初无此事，吾臂可断，宰相不可得！"①肃宗为萧华、裴冕不愿推荐李辅国为相而感到高兴。但是，李辅国却对萧华恨之入骨，他诬奏萧华专权，请罢其相；肃宗不允，他再三要求，肃宗只得以户部侍郎元载取代了萧华。元载是李辅国推荐的。由此可见，肃宗在一定程度上是受李辅国左右的。

肃宗在上元元年（760）六月就开始有病了，李辅国就是乘其有病之机假称肃宗之命迫使玄宗迁居太极宫的。到宝应元年（762）三月，肃宗已经卧床不起了。四月初五，玄宗去世，群臣发哀于太极殿，肃宗不能亲自参加，只得发哀于内殿。肃宗比玄宗年轻26岁，但在玄宗去世的时候，他也感即将不久于世，遂命太子监国，准备撒手而去了。

在肃宗面临末日的时候，宫廷内部又起风波。肃宗的张皇后欲废太子李豫，另立越王系。宦官李辅国、程元振发动兵变，逮捕越王系与张皇后。四月十八日肃宗去世后，张皇后、越王系被李辅国所杀。四月二十日，李豫即位，这就是庙号代宗的又一代皇帝。

---

①《资治通鉴》222，上元二年八月。

以上事实，都发生在史思明进入洛阳，史朝义谋杀史思明前后。唐统治集团内部矛盾重重，分散了朝廷平定叛乱的精力，不能全力以赴的发动大规模的军事行动，推迟了彻底平定了叛乱的日期。反之，在叛军内部，由于史朝义谋杀史思明的动乱，也使其统治集团内部陷入错综复杂的矛盾之中，故而无力再继续西进，缓和了长安再度沦陷的危机。

3 李光弼、郭子仪东山再起

唐在平定安禄山、史思明的叛乱中，李光弼、郭子仪都发挥了非常重要的作用。尽管他们是智勇兼备的军事将领，但由于肃宗轻信宦官，对他们不能坚信不疑，所以，他们都是有起有落，未能始终受到重用。郭子仪自乾元二年（759）邺城作战失利后，肃宗轻信鱼朝恩，将其闲置于京。上元二年（761），肃宗又轻信鱼朝恩，反攻洛阳失败，使李光弼上表请求处分，结果李光弼被免去副元帅的职务。这些能够发挥作用的将领被闲置不用，必然影响平叛战争的顺利进行。

在战争紧张的进行中，有军事才能的人是不可能长期被埋没的。这些人虽然常遭猜忌，但他军事才能的魅力又促使最高统治者不得不加以重用。正因为如此，李光弼于上元二年（761）三月被免去天下兵马副元帅的职务，五月就又被任命为河南副元帅、太尉兼侍中，都统河南、淮南东、淮南西、山南东、荆南、江南西、浙江东、浙江西八道行营节度，出镇临淮（即泗州，治所在今江苏盱眙北）。这就是说，李光弼虽被解除了洛阳前线的职务，但又被安排在泗州，负责东南一带的军务。

乾元二年（759）七月，郭子仪回到长安，一直到上元元年（760）九月，郭子仪都闲住在京师。有人向肃宗建议，史思明叛乱尚未平定，不应把郭子仪置于闲散之地。于是，肃宗命郭子仪率军从朔方直取范阳，平定河北一带。这项举措，肯定有效。在安禄山攻陷洛阳后，郭子仪与李光弼从河东出井陉，在常山大败叛军，使安禄山受到很大震动。这时，史思明占据洛阳，如果使郭子仪再去夺取史思明的基本地盘，也必然使史思明不能稳坐洛阳。但是，由于鱼朝恩从中作梗，肃宗的命令不能得到执行。

到了宝应元年（762）二月，由于绛州（治所在今山西新绛）、太原等地驻军内部发生变乱，才不得不再次起用郭子仪。

驻守绛州的军事统帅是李国贞。李国贞原名李若幽，是唐初淮安王李神通的玄孙。史思明逼近洛阳时，他是河南尹，李光弼退出洛阳，他和洛阳的官吏寓居于陕州。上元二年（761）八月，肃宗命他为朔方、镇西、北庭、兴平、陈郑等节度行营及河中节度使，驻守绛州，并赐其名国贞。他到任后，又加其官职为河中、晋、降、慈、隰、沁等州观察处置等使。

绛州平时没有任何积蓄，当地百姓也十分困难，军队缺粮，不易筹集。李国贞屡次把这些情况上报朝廷，朝廷都置之不理。于是，军中怨声载道，议论纷纷。突将（即领骁勇驰突之士者）王元振野心勃勃，欲利用这个机会，混水摸鱼。他假传李国贞的命令说：要为都统（指李国贞）修建住宅，大家各自准备工具，待命行动。这个假命令颇有煽动性，士卒们信以为真，忿怒异常地骂道：难道我们是修宅夫吗！王元振乘众人万分激动之际，率其党徒烧毁牙城（李国贞住地）门，欲杀李国贞。李国贞莫明其妙，被左右藏于狱中，不料，又被搜出，王元振指着士卒们的食品说：吃这样的东西，去为你修宅，能行吗？李国贞答道：根本没有为我修宅这件事，至于军粮缺乏，我已屡次上奏朝廷，大家都是知道的。士卒们听说根本没有为李国贞修宅的事，怨气已消，准备散去。王元振看到阴谋已经败露，遂又煽动众人道：今日之事，不可犹豫，不是都统死，就是我们死。说罢，拔刀就杀了李国贞。参与此事的主要是朔方兵。在这件事情的影响下，住于翼城（今山西翼城，属绛州管辖）的镇西、北庭兵也杀了节度使荔非元礼，另推裨将白孝德为节度使，朝廷只得顺水推舟，承认了白孝德的地位。

乾元二年（759）七月，李光弼取代了郭子仪为天下兵马副元帅，原潞沁节度使王思礼就接替了李光弼河东节度使的职务。王思礼重视储备军粮，除了军用之外，他还节余米百万斛之多。为了解决京师的吃粮问题，他还向长安运米50万斛。

王思礼死了以后，管崇嗣为节度使。管崇嗣大手大脚，管理松弛，数月之久，就把存粮挥霍完了，只剩下陈腐米1万余斛。肃宗知道后，免去他的职务，另以邓景山为河东节度使。邓景山到了太原，认真检查存粮的出入情况，那些徇私舞弊者自然提心吊胆，有一裨将当治死罪，诸将为其求情，邓景山不允；其弟请求代替兄死，邓景山也不答应；其弟又要求用一匹马赎罪，邓景山同意了。邓景山此举，非同小可，迅速激怒了诸将，这些人怒不可遏地骂道：我们还不如一匹马吗！于是，他们杀了邓景山。肃宗觉得众怒难犯，遂以邓景山处置失当为由，不追究杀邓景山者的责任，并派遣使臣慰抚将士。诸将推荐代州刺史辛云京为河东节度使，肃宗也只得顺从其意。

在同一个月内，均在河东道的太原、绛州接连发生兵变，朝廷自然感到忧虑，如果这两地与叛军发生联系，对朝廷必然形成更大的威胁。于是,朝廷欲选择一位有才能、有威望的将领去统率这两地的军队,郭子仪正符合这种要求。

宝应元年(762)二月二十一日,肃宗命郭子仪为汾阳王,知朔方、河中、北庭,潞泽节度行营兼兴平、定国等军副元帅,又发京师绢4万匹、布5万端、米6万石以给绛州驻军。显然,这是软硬兼施,既派去一个强有力的将领,又从物质上进行安慰,绛州的问题必然迎刃而解。

三月十一日,郭子仪将赴绛州,当时肃宗重病在身,群臣不能进见。郭子仪恳切的要求道:"老臣受命,将死于外,不见陛下,目不瞑矣。"肃宗召郭子仪于卧室中道:"河东之事,一以委卿。"① 看来,肃宗对郭子仪抱有很大的希望。

本来,驻守绛州的朔方兵就是郭子仪原来的部下。郭子仪治军宽厚,颇得将士们好感。所以,郭子仪来到绛州,有较好的群众基础。原来,朔方兵对李国贞不满,是因为李国贞没有解决军粮问题;王元振乘机作乱,是为了发展个人野心。郭子仪到了绛州,王元振的野心难以实现,他遂摇身一变,以众人代表的面目出现,以功臣自居。不料,郭子仪如实了解情况,毫不客气的对王元振说:"汝临贼境(指绛州距河南叛军住地很近),辄害主将,若贼乘其衅,无绛州矣。吾为宰相,岂受一卒之私邪!"② 五月初二,郭子仪收王元振及其同谋者40人,全部处死。在郭子仪的影响下,河东节度使辛云京也杀了谋杀邓景山者数十人。这样一来,河东一带的军事秩序才正常化了。

---

① 《旧唐书》卷120《郭子仪传》。
② 《资治通鉴》卷222,宝应元年四月。

郭子仪直接处理了绛州的问题，在他的影响下，太原也稳定下来。勿庸置疑，这对唐政权的巩固发挥了积极作用。

宝应元年（762）四月二十日代宗即位，由于郭子仪稳定了河东的形势，遂于七月十五日命郭子仪都知朔方、河东、北庭以及潞、仪、泽、沁、陈、郑等州节度行营及兴平等军副元帅。八月二十三日，郭子仪回到长安。当时颇有权势的宦官程元振忌妒郭子仪功高任重，多次在代宗面前诋毁郭子仪。郭子仪自感难以久胜重任，遂上表请求解除副元帅、节度使的职务，虽然代宗对其慰抚，但又一次被闲置于京师了。这种有才能有威望的军事人才不能充分发挥作用，必然延缓平定叛乱的进程。也可以说，郭子仪、李光弼等重要将领能否站在重要岗位上，直接影响着平定叛乱的效果。

十六　安禄山、史思明与洛阳

唐代洛阳的地位非常重要，当时，人们常把洛阳和长安相提并论，合称"两京"或"两都"。事实上洛阳和长安具有同样重要的作用，都城长安很难离开洛阳而存在。正因为如此，安禄山攻破洛阳后，很快建国称帝，自认为已经可以取代唐朝廷了。这种心理上的满足，使其很快由盛而衰，安庆绪杀了安禄山，被迫退出洛阳。史思明再次进据洛阳，又走安禄山的老路，改元以示至尊；又和安禄山一样，也被其子所杀、同样退出洛阳。表面看来，好像洛阳的风水对安禄山、史思明不利，实际上是政治、军事、地理、人的心理等各种因素决定的，既有偶然的因素，也有必然的条件。

1　洛阳具有京师的作用

唐代的洛阳屡易其名，隋末称东都，唐贞观六年（632）称洛阳宫，显庆二年（657）复称东都，光宅元年（684），武则天欲改朝换代，改名神都。神龙元年（705），中宗复辟，又称东都。天宝元年（742），改称东京，宝应元年（762），又改为东都。不管是东都，神都，还是东京，都说明洛阳具有都城的地位。开元二十一年（733），玄宗改原来的全国十道为十五道，同时增加了以长安为中心的京畿道和以洛阳为中心的都畿道，京和都有相同的含义，也就是京城和都城的意思。由此看来，在唐人的心目中，洛阳和长安有同样重要的地位。正因为这样，高宗曾对臣下说："两京朕东西二宅，来去不恒。"①

洛阳的地位非常重要不是偶然的。从军事上说，洛阳是长安的屏障。长安以东的险要关口是函谷关和潼关，洛阳是关东的据点，可驻重兵，遇险时四方来援颇为方便。因而，洛阳是否巩固与长安的安危直接相关。

隋朝末年，杨玄感乘隋炀帝进攻高丽之机，起兵反隋。杨玄感与李密商讨反隋大计时，李密认为"袭取东都"，可以"号令四方"；但缺点是若"百日不克，天下之兵四面而至"，容易失败。杨玄感只看到有利的一面，所以，他认为"今百官家口并在东都，若先取之，足以动其心。"② 反之，他忽视了隋军可以"四面而至"的不利方面。于是，他全力进攻洛阳，结果遭到失败。杨玄感进攻洛阳的失败，隋的大兴城（长安）自然安全无恙。

后来，以李密为首的瓦岗军进攻洛阳。在紧急关头，南游江都的隋炀帝速调关中的监门将军庞玉、虎贲郎将霍世举，江都通守王世充，涿郡留守薛世雄，还有河北大使太常少卿韦霁，河南大使虎牙将郎王辩等，从四面八方共援洛阳，使瓦岗军攻取洛阳又陷入旷日持久的深渊。李渊从太原起兵，正要进军长安。李密错误的估计了形势，致书李渊，要求李渊推他为天下盟主。李渊老谋深算，正想利用李密牵制洛阳的隋军，所以，他以"卑词推奖以骄其志"的手段，大肆吹捧李密。有人

---

① 《太平御览》卷156《州郡部二》引《两京记》。
② 《资治通鉴》卷182，大业九年六月。

不理解李渊的用意，李渊劝导他们说：李密"为吾拒东都之兵，守成皋之阨，更觅韩、彭，莫如用密。"这样，我就可以顺利入关，"据蒲津而屯永丰，阻崤函而临伊洛"。① 这就是说，由于李密牵制洛阳隋军不能援救大兴城，给李渊提供了取而代之的机会。

武德四年（621），李世民率唐军进攻洛阳的王世充，王世充求援于河北的窦建德。窦建德率军南进，在虎牢关（在今河南荥阳西）与唐军屡战失利，于是，国子祭酒凌敬建议说："大王悉兵济河，攻取怀州、河阳，使重将守之，更鸣鼓建旗，踰太行，入上党，徇汾、晋，趣蒲津，如此有三利：一则蹈无人之境，取胜可以万全；二则拓地收众，形势益强；三则关中震骇，郑围自解。"② 这就是说，凌敬建议窦建德北渡黄河，攻取今河南北部的沁阳、孟县，派重要将领驻守，然后越过太行山，进至今山西的介休、临汾，最后占据永济。这样做有三种好处，其中之一，就是可使关中受到威胁，解除洛阳被唐军包围的危机。这种分析，有相当道理。山西的永济，位于洛阳和长安之间，如果窦建德真的占领永济，必然对长安形成威胁。既然威胁长安就可解洛阳之围，这又说明洛阳与长安的关系十分密切。李渊以长安为京师，必然进一步夺取洛阳。

武德九年（626）的玄武门之变前夕，"秦王世民既与太子建成、齐王元吉有隙，以洛阳形胜之地，恐一朝有变，欲出保之，乃以行台工部尚书温大雅镇洛阳，遣秦府车骑将军荥阳张亮将左右王保等千余人之洛阳，阴结山东豪杰以俟变，多出金

---

① 《大唐创业起居注》卷2。
② 《资治通鉴》卷189，武德四年四月。

帛，恣其所用"。① 不难看出，当李世民将要发动政变的时候，派其亲信镇守洛阳的目的有两个方面：一方面是安排军事上的外援，另一方面是争取山东豪杰的支持。这说明洛阳的地位和李世民做皇帝密切相关，李世民在洛阳的有关部署，是他在长安发动政变的组成部分。

从经济上说，洛阳和长安的关系更为密切，长安更不可能离开洛阳而存在。关中虽然素有"天府之国"②之称。但由于关中范围不大，从经济上难以支持长安的需要。所以，唐初就需要从关东运粮到长安。最初，每年运粮有限，也不过一二十万石。高宗以后，由于长安的需求量愈来愈大，所运之粮往往供不应求，于是，皇帝和百官常常要到洛阳去就食。例如，永淳元年（682），高宗因为关中缺粮，长安发生粮荒，1斗米值300钱，所以决定去洛阳就食，由于"出幸仓猝，扈从之士有饿死于中道者"。③ 在长安粮荒如此严重的时候，皇帝与百官都到洛阳去就食，正说明长安不能离开洛阳而存在了。

武则天欲定都洛阳，改东都为神都，又在洛阳立武氏七庙，立七庙，是古代帝王的特殊权利。为了进行宗法统治，古代帝王都供奉其七代祖先。后来，七庙就成了封建王朝的代称。武则天于洛阳立武氏七庙就是要以洛阳代替长安，武氏代替李氏。武则天欲以洛阳取代长安的地位，无疑说明洛阳具有京师的作用。

武则天定都洛阳，固然有其政治用意，但经济问题也是不

---

①《资治通鉴》卷191，武德九年六月。
②《隋书》卷70《李密传》。
③《资治通鉴》卷203，永淳元年四月。

可忽视的原因。因为高宗去洛阳就食的往还之苦,因为她随同前往,必然也有亲身体会,所以,为了不再经受往返途中的辛劳,也应是她定都洛阳的经济原因。

武则天退位,中宗复辟后,又遇到了同样的困难。景龙三年(709),关中又发生饥荒,米价昂贵,运输山东、江、淮一带粮到长安,付出了很大代价,群臣又请中宗去洛阳就食。由于中宗的韦后"不乐东迁",故而中宗发怒道:"岂有逐粮天子邪!"① 中宗不愿当"逐粮天子",就只有付出更大的代价,从关东运粮。从关东运粮,必然经过洛阳。这又说明,长安的经济生活有依赖洛阳的一面。

开元年间(713—741),玄宗也多次往返于洛阳和长安之间,京兆尹裴耀卿向玄宗奏道:"臣以国家帝业本在京师,万国朝宗,百代不易之所。但为秦中地狭,收粟不多,傥遇水旱,便即匮乏。往者贞观、永徽之际,禄廪数少,每年转运,不过一二十万石,所用便足,以此车驾久得安居。今升平日久,国用渐广,每年陕洛漕运,数倍于前,支犹不给。陛下数幸东都,以就贮积,为国大计,不惮劬劳,皆为忧人而行,岂是故欲来往。"② 非常明显,裴耀卿首先说明了玄宗往返洛阳与长安的必要性,接着,又赞扬玄宗去洛阳就食的目的是"为国大计",是"为忧人而行"。所以,他不怕辛劳,"数幸东都",决不是随意的来往。这一切说明,把洛阳和长安相提并论,合称"两京"或"两都",决不是无中生有,而是有实际内容的。

---

①《资治通鉴》卷209,景龙三年十二月。
②《通典》卷10《食货十·漕运》。

2 洛阳是唐与安禄山、史思明争夺的主要目标

天宝十四年（755）十一月，安禄山从范阳（今北京）起兵，公开叛唐。叛军15万，号称20万，长驱南下，直趋洛阳。本来，在举兵南下的路线问题上，叛军内部是有分歧的。将军何千年曾经建议：可"令高秀岩以兵三万出振武（今内蒙古托克托），下朔方（今陕西横山西），诱诸蕃，取盐（今陕西定边）、夏（今陕西横山西）、鄜（今陕西富县）、坊（今陕西黄陵）；使李归仁、张通儒以兵二万道云中（今山西大同），取太原（今山西太原），团弩士万五千入蒲关（在今山西永济），以动关中；劝禄山自将兵五万梁河阳（今河南孟县），取洛阳；使蔡希德、贾循以兵两万绝海收淄（今山东淄博南）、青（今山东益都），以摇江、淮；则天下无复事矣。"① 按照这个计划，安禄山应兵分三路，西从关内道、河东道进攻长安；中从河北道进攻洛阳；东从河南道东部南进江、淮。要实现这个计划，三路大军必须互相配合，协同作战。但由于安禄山集团内部矛盾重重，很难步调一致，统一行动；况且，这样行动也兵力分散，容易被分别击破，故而安禄山没有采纳。但这个计划的主要矛头是指向洛阳的。因为中路大军由安禄山亲自率领，而且兵力最强。后来，安禄山的实际进军路线就是由河北道南下，直接指向洛阳的。

---

① 《新唐书》卷225上《安禄山传》。

安禄山叛乱的消息传到长安,玄宗大为震惊,急忙于华清宫召见安西节度使封常清,商讨对策。封常清陈述自己的意见道:"禄山领凶徒十万,径犯中原,……臣请走马赴东京,开府库,募骁勇,挑马箠渡河,计日取逆胡之首悬于阙下。"①玄宗相信了封常清,对其勇于挑负重担的态度大加赞赏,遂以封常清为范阳节度使,使其募兵迎击安禄山。封常清立即赶赴洛阳,募集6万余人,斫断河阳桥,部署加强防务,准备固守洛阳。玄宗和封常清首先考虑洛阳的安危,正说明洛阳的地位与唐朝廷的存在息息相关。

十二月,安禄山从灵昌(今河南卫辉东)渡河,攻陷陈留(今河南开封东南)后,又西向荥阳(今河南荥阳)。封常清于武牢(即虎牢,在今河南荥阳西)和安禄山相战,唐军大败。封常清退守洛阳,安禄山又经巩县(今河南巩义)、偃师(今河南偃师),直逼洛阳,洛阳一战,唐军又败,洛阳遂为叛军所有了。

安禄山占据了洛阳,自以为大功告成,遂准备建国称帝。史书记载:"贼之据东京,见宫阙尊雄,锐情僭号,故兵久不西,而诸道兵得稍集。"② 这就是说,安禄山到达洛阳后,看到皇帝的宫殿阙楼非常雄伟,十分羡慕,他遂准备建国称帝,故而缓兵西进,给唐征集军队提供了机会。当然,安禄山早有做皇帝的野心,这时,在洛阳宏伟的宫殿阙楼影响下,立即就想利用洛阳的条件称帝,可见,洛阳确有都城的作用。

从唐朝廷来说,玄宗知道了洛阳失守的消息后,急忙命河

---

①《旧唐书》卷104《封常清传》。
②《新唐书》卷225上《安禄山传》。

西、陇右节度使哥舒翰统兵8万，再加上其他各部，号称20万大军，反攻洛阳。玄宗也亲自发布命令"天下四面进兵，会攻洛阳"。①

安禄山攻占洛阳，要在洛阳建都称帝；唐失去洛阳，要组织力量，从敌人手中夺回洛阳。这种针锋相对的斗争，正说明洛阳对双方都很重要。

在这期间，唐南阳节度使鲁炅统率岭南、黔中、襄阳军5万人，于叶（今河南叶县南），防止安禄山部南下；安禄山子安庆绪进攻潼关受挫；平原（今山东平原）太守颜真卿坚决抗击叛军；还有雍丘（今河南杞县）的张巡，睢阳（今河南商丘）的许远，都牵制了安禄山相当一部分军队。特别是郭子仪、李光弼在常山（今河北正定）一带大败史思明，导致"河北十余郡皆杀贼守将而降"。面临这种形势，安禄山大为恐慌，准备放弃洛阳，回到范阳。其部将田乾真劝阻道："自古帝王经营大业，皆有胜败，岂能一举而成！"② 接着，又讲了安禄山的许多优势，才使安禄山稳定下来。这就是说，安禄山要像古代帝王一样，"经营大业"，就不应该放弃洛阳。这把洛阳和"帝王经营大业"联系起来，认为放弃洛阳就等于放弃帝位，实际上这就是安禄山最后决定固守洛阳的关键所在。

至德二年（757），唐军反攻长安，肃宗为了鼓励回纥帮助唐军打败叛军，特向回纥许诺："克城之日，土地、士庶归唐，金帛、子女皆归回纥。"九月，攻克长安后，回纥欲履行肃宗的诺言，抢掠金帛、子女，广平王李俶（即后来的代宗）为了

---

①《资治通鉴》卷217，天宝十四年十二月。
②《资治通鉴》卷218，至德元年五月。

笼络民心，要求回纥叶护可汗道："今始得西京，若遽俘掠，则东京之人皆为贼固守，不可复取矣，愿至东京乃如约。"不难看出，唐军的下一步行动就是夺取洛阳；劝阻回纥抢掠长安，就是为夺取洛阳做好准备。十月，唐军攻克洛阳后，李俶为了防止回纥大肆抢掠，特以"罗锦万匹以赂回纥"。① 事实证明，唐朝廷是把洛阳和长安同样看待，把二者都视为京都，只不过是分别称谓西京和东京罢了。

安庆绪取代安禄山后，仍然固守洛阳。当唐军东进时，安庆绪发动洛阳全部步骑兵共15万人，抗击唐军，新店（在今河南陕县西）一战，叛军大败，"僵尸遍山泽"。可见，安庆绪为守卫洛阳付出了很大代价。这次失败，迫使安庆绪退出洛阳。十一月，郭子仪从洛阳回到长安，因其收复两京有功，肃宗非常感激的说："虽吾之家国，实由卿再造。"② 肃宗把收复两京视为家国的复兴；司马光在评论唐军收两京的功绩时说："肃宗遭唐中衰，幸而复国。"③ 这都说明洛阳和长安一样，都是国家的象征。反之，安庆绪自感"弃失两都"，万分羞愧；史思明也指责安庆绪"弃失两都"④ 和杀父夺取帝位是其两大罪状。由此可见，在安庆绪和史思明的心目中，洛阳和长安也是应当相提并论的。正因为如此，双方都大力争夺洛阳也就是很自然的事了。

乾元二年（759）三月，史思明杀安庆绪，自称大燕皇帝。

---

① 《资治通鉴》卷220，至德二年九月、十月。
② 《归唐书》卷120《郭子仪传》。
③ 《资治通鉴》卷220，乾元元年十二月。
④ 《资治通鉴》卷221，乾元二年三月。

九月，又挥兵南下，兵分四路渡河，会合于汴州（今河南开封），然后西向进攻洛阳。唐军统率李光弼与诸将商讨对策，东京留守韦陟主张放弃洛阳，退守潼关；还有人主张"东京帝宅"，应当固守。李光弼认为，放弃洛阳，退兵数百里，必然影响士气；固守洛阳，必须在洛阳外围的要地部署防御力量，兵力分散。他主张移军河阳（今河南孟县），胜可前进，败则依靠泽州（治所在今山西晋城）、潞州（治所在今山西长治）。李光弼称此谓"猿臂之势"①，也就是可伸可缩的对策。不管哪一种对策，都与洛阳的存亡直接相关。最后，李光弼还是按照自己的想法行动，在史思明兵至偃师时，李光弼按计划移军河阳。叛军与唐军虽然首尾相接，但因唐军是有秩序的转移，叛军不敢轻易前进，更不敢进洛阳城，而是暂时驻军于白马寺，一直到第二年（760）闰三月，史思明才进入洛阳。由此看来，李光弼的对策是非常有效的。同时也可以看出，在双方的较量过程中，不管是政治手段还是军事行动，都是在围绕着洛阳的得失而发挥作用的。

以上情况说明，史思明进攻洛阳与安禄山进攻洛阳截然不同。安禄山进攻洛阳，唐军狼狈不堪地溃退，损失极其惨重；史思明进攻洛阳，唐军为保存实力而有计划的转移，随时准备反攻。史思明不敢轻易进驻洛阳，更不敢西进夺取潼关，正因为李光弼大军实力尚强，随时有反攻洛阳的可能。总之，双方都虎视眈眈，时刻准备吃掉对方。洛阳的形势，剑拔弩张，唐军与叛军都想据有这块与自己存亡相关的宝地。

经过反复较量，李光弼与史思明互有胜负。由于叛军内部

---

① 《旧唐书》卷110《李光弼传》。

矛盾激化，史思明被其子史朝义所杀；史朝义做了皇帝，其实力在内部矛盾中进一步削弱。同时，唐又借助回纥的力量反攻洛阳。宝应元年（762）十月，唐军再克洛阳，史朝义东经濮州（今山东鄄城）渡河北去。从此，一蹶不振，到广德元年（763）正月，在穷途末路中被杀，安史之乱就结束了。

3 洛阳的得失与安禄山、史思明的兴亡

安禄山、史思明先后都曾取得洛阳，又失去洛阳。他们对洛阳的得而复失，正是他们由盛到衰的转折点。

安禄山取得洛阳后，自以为已经取得了决定性的胜利。于是，他"方谋称帝，留东京不进，故朝廷得为之备，兵亦稍集"。① 事实也正是如此，安禄山部将崔乾祐进兵至陕（今河南陕县），不再西进，安禄山就在洛阳自称大燕皇帝了。可见在安禄山的心目中洛阳并不亚于长安。后来，唐失潼关，玄宗出走，并非安禄山主动西进，主要是玄宗决策错误。玄宗不了解实际情况，主观武断的强迫哥舒翰出关决战，结果全军溃败，致使长安陷落。叛军夺取了长安，安禄山毫无移都长安之意，而是"命搜捕百官、宦者、宫女等，每获数百人，辄以兵卫送洛阳"。还"命搜捕乐工、运载乐器、舞衣，驱舞马、犀、象皆谐洛阳"。② 由此可见，他是要以洛阳为都城的。这是安禄山叛乱的极盛时期。

安庆绪退出洛阳，军事上的优势自然失去，到了邺郡（治

---

① 《资治通鉴》217，天宝十四年十二月。
② 《资治通鉴》218，至德元年六月、八月。

所在今河南安阳北），从骑不过三百，步卒不过千人。后来，又收集了一些来归者，还招募了一些新兵，才不过6万人。在政治上，安庆绪和史思明互相猜疑，结果是史思明杀死安庆绪自立为帝，使安禄山原来南下的力量损失殆尽。再者，安庆绪在退出洛阳时大肆屠杀俘虏，哥舒翰、程千里等30余人都遭杀害，许远也被杀于偃师（今河南偃师）。显而易见，这是失败的命运已定，大局不可扭转，狭隘的泄愤情绪大肆发作。这就是说，退出洛阳，使叛军上下离心，军心动摇，叛乱的浪潮由高而低了。

史思明再次进入洛阳，虽然没有能够再次西破长安，但也迫使李光弼军退出洛阳，而且遭到相当损失。原来安禄山南下时留在河北的叛军史思明部又把叛乱推向了高潮。但是，史思明和安禄山一样，好景不久，上元二年（762）三月，史思明内部又起内哄，史朝义杀死其父史思明，自己做了皇帝。这时的"大燕"虽然貌似强大，但实际上是危机四伏。除了其统治集团内部存在争权夺利的斗争以外，洛阳在战乱中遭到的破坏也极为严重，当"时洛阳四面数百里，州、县皆为丘墟，而朝义所部节度使皆安禄山旧将，与思明等夷，朝义召之，多不至，略相羁縻而已，不能得其用"。① 政治上的利害冲突，再加上经济上的困难，史朝义政权必然不能持久。由盛而衰，指日可待了。

宝应元年（762）十月，唐军反攻洛阳，朔方节度使仆固怀恩与回纥军由陕州（治所在今河南陕县）向东，潞泽节度使李抱玉自河阳（今河南孟县）而南，河南等道副元帅李光弼自

---

① 《资治通鉴》卷222，上元二年三月。

陈留（今河南开封东南）向西，三面包围洛阳。史朝义统其精兵 10 万抗击唐军，结果大败。史朝义仅率数百骑东逃，后到濮州（治所在今山东鄄城）渡河北去，先后又会合睢阳（今河南商丘）、魏州（治所在今河北大名）等地兵与唐军拼杀，结果又是一败再败，败局不可挽回。史朝义所到之处，原来的部属也纷纷降唐，致使史朝义求食不得，求宿不能，直到最后被杀。不难看出，史朝义退出洛阳后就是每况愈下，朝不保夕了。

事实证明，史思明攻取洛阳，把叛乱再次推向高潮；史朝义丢失洛阳，使叛乱一落千丈。这又说明，洛阳的得失标志着叛军的兴亡。总之，叛军的两起两落，都是以洛阳的得失为分界线的。

为什么安禄山、史思明到了洛阳都由盛而衰了呢？这决不是洛阳的风水不利于他们做皇帝，而主要是他们本身的素质和各种社会原因所决定的。

天宝十四年（755）十二月，安禄山进入洛阳。本来，他可以长驱西进，破潼关，占长安；但他急于建国称帝，第二年（756）正月他就自称皇帝，六月，由于玄宗的错误决策，他才取得长安。这样一来，就给玄宗出走，肃宗另建朝廷留下了充裕的时间。既然唐朝廷仍然存在，安禄山仍然是叛乱首领的角色；唐朝廷仍然是人心所向，众望所归国家代表，安禄山仍然是祸国殃民的罪魁祸首；颜真卿等人，吃尽千辛万苦，投奔肃宗，受到赞赏，达奚珣等人，投降安禄山，被视为奇耻大辱。这种传统观念不能改变，就决定安禄山在人心向背方面是失败的。也就是说，安禄山虽然自称皇帝，但在传统的正统观念占统治地位的时候，他的皇帝地位是不能名正言顺的。

其次，安禄山没有采取任何巩固其统治地位的措施。他不像李渊建唐那样,在进行统一战争的同时,就恢复发展各种制度,建立相应的社会秩序,利用社会秩序的作用稳定人心。李渊还大肆制造舆论,宣扬李氏应当取隋而代之的天命论,极力为自己建唐称帝取得名正言顺的地位。更重要的,他还大力罗致人才,利用各方面的人才加强巩固自己的地位。安禄山则完全相反,他不是学习开国皇帝那种积极进取、千方百计地加强巩固政权的奋发有为精神;反而是羡慕玄宗那种骄奢淫逸,醉生梦死的各种消极享受。所以,他取得长安后,就把搜捕到的宫女、乐工以及舞衣、舞马、犀、象等运送洛阳,而没有采取任何积极的举措,削弱唐朝廷的影响,树立自己的良好形象。也就是说,安禄山根本不具备一个开国皇帝的创建国家,推进社会进步的积极进取素质;反而充分表现了一个没落皇帝的消极形象。这样的皇帝,当然不能持久。

再者,由于安禄山羡慕洛阳的宫殿阙楼,向往玄宗骄奢淫逸的生活,其统治集团内部必然缺乏开拓前进的氛围。统治集团的成员,都是鼠目寸光,只看眼前的权益和地位,没有远大的前进目标。所以,争权夺利的斗争日益滋长,安禄山的皇帝宝座,虽然只是草上朝露,但安庆绪还要拼命争夺。这种统治集团内部的互相残杀,必然引发更多的矛盾,削弱自己的力量,有利于唐军的反攻。由此看来,安禄山自称皇帝非常容易,但他没有能力保持巩固自己的地位,又说明做皇帝也不是随心所欲的。不具备开国皇帝的素质,不去创造社会条件,争取民心,加强巩固自己的地位,做了皇帝也是朝不保夕的。

史思明进入洛阳后由盛而衰的原因,和安禄山到洛阳后由盛而衰的原因,有相同的一面,也有区别的一面。以上所谈,在人心向背方面的失败,安禄山本身素质的低下,其统治集团内部矛盾重重等，对史思明来说，也莫不如此。这是其相同的一面。下面着重谈谈有区别的一面。

最主要的，是安禄山、史思明进入洛阳时的形势不同。安禄山进入洛阳，是唐军被打得落花流水守将封常清也像惊弓之鸟，一退数百里，安禄山是充满胜利的喜悦之情，洋洋得意地进入洛阳。所以，他以胜利者自居，很快就自称皇帝了。史思明进入洛阳就大不相同了。乾元二年（759）九月，李光弼退出洛阳。因为李光弼不是战败军溃而退，而是有秩序地转移阵地，所以，史思明对李光弼的行动疑神疑鬼，摸不清其真实意图。故而他进入洛阳后，不敢入宫，立即又退出洛阳，驻军白马寺附近。一直到第二年（760）闰三月，他才最后进入洛阳。由此可见，史思明是谨慎小心地进入洛阳的。

史思明为什么不敢像安禄山那样，神气十足进入洛阳呢？

从洛阳的形势看来，李光弼撤离洛阳不像封常清那样全军溃败而退，而是有计划有目的转移；李光弼军实力尚强，战斗力未遭损弱。所以，史思明时刻担心会遭李光弼的袭击。如果西进潼关，又怕李光弼尾随其后，导致其腹背受敌。所以，他不得不左顾右盼，谨小慎微。尽管如此，史思明到了洛阳，还有一步登天之感。原来，他在范阳自称大燕皇帝，年号顺天。顺天，自然是顺乎天意的意思。到洛阳后，于上元二年（761）正月，他又改元应天。应天，是适合天意的意思。这就是说，他开始做皇帝是顺乎天意的，后来到洛阳是适合天意的，逻辑的结论，必然是他应该长期在洛阳做皇帝。看来，史思明到洛阳后也是颇为得意的。

从全国的形势看来，史思明进入洛阳时与安禄山进入洛阳时也大不相同了。

安禄山进入洛阳时，腐败、没落的玄宗政权，根本不了解敌情；权臣当道，蒙蔽玄宗；玄宗骄奢淫逸，随心所欲的决策，给安禄山的顺利进军提供了极大的便利。由于玄宗错误的决策，使安禄山很快取得洛阳和长安。

史思明进入洛阳时情况截然不同。新组建的肃宗朝廷，决心要平定叛乱，以平定叛乱为己任的肃宗，也有饱满的积极进取精神。他从安禄山、安庆绪手中夺回长安和洛阳，而且还阻止回纥军在长安和洛阳的抢掠，无疑是为了稳定民心，取得众人的支持。夺回两京，稳定民心，当然是为了恢复唐朝廷在全国的统治地位。这种积极有为的思想，必然促使他再从史思明、史朝义手中夺回洛阳。

显而易见，安禄山遇到的对手和史思明遇到的对手大有区别。安禄山到了洛阳又顺利取得长安；史思明到了洛阳，又西攻陕州（治所在今河南陕县），结果大败。这正是两人前后所遇的对手不同所导致的后果。

战争是交战双方综合实力的较量。肃宗积极进取的政权取代腐败、没落的玄宗政权，这是唐方面的变化。安庆绪取代安禄山，史思明取代安庆绪，史朝义又取代史思明；频繁的政变，意味着统治集团内部矛盾的激化。这是叛军方面的变化。双方情况的变化，必然决定史思明到洛阳后就是强弩之末了。

十七　唐军反攻洛阳，史朝义垂死挣扎

肃宗死后，代宗即位。代宗继承肃宗的遗志，仍以平定叛乱为己任，积极调整部署力量，分别使李光弼、李抱玉、仆固怀恩、雍王李适等，从不同方向对史朝义发起进攻。

原来，回纥曾经出兵助唐收复长安、洛阳，使叛军遭受沉重的打击。史朝义为了争取回纥，削弱唐军力量，遂尽力离间唐与回纥的关系。当然，唐也不放弃争取回纥帮助的可能，以和亲、遣使联络等手段，最后又使回纥站到唐的一边。

在唐与回纥联军的步步进逼下，史朝义毫无挽回败局能力，只得退出洛阳，渡河而北。最后，走投无路，自缢而死。史朝义之死，宣告了安禄山、史思明叛乱的彻底失败。

1　唐廷调整部署联络回纥，准备反攻

上元二年（761）三月，李光弼因为邙山作战失败，上表请罪。肃宗没有追究责任，只是把他调任河中节度使。五月，肃宗又命李光弼为河南副元帅、太尉兼侍中，都统河南、淮南东、淮南西、山南东、荆南、江南西、浙江东、浙江西八道行营节度，出镇临淮（今江苏盱眙）。看来，李光弼被调离了正面战场，但其新任职务仍然非常重要。

宝应元年（762）二月，肃宗又命郭子仪为汾阳王，和朔

方、河中、北庭、潞泽节度行营兼兴平、定国等军副元帅，前往绛州（治所在今山西新绛），处理河东军中的问题。郭子仪到了绛州，认真处理了军中的动乱，稳定了军心；也影响到太原，使太原的形势也稳定下来。

对李光弼和郭子仪的重新安排，非常重要。东南一带是唐朝廷的经济来源地，确保这里的安全，无疑对朝廷至关必要。河东道的地位也有特殊意义，其东面是河北道，是安禄山、史思明的起家之地；其南面是河南道的西部，是唐与叛军争夺的洛阳所在地，唐能否牢固地控制河东道，对平定叛乱有举足轻重的作用。因此，把李光弼、郭子仪分别派往东南与河东，具有战略意义。

负责正面战场的是神策节度使卫伯玉。上元二年（761）十一月，卫伯玉进攻史朝义，夺取了永宁（今河南洛宁北），又攻破渑池（今河南渑池）、福昌（今河南洛宁东北）、长水（今河南洛宁西）等县。显然，这是在敲洛阳的大门了。

宝应元年（762）正月，李光弼攻破许州（治所在今河南许昌），俘虏了史朝义的颍川太守李春；史朝义派其将史参前往援救，又被李光弼打败。看来，李光弼是从东南方向在威胁洛阳。

宝应元年（762）四月，肃宗病逝，代宗即位。代宗继续推行平定叛乱的政策。他刚即位，就下诏道："国之大事，戎马为先"①，这里说的"戎马为先"，无疑是指平定叛乱最重要。所以，他立即命奉节郡王李适为天下兵马元帅，准备平叛。

---

① 《旧唐书》卷11《代宗纪》。

代宗要平定叛乱，必须首先解决宦官李辅国的问题。李辅国曾经积极支持肃宗即位，故而其地位日益显要。在肃宗病重期间，肃宗的张皇后欲改变太子李豫的地位，李辅国又支持李豫做了皇帝，这就是代宗。既然代宗即位又为李辅国所促成，李辅国就更为居功自傲，目空一切。他专横跋扈，把代宗根本不放在眼里。他明目张胆的对代宗说："大家（指代宗）但居禁中，外事听老奴处分。"① 显然这是要架空代宗，自己掌握朝廷大权。这时，代宗正是30多岁的中年人，他当然不愿被宦官所控制。所以，他表面上十分感激李辅国支持他做皇帝，尊称李辅国为尚父，事无大小都要询问李辅国；但内心里却忿忿不平，很想除掉这个专权的宦官。不过，李辅国掌握着禁军，代宗还不便于轻易动手，只好暂时委曲求全。

肃宗即位以后，李辅国的地位愈来愈高，除了宦官的各种重要职务以外，还在政府机构中也取得了重要职权，至德二年（757）十二月，他为开府仪同三司，上元二年（761）八月，为兵部尚书。后来，他又要求为宰相，肃宗没有满足他的要求。代宗即位后，于宝应元年（762）五月命李辅国为司空兼中书令。

由于李辅国日益权大位尊，专横跋扈，使其同党飞龙副使程元振也颇为不满。因为程元振暗中煽风点火，代宗也正想借风驶船，宝应元年（762）六月，代宗就解除了李辅国兵部尚书的职务，并且不准李辅国在禁中内宅居住。在禁中内宅居住，是肃宗时李辅国的特权，代宗突然取消了他的特权，当然使他感到惊惧。于是，他上表要求让出他的权力和地位，代宗

---

①《资治通鉴》卷222，宝应元年四月。

乘机又解除了他的中书令职务。尽管如此，这还只是削弱了李辅国的权力，降低了他的地位；他是否会另有阴谋，还是值得考虑的问题。所以，代宗还是很不放心。

宝应元年（762）十月十七日夜间，突然有人闯入李辅国的私宅，窃取李辅国的首级与一臂而去。代宗很快命有关单位捕捉盗贼，但没有结果。于是，代宗又命宦官对其家属进行慰问，并为李辅国制做了木首，进行安葬，同时，还追认他为太傅。太傅是三公之一，有名无实。有的史书记载，这是代宗的有意安排。根据事实情节，这种记载应当可信。因为李辅国曾支持肃宗即位，又稳定了代宗为太子时的地位，代宗对其表面上又十分尊重，称其为尚父，对其公开诛杀，显得不近情理。但是，李辅国也曾迫使玄宗迁居，当时为太子的代宗极为不满；更为代宗不能容忍的，是李辅国视代宗为小儿，一切都要听他摆布，所以，代宗对他恨之入骨。这就决定代宗杀李辅国是必然的，暗杀又嫁罪于人是最有可能的手段。除掉李辅国，代宗才成为名副其实的皇帝了。

为了加强平定叛乱的力量，代宗还派人去联络回纥。宝应元年（762）九月，代宗派遣宦官刘清潭出使回纥，要求回纥出兵，助唐平定叛乱。刘清潭到了回纥，发现史朝义已和回纥有了联系。原来，史朝义曾欺骗回纥登里可汗说：唐朝的玄宗、肃宗相继去世，中原无主，你赶快前来，我们共同收拾唐廷的府库。登里可汗相信了史朝义，所以，起兵南下，准备到唐收拾残局。刘清潭向登里可汗表示："我唐家天子虽弃万国，嗣天子广平王（代宗）天生英武，往常与回纥叶护（可汗）兵马同收两京，破安庆绪，与可汗有故。又每年与可汗缯绢数万匹，可汗岂忘之耶？"① 尽管如此，回纥兵已到三受降城（东受降城在今内蒙古托克托南，中受降城在今内蒙古包头，西受降城在今内蒙古杭锦后旗北），而且还困辱刘清潭。刘清潭向代宗通报了实际情况，代宗大为吃惊。

原来，回纥毗伽阙可汗向唐要求其子（登里可汗）与唐通婚，肃宗以仆固怀恩女嫁给登里可汗。这时，登里河汗与仆固怀恩女同时南进，要求与仆固怀恩相见。当时，仆固怀恩正在汾州（治所在今山西汾阳），经代宗同意，仆固怀恩与登里可汗相见于太原。仆固怀恩一再劝说登里可汗不可失和于唐，登里可汗才答应帮助唐军进攻史朝义。

在回纥的进军路线方面，双方也经过反复磋商。登里可汗要求，他欲从蒲关（在今山西永济西）渡河而西，进入关中，再从沙苑（在今陕西大荔南）出潼关东进。负责与回纥磋商的唐殿中监药子昂劝阻道："关中数遭兵荒，州县萧条，无以供拟，恐可汗失望。"② 从其口气中可知，回纥欲到关中掠夺财富，唐则欲维持关中的稳定。所以，唐欲使回纥尽量远离关中。下面药子昂的建议，也充分体现了代宗的这种愿望。药子昂说：史朝义在洛阳，回纥军应从土门（今河北获鹿面南）而南，经邢州（治所在今河北邢台）、洺州（治所在今河北永年东南）、怀州（治所在今河南沁阳）、卫州（治所在今河南卫辉）南进，沿途可以掠取资财。因为这一带久经战乱，人民贫困，难以满足登里可汗的物质欲望，故而登里可汗不接受这个建议。药子昂又建议回纥从太行山南进，占据河阴（今河南荥

---

①《旧唐书》卷195《回纥传》。
②《资治通鉴》卷222，宝应元年九月。

阳东北),控制史朝义的退路,登里可汗还不同意。最后,药子昂建议,回纥从陕州(治所在今河南陕县)渡河,用太原仓(在今山西平陆西,即当时陕州的黄河北岸)的粮食,然后与从潼关东进的唐军共同进攻洛阳。由于太原仓的储存极为丰富,对回纥有一定的诱惑力,登里可汗才接受了这一方案。显而易见,回纥助唐平定叛乱,主要是为了满足掠夺物质财富的欲望。

2 唐军围攻洛阳,史朝义失败出走

代宗即位后,对收复洛阳,打击史朝义的态度是积极的。玄宗、肃宗相继去世,尚未安葬,他就重新调整部署军事力量,又解决了宦官李辅国专横跋扈的问题,还进一步联络回纥,加强了打击史朝义的力量。在完成了这些准备任务以后,就开始向史朝义发动进攻了。

宝应元年(762)十月,代宗任命雍王李适为天下兵马元帅。李适就是后来的德宗,代宗长子,他先后被封为奉节郡王、鲁王,宝应元年八月又改封为雍王。本来,代宗打算以郭子仪为副元帅,实际掌握军务;但由于鱼朝恩、程元振等人的阻挠,遂另以仆固怀恩为副元帅。另外,又命药子昂、魏琚为左右厢兵马使,命中书舍人韦少华为判官,命给事中李进为行军司马,命他们会合诸道节度使以及回纥军,共同进讨史朝义。

李适到了陕州,回纥登里可汗已经到了陕州的黄河北岸,李适带领药子昂、魏琚、韦少华、李进等人去见登里可汗。登里可汗毫不客气地斥责李适没有对他于帐前舞蹈(兴奋的朝拜帝王之礼)。蘖子昂解释道：唐皇的长子不应对可汗行舞蹈之礼。回纥的宰相及将军车鼻进一步坚持道："唐天子与登里可汗为兄弟，今可汗即雍王叔，叔侄有礼数，何得不舞蹈？"①蘖子昂也坚持自己的意见说："雍王，天子长子，今为元帅，安有中国储君向外国可汗拜舞乎！且两宫在殡，不应舞蹈。"②双方各执己见，互不相让。在争论没有结果的时候，回纥将军车鼻不再争辩，蛮横无理的把蘖子昂、魏琚、韦少华、李进等各打一百鞭，还妄自尊大的宣称李适年少不懂事，放其回营。挨打一百鞭的魏琚、韦少华，由于痛苦难忍，又感耻辱，夜间就死去了。

回纥的可汗敢于侮辱唐朝的太子，鞭打唐朝的官员，这是唐朝建立以来未曾有过的事件。贞观年间，周边各族皆称太宗为"皇帝天可汗"③，回纥也对唐朝保持朝贡关系，中间虽然有过间断，但一直到天宝年间，回纥还是遣使入朝，玄宗还赐其可汗封号。显然，这意味着上下关系。

到了肃宗时，由于肃宗需要回纥帮助平定叛乱，回纥也曾助唐收复两京，所以，回纥可汗也就居功自傲，要和肃宗平起平坐了。

乾元元年（758）七月，肃宗命其堂弟汉中郡王李瑀为册命使，去册命回纥毗伽阙可汗为英武威远毗伽可汗；又为宁国公主礼会使，去送宁国公主嫁毗伽阙可汗为妻。肃宗还亲自送宁国公主到咸阳（今陕西咸阳东）。宁国公主与肃宗临别时泣

---

①《旧唐书》卷195《回纥传》。
②《资治通鉴》卷222，宝应元年十月。
③《通典》卷200《边防十六》。

而话别道:"国家事重,死且无恨。"宁国公主抱着牺牲自己的决心去实行肃宗的和亲政策,可见,肃宗的和亲政策也是被迫不得已而为之。

李瑀到了毗伽阙可汗的牙帐,毗伽阙可汗坐于帐中榻上,仪卫甚盛,使李瑀立于帐外,毗伽阙可汗问到李瑀的身份,李瑀回答是"唐天子堂弟。"同去的宦官雷卢俊站在李瑀的上位,毗伽阙可汗问他是何人,李瑀回答说他是宦官。毗伽阙可汗生气地说:宦官是奴才,为什么站在上位?在唐廷狐假虎威的宦官这时却胆小如鼠,他立即站到下位。看来,毗伽阙可汗是要过问唐廷内部的事务了。

由于李瑀没有对可汗行君臣大礼,毗伽阙可汗质问道:"两国主君臣有礼,何得不拜?"显然,这是要李瑀把他和唐朝皇帝一样看待,没有上下之别。这时,李瑀倒还聪明,抛开君臣关系不谈,而以翁婿关系说服了毗伽阙可汗。李瑀说:"唐天子以可汗有功,故将女嫁与可汗结姻好。比者中国与外蕃亲,皆宗室子女,名为公主。今宁国公主,天子真女,又有才貌,万里嫁与可汗。可汗是唐家天子女婿,合有礼数,岂得坐于榻上受诏命!"这样,毗伽阙可汗才离开坐位"奉诏,便受册命"。①

代宗即位后,毗伽阙可汗已经死去,其子登里可汗执政。原来,代宗为广平王时,为了收复两京,广平王曾与率回纥军助唐平叛的叶护约为兄弟,叶护是登里可汗之兄。因此,后来登里可汗到了陕州的黄河北岸,李适去见他,他以叔父自居,在药子昂等表示唐太子不宜向外国可汗舞蹈时,他就鞭打了药

---

①《旧唐书》卷195《回纥传》。

子昂等人。实际上这就是说，只允许他讲唐朝皇帝和他是平等的，不允许别人说唐朝皇帝和回纥的可汗有高下之分。显而易见，在回纥人的心目中，这时的唐朝皇帝和唐初的"皇帝天可汗"比较，已是远非昔日了。

在自己不能独立平定叛乱，必须借助于回纥力量的时候，李适也只好忍气吞声地任人侮辱了。李适的委曲求全，取得了回纥的支持。唐军开始向史朝义发动进攻了。

宝应元年（762）十月二十三日，各路大军从陕州出发，仆固怀恩与回纥为前锋，陕西节度使郭英义、神策观军容使鱼朝恩为后卫，向渑池（今河南渑池）前进；潞泽节度使李抱玉自河阳（今河南孟县）前进；河南等道副元帅李光弼自陈留（今河南开封东南）出发，共同向洛阳进攻，雍王李适仍然留在陕州。十月二十六日，仆固怀恩等进军至同规（在今河南洛宁境内）。

史朝义知道了唐军进攻洛阳的消息后，很快与其诸将进行商议。阿史那承庆建议道：如果仅只是唐军进攻洛阳，还可以全军与其决战；若是唐军与回纥军共同来，就难以抵挡，可以退守河阳，暂避其锋。史朝义没有考虑这个建议。

十月二十七日，唐军到达洛阳北郊。二十八日，分兵攻取了怀州（治所在今河南沁阳）。三十日，唐军布阵于横水（今河南孟津西）。这里有史朝义军数万人，立栅自固，仆固怀恩与回纥联合进攻，大破史朝义所部。史朝义又以精兵10万前往救援，又被打败。尽管史朝义部屡遭失败，但其阵势不乱，仍然坚决抵抗。这时，唐军的镇西节度使马璘感到形势严重，遂单骑向敌阵突击，夺取敌军两块盾牌，冲入敌阵，奋力拼杀，在他的带动下，唐军也随其猛烈冲击，致使史朝义军阵势大乱，人马相踩践，被杀6万人，被俘2万人，史朝义看大势已去，遂率轻骑数百向东逃走。仆固怀恩收复洛阳又克河阳（今河南孟县），俘虏了史朝义的中书令许叔冀、王伷等人，后奉命将其释放。

史朝义向东逃走，唐军跟踪追击，到郑州（治所今河南郑州），又一次被唐军打败。史朝义到了汴州（治所在今河南开封），其陈留节度使张献诚闭门拒绝其进城，史朝义无可奈何，只得奔赴濮州（治所在今山东鄄城北）。史朝义离开汴州，张献诚就向唐军投降了。

这次唐军收复洛阳和上次唐军收复洛阳大不相同。上次唐军收复洛阳，"回纥遂入府库收财帛，于市井村坊剽掠三日而止，财物不可胜计"，但由于广平王李俶以"锦罽宝贝"进行贿赂，才使回纥有所收敛，较快的恢复了东京的秩序。

第二次收复洛阳就不同了。李适远在陕州，唐军没有人能控制洛阳的局面。回纥进入洛阳，"以贼平，恣行残忍，士女惧之，皆登圣善寺及白马寺二阁以避之。回纥纵火焚二阁，伤死者万计，累旬火焰不止"。① 唐军不仅不能阻止回纥的烧杀抢掠，而且自己也随波逐流，为所欲为了。史书记载："朔方、神策军亦以东京、郑、汴、汝州皆为贼境，所过虏掠，三月乃已。比屋荡尽，士民皆衣纸。"② 这就是说，回纥以及唐军，不但给洛阳而且还给洛阳以东、以南广大地区的人民，都带来了极其沉重的灾难。狼从前门走，虎从后门入，虎逐走了狼，没有给人带来任何希望。

---

①《旧唐书》卷195《回纥传》。
②《资治通鉴》卷222，宝应元年十月。

回纥从洛阳掠夺的大批物质财富,都屯集在河阳,由其将军安恪驻守。这又一次证明,回纥助唐打击史朝义的目的,主要是为了满足掠夺物质财富的欲望。

3 史朝义走投无路,自缢而死

宝应元年(762)十一月,史朝义从濮州北渡黄河。仆固怀恩进攻滑州(治所在今河南滑县),取得滑州后,又追击史朝义于卫州(治所在今河南卫辉)。这时,史朝义的睢阳节度使田承嗣率4万余人前来与史朝义会合,史朝义得到这一批力量,又与唐军交战,结果被仆固怀恩子仆固玚击败。史朝义退到昌乐(今河南南乐)东,又率其在魏州(治所在今河北大名东)的余部与唐交战,结果又被击败而走。

由于史朝义屡战屡败,其所属各部也都人心惶惶,纷纷自找出路。其邺郡节度使薛嵩,以相州(治所在今河南安阳)、卫州(治所在今河南卫辉)、洺洲(治所在今河北永年东)、邢州(治所在今河北邢台)等四州之地,向唐的陈郑、潞泽节度使李抱玉投降。其恒阳节度使张忠志,以赵州(治所在今河北赵县)、恒州(治所在今河北正定)、深州(治所在今河北深县)、定州(治所在今河北定县)、易州(治所在今河北易县)等五州之地,向唐河东节度使辛云京投降。薛嵩、张忠志的投降是不得已的行动,一方面是他们看到史朝义的大势已去;另一方面是唐在全国的统治正在逐步恢复。面临这种形势,何去何从,必须有所选择。张忠志的投降,就是认真考虑这种形势的结果。

当史朝义退回河北的时候,唐河东节度使辛云京正要东出井陉（在今河北井陉西北），打击史朝义。井陉正在史朝义的恒阳节度使张忠志的势力范围之内。如果辛云京东出井陉，张忠志首其冲，故而其裨将王武俊向其分析形势道："今河东兵精锐，出境远斗，不可敌也。且吾以寡当众，以曲遇直，战则心离，守则必溃，公其图之。"① 这里除了说明双方军力的悬殊以外，又提到"以曲遇直"，实际上这就是说，河东兵是名正言顺的国家军队，而张忠志部则是被人们视为贼的叛军。张忠志正是考虑到这些因素，才不得不向辛云京投降的。薛嵩的投降也颇类似。史朝义北走的路线，正和薛嵩的地盘接近；唐军大兵压境，不可能放过他这个史朝义的节度使；是坐以待毙，还是主动投降，必须有所选择。当然，他只能选择生路，不可选择死路，所以，他投降了李抱玉。

薛嵩、张忠志的投降，李抱玉等对他们进行安抚。但不久，仆固怀恩又命他们各复原位。于是，李抱玉、辛云京惑疑仆固怀恩另有企图，对唐朝廷有了二心，故而他们各自上表，向代宗表示了自己的看法。同时，仆固怀恩也上表申述了自己所作所为的理由。当时，仆固怀恩手握重兵，代宗也未掌握其另有打算的事实，当然不便对仆固怀恩有所举措。故而只好对仆固怀恩慰问勉励了之。

为了使史朝义内部分崩离析，促使史朝义部属有更多的人降唐，代宗于十一月初六下诏规定：东京及河南、河北曾为叛军官员者，一律不追究其罪过。这道诏书，必然对叛军内部起到分化瓦解的作用。

史朝义在魏州失败，北走贝州（治所在今河北清河西），

---

①《资治通鉴》卷222，宝应元年十一月。

与其大将薛忠义会合,力量稍增长。唐右厢兵马使仆固玚兵进至临清(今河北临西),考虑到史朝义兵力有所增加,遂暂时停止前进,观察形势的发展。

史朝义从衡水(今河北衡水西)引兵 3 万人,向唐军反击。仆固玚命其所部高彦崇、浑日进、李光逸三人,分别于沿途埋伏,待史朝义率军到来时,伏兵四起,史朝义失败而走。这时,回纥已到,唐军的军力大有增长,仆固玚遂对史朝义进行追击,追至下博(今河北衡水北)东南,双方又一次大战。史朝义背水(漳水)而阵,唐军勇猛冲击,史朝义全军溃乱,"积尸拥流而下"①,史朝义被迫逃往莫州(治所在今河北任丘北)。

仆固怀恩的都知兵马使薛兼训、兵马使郝庭玉,还有田神功、辛云京等各部军队,共同会集于下博,进围史朝义于莫州。史朝义与田承嗣多次出战,都遭失败。这时,田承嗣看到史朝义败局已定,残局不堪收拾,欲摆脱史朝义而单独行动。故而他向史朝义建议,要史朝义亲自去幽州(即范阳、今北京)发兵,自己留守莫州。史朝义接受了他的建议,选精锐骑兵 5000 人,突围而出。史朝义刚离莫州,田承嗣就向唐军投降,同时,将史朝义的母亲、妻、子都送到唐军。

唐军既然取得莫州,仆固玚、薛兼训等率众 3 万人穷追史朝义,追至归义(今河北容城东北),经过激战,史朝义再次失败。这时,史朝义的范阳节度使李怀仙也看到史朝义已经面临末日,所以,他也想另找出路,遂通过宦官骆奉仙向唐投降,并派其兵马使李抱忠率众 3000 人镇守范阳县(今河北涿

---

①《旧唐书》卷 121《仆固怀恩传》。

州)。这些情况，史朝义一无所知，所以，他仍然进至范阳县。镇守范阳的李抱忠当然拒绝他入城。史朝义害怕唐军很快到来，急于找个安身之处，遂遣人告诉李抱忠，他的大军留在莫州，他轻骑来范阳发兵，前往增援，并要求李抱忠要严守君臣之义。李抱忠义正辞严的答道："天不祚燕，唐室复兴，今既归唐矣，岂可更为反覆，独不愧三军邪！大丈夫耻以诡计相图，愿早择去就以谋自全。"接着，他又提醒史朝义说："且田承嗣必已叛矣，不然，官军何以得至此！"① 李抱忠的提醒，使史朝义恍然大悟，田承嗣已经背离他而降唐了；否则，唐军不会尾随而至。他的一切希望都落空了。

在无可奈何之际，史朝义提出了最低的一点要求，要求给一顿饭吃。李抱忠在不使史朝义进城的前提下，令人于城东设饭接待。在吃饭之际，追随史朝义很久的范阳人，都看到史朝义必败无疑了。于是，这些人都向史朝义拜辞而去。眼看部下纷纷离去，史朝义感慨万端，他自知败局已定，只好继续逃命，以便苟延残喘了。

史朝义从州莫州突围时有 5000 人，这时，身边只有数百胡人了。看来，原来追随史朝义的汉人都感到难与为伍而纷纷离去了。

史朝义向东北走广阳（今北京密云水库北），广阳对他拒不接纳。史朝义又打算北入奚或契丹，走到温泉栅（在今河北迁安附近），李怀仙的追兵已经逼近。李怀仙曾是史朝义的部属，在史朝义连吃败仗，到穷途末路的时候，他不仅不以兵相助，反而是拒其进入范阳，现在又对其穷追不舍，这自然使史

---

①《资治通鉴》卷222，广德元年正月。

朝义在心理上全面崩溃了。众叛亲离，走投无路，迫使史朝义绝望了。于是，他自缢于林中。李怀仙取其首级，送往长安。从天宝十四年（755）十一月开始的安禄山叛乱，经过安庆绪、史思明、史朝义的相继兴风作浪，历时7年2个月，到广德元年（763）正月史朝义自缢而死。终于结束了。唐朝虽然平定了这一场叛乱，但已经无能为力恢复开元年间的盛世了。

4 史朝义的败亡与仆固怀恩叛唐

仆固怀恩，铁勒人。安禄山叛乱后，他随郭子仪对叛军作战。在郭子仪、李光弼与史思明在常山（今河北正定）大战中，他颇有战功。其子仆固玢在对同罗作战中，因战败降敌，后又回来，仆固怀恩将其斩首。此事在军中震动很大，所部将士无不奋勇杀敌，一当百用。后来，肃宗需要回纥助唐平叛，仆固怀恩在联络回纥出兵方面也发挥了重要作用。仆固怀恩奉命将女嫁与回纥，为唐实现和亲政策，也促使回纥助唐平叛。

代宗即位后，以雍王李适为天下兵马元帅，以仆固怀恩为副元帅，进攻洛阳。李适一直留在陕州，前方实际指挥作战的是仆固怀恩。对史朝义跟踪追击，最后迫使史朝义自尽的是仆固怀恩及其子仆固玚。由此可见，史朝义的败亡，正反映了仆固怀恩对唐平叛的贡献。正因为如此，仆固怀恩"自以兵兴以来，所在力战，一门死王事者四十六人，女嫁绝域，说谕回纥，再收两京，平定河南、北，功无与比"。[①] 正因为仆固怀恩以功臣自居，念念不忘其"攻城野战，无役不从，一举灭史

[①]《资治通鉴》卷223，广德元年八月。

朝义，复燕、赵、韩、魏之地"①的功劳，所以，在史朝义败亡以后，他就顾虑不可能继续立功的时候会失宠于皇帝。于是，他就想保存实力，扩大党羽，使自己成为朝廷不可忽视的力量。

最后消灭史朝义残余势力的是仆固怀恩。所以，史朝义的部将薛嵩、李宝臣（张忠志降唐后，被赐姓李，名宝臣）等，都先后拜见仆固怀恩。仆固怀恩为了使这些降将为自己所用，遂上奏代宗，使他们仍然保存自己实力，拥有相当大的地盘。这种举措，必然引起其他将领的注意，河东节度使辛云京，陈郑、泽潞节度使李抱玉都对他有所惑疑。

本来，辛云京对仆固怀恩就不放心。代宗为了求助于回纥，派仆固怀恩到太原和回纥可汗见面。辛云京认为仆固怀恩和回纥可汗是翁婿关系，对其颇有警惕。史朝义败亡以后，仆固怀恩又奉命送回纥出塞，经过太原，辛云京又闭城不与相闻。对此，仆固怀恩极为不满。为了对付辛云京，他将其所部兵力在河东道以内进行部署，仆固怀恩率朔方兵数万人屯于汾州（治所在山西汾阳），其子仆固玚率1万人屯于榆次（今山西榆次），其部将李光逸率部屯于祁县（今山西祁县），另一将领李怀光屯于晋州（治所在今山西临汾），还有张维岳等屯于沁州（治所在今山西沁源）。这样的兵力部署，显然和在太原的辛云京有势不两立的意思。

正当这时，代宗遣宦官骆奉先去太原。辛云京对骆奉先厚加贿赂，并说仆固怀恩与回纥暗中勾结，阴谋造反。骆奉先从太原回长安，途经汾州，仆固怀恩母骂骆奉先道："汝与吾儿

---

① 《旧唐书》卷121《仆固怀恩传》。

约为兄弟,今又亲云京,何两面也!"①

仆固怀恩虽然对骆奉先热情招待,但骆奉先总有不安全之感,急于辞别回京。为了挽留奉先,仆固怀恩特将骆奉先所骑之马藏匿起来。这样,骆奉先更感到恐惧。因为仆固怀恩母曾责骂了他,仆固怀恩又藏了他的马,故而他认为仆固怀恩定要杀他。于是,乘夜逃走。仆固怀恩知骆奉先逃走后,赶快将其马送还。

骆奉先到了长安,上奏仆固怀恩有谋反的迹象,同时,仆固怀恩也上奏代宗,要求诛辛云京、骆奉先。代宗没有立即采取措施,只是两方面都进行安慰,促使和解了事。

广德元年(763)九月,代宗命裴遵庆去汾州观察仆固怀恩的动静。仆固怀恩见了裴遵庆,抱其足号泣诉冤。裴遵庆劝其入朝,仆固怀恩欲往长安,其副将范志诚劝阻道:"公以谗言交构,有功高不赏之惧,嫌隙已成,奈何入不测之朝?"②仆固怀恩决定不去长安,同时,又命其子仆固玚进攻辛云京,双方交战后,仆固玚失败,辛云京又进攻仆固玚的驻地榆次,这时,代宗才感到问题的严重。

代宗问计于群臣,检校刑部尚书颜真卿建议道:仆固怀恩所统率的朔方兵,是原来郭子仪的部下,现若再以郭子仪取代仆固怀恩,郭子仪的威信远远高于仆固怀恩,郭子仪到达汾州,朔方兵必然拥护郭子仪。仆固怀恩失去广大士兵的支持,他就无能为力了。另外,还有汾州别驾李抱真,因对仆固怀恩不满回到京师,他也向代宗的反映了汾州的情况。他说:"朔

---

① 《资治通鉴》卷 223,广德元年七月。
② 《旧唐书》卷 121《仆固怀恩传》。

方将士思郭子仪,如子弟思父兄。怀恩欺其众云,郭子仪已被鱼朝恩所杀,众信之,故为其用耳。陛下诚以子仪领朔方,彼皆不召而来耳。"① 代宗听信了这些意见,遂命郭子仪为关内、河东副元帅、河中节度使。接着,又以郭子仪为朔方节度大使。

广德二年(764)二月,郭子仪先到河中(今山西永济西),又到汾州,原为仆固怀恩统率之部众,顺利地为郭子仪所接收。这些将士,见郭子仪到来,"咸鼓舞涕泣,喜其来而悲其晚也"。②

当郭子仪即将到来之际,仆固玚已为其部下所杀,仆固怀恩对辛云京作战既已失利,又感到郭子仪到来自己即将失去军权,故而带数百骑逃往灵武(今宁夏灵武西南)。

永泰元年(765)九月,仆固怀恩勾结回纥、吐蕃、吐谷浑等进攻关中,中途暴病死于鸣沙(今宁夏吴忠西南)。仆固怀恩叛唐事件就此结束。

仆固怀恩叛唐,是唐在平定史朝义战争后的节外生枝。本来,仆固怀恩是在平定安禄山、史思明的叛乱中战功卓著的将领,但他不像郭子仪那样,对唐忠诚不二,用则进,不用则退;反而是怕战争结束以后,无立功机会,从而会失宠于朝廷,故而欲保存实力,盘据一方。从另一方面说,由于辛云京、李抱玉的诬奏,代宗对其不再信任,又夺其兵权,迫使其走上叛唐的道路,也在所难免。这就是说,随着形势的发展,仆固怀恩叛唐有其本人的因素,也有客观环境的促成。这是唐军消灭史朝义以后所产生的负面影响。在当时的历史条件下,

---

①②《资治通鉴》卷223,广德二年正月、二月。

这种负作用是很难避免的。

安禄山、史思明的叛乱,使至高无上的皇帝对手握重兵的将领都不放心,甚至像郭子仪、李光弼那样,在对安禄山、史思明作战中立有赫赫战功的英雄,也时刻遭到猜疑。不过,郭子仪善于左右逢源,看风转舵。朝廷用他时,能够尽力而为,不遗余力;遭到猜疑时,就弃权静居,忍耐寂寞。所以,他能够善始善终,成为皇亲国戚。其他将领就不同了,他们只是念念不忘自己有功于国,而不注意皇帝是既要用其所长,而又不愿其权大兵多,难以控制。简单说,皇帝最担心他们居功自傲,他们偏偏有恃无恐。这自然是针锋相对,水火不容。这就是仆固怀恩叛乱难以避免的根本原因。

5 史朝义的败亡与回纥

唐为了平定安禄山、史思明的叛乱,曾两次要求回纥出兵帮助。回纥出兵的目的,主要是为了掠夺中原的物质财富。除了在洛阳大肆掠夺以外,在其他各地也不放松任何掠夺的机会。所以,回纥参加对安禄山、史思明作战的本身,就给广大人民带来了沉重的灾难。

史朝义败亡后,回纥更是自恃有功,为所欲为。在登里可汗率众回去时,"其部众所过抄掠,禀给小不如意,辄杀人,无所忌惮"。[①] 不难看出,回纥兵在回去的途中,不仅掠夺财富,还要杀人。既然是"无所忌惮",无疑会给所经之地造成重大的损失。

---

① 《资治通鉴》卷 222,广德元年闰正月。

为了限制回纥兵肆无忌惮的杀人抢掠，陈郑、泽潞节度使李抱玉欲派人在沿途置站接待，但由于回纥兵的所作所为极其野蛮，很多人不愿接受这种接待任务，只有赵城尉马燧主动要求负责这项工作。

马燧敢于接受任务，就是他有自己的办法。在回纥兵即将到来时，马燧预先派人去贿赂回纥兵的一个头领，相约禁止回纥兵杀人抢掠。这个头领给马燧一面旗帜说：有违抗命令者，你可自行将其斩首。马燧遂将几个死囚置于左右服役，在回纥兵到来之际，他当众指挥死囚行动，稍有不顺从者，马燧立即将其斩首。回纥兵看到其头领的旗帜，又看到马燧治军严厉，大家"相顾失色，虏涉其境，无敢暴掠"。李抱玉认为马燧对付回纥的手段收效甚好，对马燧甚为重视。马燧又将其在和回纥接触中所了解的有关情况向李抱玉报告道："今仆固怀恩恃功树党，李怀仙、张忠志、薛嵩、田承嗣分授疆土，皆出于怀恩，其子玚佻勇不义。以燧度之，将必窥太原西山以为乱，公宜深备之。"① 马燧还向李抱玉反映，回纥把从洛阳掠得的财富都集中到河阳，由将士专门守卫。仆固怀恩曾命薛嵩从相州（治所在今河南安阳）、卫州（治所在今河南卫辉）运粮，接济回纥在河阳的将士。事实证明，马燧的预料完全正确。既然马燧可从回纥人口中知道仆固怀恩的动向，仆固怀恩与回纥早有勾结也就勿庸置疑了。由此看来，仆固怀恩叛唐是得到回纥支持的。后来，仆固怀恩勾结回纥、吐蕃、吐谷浑进攻关中，也证明马燧所了解的情况是符合事实真相的。

回纥兵在各地抢掠、杀人，还可视为是战争中的现象，但

---

① 《旧唐书》卷 134《马燧传》。

在京的回纥人也肆无忌惮，为所欲为，就更说明回纥是自恃有功于唐，而随时要挟朝廷了。广德元年（763）闰正月初五，在长安的回纥15人私自闯入含光门（长安皇城南面有三门，中为朱雀门，东为安上门，西为含光门），不顾门卫的拦阻，又突入鸿胪寺（主要负责外国使节与周边各族君长来往事宜），门卫不敢强加制止。回纥人对唐政府机关可以横冲直撞，在其他地方的行为也就可想而知了。显而易见，这又是回纥在参加彻底打败史朝义后的负面影响。既然唐要借助于回纥的力量平定叛乱，说明唐的军力不强，从而使回纥鄙薄唐朝官员，甚至侮辱太子，也就是容易理解的事了。由此看来，安禄山、史思明叛乱以后，唐朝的国力以及皇帝地位都大大衰落了。

十八 安禄山、史思明叛乱的后果

唐朝中期发生的安禄山、史思明叛乱，是太平盛世掩盖下的社会危机突然爆发。以玄宗为首的统治集团，对这种危机的爆发毫无思想准备，所以，他们惊慌失措，缺乏对策，惶惶如丧家之犬逃往成都。新成立的肃宗政权，拆东墙补西墙，挖肉补疮，将西部守边的军队调往对安禄山作战的前线，故而西部边防日益空虚，致使后来吐蕃大举东进，直捣长安，迫使代宗逃往陕州。

在史朝义面临末日的时候，原来安禄山、史思明的一些部将纷纷倒戈降唐。这些将领降唐的目的是保存实力，不失去其权力和地位。同时，唐朝廷既有吐蕃不断内侵的危机，又无力彻底消灭这些有军队有地盘的实力派，故而对他们采取姑息政策，使他们名义上是唐皇朝的地方官员，实际是割据一方者。另外，在平定安禄山、史思明的叛乱中，握有一定军权的唐朝将领，于史朝义失败后也有这种倾向。这样一来，藩镇林立，对唐中央形成尾大不掉之势，就成了史朝义败亡以后的另一特点。

史朝义虽然败亡，但战争还时有发生，吐蕃进攻长安，藩镇之间也常有互相攻伐，都使广大人民不断遭受战争灾难；皇帝对藩镇既要利用，又有猜疑，也常有矛盾；宦官干预政事，严重影响政治军事官员发挥作用。这些事实，都程度不同的削弱了唐皇朝统一政权的作用，使原来强大的唐朝政权日益走向没落了。

1 西北边防失控，吐蕃大举东进

吐蕃人是今天我国藏族人的祖先，他们很早就居住在西藏一带。唐朝初年，吐蕃的君长松赞干布非常羡慕中原的先进文化，故而和唐互派使节，聘问通好，并要求和唐联姻。唐太宗以文成公主嫁给松赞干布。唐与吐蕃的和亲，加强了互相之间的联系，促进了经济文化的交流。景龙元年（710），唐中宗又嫁金城公主于吐蕃的赞普（吐蕃的首领称赞普），又进一步加强了唐与吐蕃的关系，推动了经济文化的交流。总的看来，在唐玄宗以前，唐与吐蕃虽然也曾有过一些摩擦，但基本上处于友好的状态。两次和亲发挥了积极的作用。

随着吐蕃力量的强大，他们既羡慕中原地区先进的经济文化，又向往唐境内良好的生存环境，所以，他们常想向内地发展势力。唐为了防止吐蕃的扩张，于景龙元年（710）十二月设置河西节度使，负责七州的防务。这七州是：凉州（治所在今甘肃武威）、甘州（治所在今甘肃张掖）、肃州（治所在今甘肃酒泉）、伊州（治所在今新疆哈密）、瓜州（治所在今甘肃安西东）、沙州（治所在今甘肃敦煌西南）、西州（治所在今新疆吐鲁番东）。这些地方，相当于现在甘肃河西走廊到新疆东部一带地方。

在吐蕃的势力还不十分强大的时候，他们就采取蚕食鲸吞的手段向唐发展势力。在唐设置河西节度使，加强防御的时候，吐蕃就用软化手段取得了唐的大片土地。

景龙元年（710）十二月，吐蕃贿赂唐鄯州（今青海乐都）

都督杨矩，要求将水草良好，宜于牧放的九曲（今青海贵德西）之地送给吐蕃，做为金城公主的汤沐邑。这个杨矩，因为受贿，没有上奏朝廷，就私自将一大片土地送给吐蕃了。吐蕃在这里修筑了洪济、大漠门两座城池，做为军事据点。

开元二年（714）八月，吐蕃为了进一步发展势力，遂命其将军坌达延、乞力徐率10万之众进攻临洮军（今青海乐都附近），又进攻兰州（今甘肃兰州）、渭州（今甘肃陇西东）、渭源（今甘肃渭源）。所到之处，掠夺牧马，使唐遭受重大损失。于是，玄宗命薛讷为陇右防御使，以郭知远为副使，还有太仆少卿王晙等人，共同回击吐蕃。

这次吐蕃大举向内地进攻，与原来杨矩把九曲之地送与吐蕃密切相关。因为九曲之地非常肥沃，水草丰富，适于牧放，吐蕃在唐境内得到这样一片地方，自然有利于吐蕃马肥兵强，便于向内地进攻。正因为如此，吐蕃这次向内地进攻，杨矩深感自己罪责难逃，于是，他畏罪自杀了。

十月，薛讷与吐蕃战于武街（在今甘肃渭源境内），吐蕃大败。这时，吐蕃的坌达延率众10万人屯于大来谷（在今甘肃渭源境内），薛讷与王晙联合进攻坌达延。王晙选勇士700人，皆穿吐蕃衣服，夜袭敌营。同时，又置鼓角于其后5里，前军遇敌大呼向前，后人鸣鼓角以相策应，吐蕃军以为唐大军来到，惊慌失措，自相杀伤，死者上万人。薛讷在武街，距大来谷20里，吐蕃军正处在薛讷与王晙之间，王晙又发动一次夜袭，再败吐蕃，与薛讷会合。两军会合后，又追击吐蕃军至长城堡（在今甘肃临洮北），双方再次大战，唐军又一次取得胜利。几次交战，吐蕃军损失数万人。当然，唐军也有死伤。丰安军使王海宾就是在这次战争中战死的。

这次战后，玄宗根据姚崇的建议，毁去九曲之地西部的黄河桥，不准吐蕃再进入九曲之地。毁桥，只能做为进行战争的临时手段，决非根本大计。所以，吐蕃与唐的战争还是不断爆发。为了防御吐蕃的进犯，玄宗于十二月设置陇右节度大使，以陇右防御副使郭知运充任节度大使，负责十二州的防务。这十二州包括：鄯州（治所在今青海乐都）、秦州（治所在今甘肃秦安西），河州（治所在今甘肃临复）、渭州（治所在甘肃陇西）、兰州（治所在今甘肃兰州）、临州（即兰州的一部分）、武州（治所在今甘肃武都）、洮州（治所在今甘肃临潭）、岷州（治所在今甘肃岷县）、郭州（治所在今青海贵德东）、叠州（治所在今甘肃迭部）、宕州（治所在今甘肃舟曲西）。这十二州，大体上相当于现在的甘肃东南部和青海东北部接界的地方。

总而言之，河西、陇右两节度使的防御范围，相当于现在甘肃的东南部到新疆的东部广大地区。在这样大的范围内进行周密的军事部署，吐蕃自然难以有所进展。

随着吐蕃势力的日益强大，其对唐的态度也有变化。开元十五年（727），"吐蕃既自恃兵强，每通表疏，求敌国之礼，言词悖慢"①，故而激怒了玄宗。玄宗命凉州都督王君㚟对吐蕃进行打击。在吐蕃"进攻甘州，焚掠而去"②的时候，王君㚟预料其兵已疲惫不堪，故而尾随其后，恰逢大雪天气，吐蕃兵被冻死者甚多，其余众从积石军（在今青海贵德西）西去。王君㚟先派兵深入吐蕃境内，将吐蕃储存在道旁的干草全部烧

---

①《旧唐书》卷196《吐蕃上》。
②《资治通鉴》卷213，开元十五年正月。

去。在吐蕃军到大非川（在今青海共和西），准备休兵养马时，发现草都被烧了，马被饿死者超过一半。这时，王君㚟与秦州都督张景顺乘机向吐蕃进攻，取得了很大胜利。

开元十五年（727）九月，吐蕃又攻陷瓜州（治所在今甘肃安西东），瓜州刺史田元献以及河西节度使王君㚟之父均被俘虏。同是，吐蕃的另一部又攻常乐（在今甘肃安西南），常乐县令贾师顺率众拒守。吐蕃攻城十多天，毫无进展。吐蕃遂向贾师顺提出，只要将城中财富送出，即可退兵。由此看来，吐蕃向内地进攻的目的是索取物质财富。在这方面，吐蕃与回纥完全一样，他们所到之处，都会给当地人民造成极大的灾难。

贾师顺忠于职守，一面坚决抵抗，一面表示无财富可送。吐蕃一无所得，遂毁瓜州城而退去。

不久，玄宗又命张守珪为瓜州刺史。张守珪到任，立即着手修复故城。正在修筑故城时，吐蕃突然又大军兵临城下，"城中相顾失色，莫有斗志"。张守珪镇静自若，他告诫部下道："彼众我寡，又疮痍之余，不可以矢刃相持，当以奇计取胜。"于是，他"于城上置酒作乐"。① 表示无忧无虑。吐蕃以为他有充分准备，未敢强攻而退。这时，张守珪出兵追杀，取得很大胜利。

十二月，玄宗认为吐蕃屡为边患，需要加强防御，遂命陇右道及诸军团兵5.6万人，河西道及诸军团兵4万人，又征关中兵万人集中于临洮（今青海乐都），朔方兵万人，集中于会州（今甘肃靖远），共同防秋。防秋，就是每逢秋季，草源充

---

①《资治通鉴》卷213，开元十五年闰九月。

足，战马肥壮时，吐蕃肯乘机内犯，这时，唐就利用以上兵力防止吐蕃进攻，谓之防秋。玄宗采取这种措施，说明吐蕃向内地进攻已经是常有的事了。

尽管战争屡有发生，但由于唐皇朝国富兵强，吐蕃很难深入唐境内地。因此，吐蕃也常根据其国内情况，不断变换对唐的态度。开元十八年（730），由于屡战不胜，吐蕃要求与唐议和，玄宗也乘机派人前往探望金城公主。于是，吐蕃赞普非常高兴，遂派人随唐使臣入朝，并且上表道："外甥是先皇帝舅宿亲。又蒙降金城公主，遂和同为一家，天下百姓，普皆安乐。"他还表示：玄宗"降使看公主来，外甥不胜喜荷"。对于边防的争端，赞普也向玄宗说明："外甥蕃中已处分边将，不许抄掠，若有汉人来投，便令却还。伏望皇帝舅远察赤心，许依旧好，长令百姓快乐。"① 玄宗对吐蕃的这种态度当然表示欢迎。

开元十九年（731）正月，吐蕃又遣使代表金城公主到长安要求取《毛诗》、《春秋》、《礼记》等书，玄宗满足了吐蕃的要求。不难看出，唐与吐蕃不断交战的同时，也有友好相处，互相交往的一面。

总的看来，在玄宗执政时期，由于在西北设置河西节度使、陇右节度使，还有朔方节度使，部署有强大的军事力量，遏制了吐蕃向内地的进攻。由于吐蕃向往唐的经济和文化，在其军事力量难以达到目的时，就用和亲等软的手段满足其欲望。因此，战争和友好相处经常是交替进行。不过，不管是战争还是友好相处，都是以唐皇朝的强大，对吐蕃有遏制的能力

---

①《旧唐书》卷 196 上《吐蕃上》。

才得以实现的。

安禄山叛乱以后，西北的形势逐步发生变化。原来防备吐蕃的精锐部队纷纷内调，开赴与安禄山作战的前线，所留下的军事力量根本不能抵御吐蕃的进攻。所以，陇右、河西所属的州县不断为吐蕃所蚕食。"数年间，西北数十州相继沦没，自凤翔以西，邠州以北，皆为左衽矣"。①也就是说，吐蕃逐步控制了河西、陇右之地以后，其势力已经发展到关中西部了。

广德元年（763）九月，吐蕃又发动攻势，边将告急，颇有权势的宦官程元振不向代宗反映实际情况，代宗一无所知。十月，吐蕃进攻泾州（治所在今甘肃泾川），泾州刺史高晖以城投降，并为吐蕃充当向导，引吐蕃向内地深入，一直过了邠州（治所在今陕西彬县），代宗才有所闻。接着，吐蕃进攻奉天（今陕西乾县）、武功（今陕西武功西），京师震骇。

代宗惊恐万状，急忙命雍王李适为关内元帅，郭子仪为副元帅，出镇咸阳（今陕西咸阳东），抵御吐蕃。郭子仪因遭宦官程元振的陷害，从宝应元年（762）八月开始，就被置闲于京师，手中没有军队。这时要他出征御敌，只有临时募集人马，仓猝凑合了20骑，前往咸阳。这时，吐蕃带领吐谷浑、党项、氐、羌等20万众，弥漫数十里，已从司竹园（在今陕西周至境内）南渡渭河，循山而东，向长安前进。郭子仪看到形势严重，立即使判官中书舍人王延昌向代宗要求增兵。由于程元振的阻挠，代宗没有召见王延昌，当然更谈不上增兵了。

在吐蕃进攻盩厔（今陕西周至）时，渭北行营兵马使吕月将率精兵2000人曾大破吐蕃军。但由于双方力兵悬殊过大，

---

①《资治通鉴》卷223，广德元年七月

吕月将终因寡不敌众,苦战至精疲力竭,兵众全部牺牲后为吐蕃所俘虏。

在吐蕃逼近长安时,代宗惊慌失措,逃往陕州(治所在今河南陕县),其他官员也都四处逃散藏匿,各自求生去了。郭子仪闻知长安混乱的情况,立即从咸阳回京。但在他回到长安时,代宗已经离京东去了。

代宗出城东去,刚渡浐水(在今陕西西安东郊),随行的射生将王献忠就带领400骑兵背叛代宗,西返长安;并胁迫丰王李琪(玄宗子)等人,西迎吐蕃。王献忠等一行西行至开元门(长安外郭城西面北头第一门),碰到从咸阳回京的郭子仪,郭子仪怒斥王献忠等人,然后护送代宗东去。代宗到了华州(治所在今陕西华县),当地官员已经逃散,无人为代宗等解决食宿问题,其随从人员挨饿受冻,苦不堪言。这时,原为进攻史朝义而暂住陕州的观军容使鱼朝恩,率神策军来迎接代宗,代宗才随鱼朝恩到了陕州。

十月初九日,吐蕃进入长安,投降吐蕃的泾州刺史高晖与吐蕃大将马重英等立故邠王守礼(高宗孙,章怀太子之子)之孙李承宏为帝,并设置百官,改年号,表示要取替代宗。当然,这并非吐蕃的真正目的,吐蕃的真正目的是要掠夺财富。所以,吐蕃到长安后,"剽掠府库市里,焚闾舍,长安中萧然一空"。① 不仅如此,在代宗逃离时未曾追随而去的一些散兵游勇也乘火打劫,洗劫市民。所以,长安市民又一次经历了沉重的战争灾难。

郭子仪送走代宗,自己经蓝田(今陕西蓝田)到商州(今

---

① 《资治通鉴》卷223,广德元年十月。

陕西商州），收集了一些从长安溃逃的散兵游勇，又会合了武关（在今陕西丹凤东南）的守军，共得4000人，才有了一支军队的声势。本来，代宗欲使郭子仪去陕州，对其执行保卫任务。郭子仪认为，有他这一支军队威胁京师，吐蕃不可能东逼代宗。看来，郭子仪确有军事家的眼光，事实的发展没有超出郭子仪的预料。

吐蕃在长安立李承宏为帝后，打算"掠城中士、女、百工，整众归国"。① 不料，郭子仪已派人侦察了长安的情况。郭子仪派少数骑兵逼近长安，日间张旗击鼓，夜间燃火虚张声势。同时，城中也四处传布郭子仪率大军将从商州进兵京师。另外，郭子仪还派人潜入长安城中，暗中联络数百少年，于夜间在朱雀大街击鼓呐喊。这些情况，都使吐蕃惊恐万状，不知所措。十月二十日，吐蕃在惶惶不可终日中离开长安。原来投降吐蕃的高晖，这时顿感失去靠山，被主子抛弃；无可奈何，只好又率麾下300余骑东去欲归附代宗。不料，行至潼关，就被潼关守将李日越擒而杀之了。人无远虑，必有近忧。高晖在泾州贪生怕死，降于吐蕃，并为其充当向导；但在吐蕃认为他无所用处时，又抛弃了他，致使他身首异处，身败名裂。由此可见，政府官员在政治风云的变幻中，必须要有远见，要有坚定的信念；决不可苟且偷安，得过且过。

十二月二十六日，代宗回到长安。吐蕃虽然退去，但还是时常为患边防。就在代宗回到长安不久，吐蕃就攻陷松州（治所在今四川松潘）、维州（治所在今四川理县东北）、保州（即奉州，治所在今四川理县北）等地，西川节度使高适无力抵

---

①《资治通鉴》卷223，广德元年十月。

抗。于是，剑南西山（指今四川西部雪山）诸州都被吐蕃占领了。第二年（764）七月，在仆固怀恩的引诱下，吐蕃又和回纥共同进攻关中。由此可见，代宗回到长安后，吐蕃对唐的威胁仍然没有减轻。

至德元年（756）六月，安禄山叛军攻破长安；广德元年（763）九月，吐蕃又攻破长安。前后7年之久，京师两次陷落，说明唐皇朝的国力大有损伤，执政者的才能也远非昔日了。武德九年（626）八月，太宗刚刚即位，突厥就兵临渭水北岸，直接威胁长安。但太宗镇静自若，率领少数文臣武将，亲赴战场前沿，智退强敌。也曾号称明君的玄宗就不同了。在他的晚年，骄奢淫逸，大权旁落，贤臣被拒之朝廷之外，佞臣擅权弄法，胡作非为。所以，他面对安禄山叛乱，束手无策，叛军尚在潼关，他就离京西去了。面对吐蕃的进攻，代宗更是懦弱无能，仓猝出走，狼狈不堪。由此看来，玄宗失京和代宗失京虽然情况不同，但也有共同之处，这就是同样在强敌进攻时，缺乏有力的对策。若把两者联系起来看，前者和后者有一定的因果关系。因为安禄山叛军攻破长安后，肃宗为了恢复唐王朝的统治，收复京师，不得不调动西北守边的军队，这样，就给吐蕃向内地发展势力提供了方便。正因为如此，我们把吐蕃进攻长安视为是安禄山叛乱的后果之一。

2 藩镇割据局面的形成

藩镇割据局面的形成，也与安禄山、史思明的叛乱密切相关。安禄山、史思明相继失败后，史朝义也很快日暮途穷，走向末路。在这种情况下，原来安禄山、史思明的部将，为了避免灭顶之灾，都想另找出路，保存实力。从唐朝廷方面说，由于7年多的战争，也使唐皇朝损失惨重，疲惫不堪，希望早日结束战争。另一方面，前线的统帅仆固怀恩担心战争结束后自己会失宠于皇帝，故而欲把安禄山、史思明的部将改变为自己的属下，以便壮大自己的声威，所以，他极力促使手握重兵的敌将投降。在以上各种因素的影响下，代宗表面上接受了安禄山、史思明部将的投降，实际上是保留了他们原有的权力和地位。这就是藩镇割据局面形成的渊源。

宝应元年（762）十一月，正当史朝义穷途末路时候，其邺郡节度使薛嵩以相州（治所在今河南安阳）、卫州（治所在今河南卫辉）、洺州（治所在今河北永年东南）、邢州（治所在今河北邢台）等地向唐投降；其恒阳节度使张忠志以赵州（治所在今河北赵县）、恒州（治所在今河北正定）、深州（治所在今河北深县）、定州（治所在今河北定县）、易州（治所在今北易县）等地向唐投降。广德元年（763）正月，追随史朝义的田承嗣在莫州（治所在今河北任丘北）送走史朝义，立即就降于唐军。接着，史朝义的范阳节度使李怀仙也向唐投降。不久，代宗以张忠志为成德军节度使，统领恒、赵、深、定、易五州，并赐其姓李，名宝臣。接着，又命薛嵩为相、卫、邢、洺、贝（治所在今河北清河）、磁（汉所在今河北磁县）六州节度使，又命田承嗣为魏（治所在今河北大名北）、博（治所在今山东聊城东北）、德（治所在今山东陵县）、沧（治所在今河北沧州东南）、瀛（治所在今河北河间）五州都防御使，后为魏博节度使，又命李怀仙为幽州（即范阳）卢龙节度使。不难看出，大体说，现在的河北，河南的北部以及山东的西北部，都成了安禄山、史思明旧部的势力范围。

这些投降的将领，表面上是唐朝的官员，实际上他们自行其事，根本不把朝廷放在眼里，他们可以随意任免所属官史，也不向中央贡纳赋税，他们之间，互为表里，甚至联姻，成为实际上的独立王国。正如史书所载："承（成）德节度使李宝臣，魏博节度使田承嗣，相卫节度使薛嵩，卢龙节度使李怀仙，收安、史余党，各拥劲卒数万，治兵完城，自署文武将吏，不供贡赋，与山南东道节度使梁崇义及（李）正己皆结为婚姻，互相表里。朝廷专事姑息，不能复制，虽名藩臣，羁縻而已。"① 仅举数例，即可说明问题。

田承嗣，在开元末年是安禄山的前锋兵马使，安禄山、史思明两次攻陷洛阳，他都是主要角色。投唐以后，"虽外受朝旨，而阴图自固，重加税率，修缮兵甲，计户口之众寡，而老弱事耕稼，丁壮从征役，故数年之间，其众十万"。他从所属军人中选拔身强力壮者一万人，称谓衙兵，以备自卫。州县的官吏，都由他自行任免，"户版不籍于天府，税赋不入于朝廷，虽曰藩臣，实无臣节"。② 代宗为了笼络田承嗣，竟将其女永乐公主嫁于田承嗣子田华为妻。其实，这样适得其反，田承嗣更为骄横傲慢，不可一世。

大历八年（773）九月，田承嗣既为唐的魏博节度使，又明目张胆的为安禄山、安庆绪父子和史思明、史朝义父子立祠堂，称为四圣，并要求做宰相。代宗无可奈何，只好命宦官魏知古前去劝说其毁去四圣祠堂，给其加上宰相的头衔。

大历八年（773）正月，相卫节度使薛嵩去世，代宗命薛

---

① 《资治通鉴》卷223，永泰元年七月。
② 《旧唐书》卷141《田承嗣传》。

嵩弟薛崿为留后。大历十年（775）正月，田承嗣乘薛崿内部矛盾激化，引兵进攻相州（治所在今河南安阳）。代宗命魏知古劝告田承嗣各守封疆，不要互相攻伐。田承嗣仍然我行我素，在诱杀了卫州刺史薛雄（薛嵩族人）以后，占领了相、卫四州之地。然后，他"自置长吏，掠其精兵良马，悉归魏州；逼魏知古与共巡磁、相二州，使其将士割耳劙面（割耳劙面是突厥、回纥等族的习俗，是表示效忠主子的意思），请承嗣为帅"。① 就这样，原来薛嵩的地盘全为田承嗣所有了。

李宝臣，原名张忠志，是范阳城旁奚族人。因其善于骑射，曾为安禄山的射生官，又为安禄山假子。降唐以后，据有恒、定、易、赵、深、冀六州之地，"后又得沧州步卒五万、马五千匹，当时勇冠河朔诸帅。宝臣以七州自给，军用殷积，招集亡命之徒，缮阅兵仗，与薛嵩、田承嗣、李正己、梁崇义等连结姻娅，互为表里，意在以土地传付子孙，不禀朝旨，自补官吏，不输王赋"。② 不难看出，他拥有自己的军队和地盘，有自己任命的官吏，经济上独立，还想把自己的家业传给子孙，实行世袭。显然他是一个独立王国之主。

李怀仙，柳城（今辽宁朝阳）胡人，先后追随安禄山、史思明叛乱。降唐以后，因吐蕃向内地进攻，"朝廷多故，怀仙等四将各招合遗孽，治兵缮邑，部下各数万劲兵，文武将吏，擅自署置，贡赋不入于朝廷，虽称藩臣，实非王臣也。朝廷初集，姑务怀安，以是不能制"。大历三年（768）六月，幽州兵马使朱希彩、经略副使朱泚等人，杀了节度使李怀仙，朱希彩

---

① 《资治通鉴》卷225，大历十年二月。
② 《归唐书》卷142《李宝臣传》。

自称留后。代宗本来欲另派王缙去做节度使,但王缙认为朱希彩难以控制,不愿赴任。代宗只好妥协,于十一月正式命朱希彩为幽州节度使。朱希彩和李怀仙一样,"暴横自恣,无礼于朝廷"。①

这些藩镇,他们既有互相联姻,狼狈为奸的一面,也有因利害冲突,自相攻伐的一面。例如,李宝臣弟李宝正娶田承嗣女为妻,李宝正在和田承嗣子田维击毬时,误伤田维而死。田承嗣遂杖杀李宝正,于是引发了一场李宝臣与田承嗣之间的战争。这时,代宗也正感到田承嗣桀骜不驯,正想对其制裁。于是,遂贬田承嗣为永州(治所在今湖南零陵)刺史,并命河东、成德(李宝臣)、幽州、淄青、淮西、永平、汴宋、河阳、泽潞诸道兵共同进击田承嗣。田承嗣看到大兵压境,难以对抗,遂表示愿意顺从朝廷。李宝臣因遭宦官羞辱,也不愿再为朝廷卖力。于是,大历十一年二月,代宗下诏,赦田承嗣,恢复其官爵,允许其与家属入朝,其所部曾拒朝命者,一切不问。这就是说,藩镇割据的局面还要继续下去。

除了这些投降唐朝的叛军将领以外,还有在平定叛乱过程中起家的一些将领,他们多以功臣自居,要挟朝廷,逐步成为既有军队,又有地盘的割据势力了。

周智光,因其少年贫贱,史书未记其出身及家世。由于他善于骑射而从军。在宦官鱼朝恩为观军容使,镇守陕州时,他尽力接近鱼朝恩。由于鱼朝恩的推荐,他先为华州(治所在今陕西华县)刺史,后为同华节度使及潼关防御史,永泰元年(765)九月,吐蕃进攻关中,代宗命周智光屯兵同州(治所在

---

① 《旧唐书》卷143《李怀仙传》。

今陕西大荔),鄜坊节度使杜冕屯兵坊州(治所在今陕西黄陵),以防吐蕃进攻。周智光在澄城(今陕西澄城)打败吐蕃后,又继续追逐吐蕃至鄜州(治所在今陕西富县)。鄜州自然是鄜坊节度使杜冕的势力范围。周智光与杜冕素来不和睦,这时,周智光乘机杀了鄜州刺史张麟,又坑杀了杜冕家属81人,并焚烧坊州庐舍3000余家。同样都是节度使,周智光竟敢私自坑杀张麟的家属,又杀其州刺史,显然是目无朝廷,横行霸道。但是,代宗毫无问罪的表示。

大历元年(766)正月,周智光回到华州。代宗召他,他置之不理。代宗命杜冕到梁州(治所在今陕西汉中)去避开周智光,周智光又派兵到梁州截杀杜冕,结果,未能如愿。于是,他"自知罪重,乃聚亡命、无赖子弟,众至数万,纵其剽掠以悦其心,擅留关中所漕米二万斛,藩镇贡献,往往杀其使者而夺之"。[①] 周智光的地盘,正是关东、河东各地与长安联系的咽喉之地,他敢截留运往长安的粮食,又敢劫杀各地与中央来往的使者,这和安禄山、史思明又有什么区别呢!更为甚者,这年十二月,驻陕州的监军张志斌(宦官)从陕州回京,途经华州时批评其部下不够恭敬,周智光怒不可遏,立即杀了张志斌,并割其肉而食之。由于周智光如此惨无人道,所以,来往京师者都是暗中偷过其境。即使如此,也有不少人死于同州。

周智光蔑视朝廷,为所欲为,代宗仍然采取姑息政策。十二月二十七日,代宗命宦官余元仙去华州任命周智光为检校尚书左仆射,周智光随口骂道:"智光有大功于天下国家,不与

---

①《资治通鉴》卷224,大历元年正月。

平章事（宰相）而与仆射！且同、华地狭，不足展材，若益陕、虢、商、鄜、坊五州，庶犹可耳。"还更加狂妄地说："此去长安百八十里，智光夜眠不敢舒足，恐踏破长安城，至于挟天子令诸侯，惟周智光能之。"① 非常明显，周智光公开要求当宰相，扩大地盘，挟天子令诸侯。余元仙看到周智光这种狂傲不可一世的态度，吓得浑身发抖，不敢言语。在这种情况下，郭子仪要求讨伐周智光，代宗还是没有允许。看来，在藩镇面前，皇帝的威风已经扫地以尽了。

后来，代宗忍无可忍，遂密诏郭子仪讨伐周智光。本来，周智光麾下早有离心，这时闻知郭子仪要来讨伐，其大将李汉惠就率部投降郭子仪。不久，周智光就被部下所杀。这时，奉命前来讨伐周智光的淮西节度使李忠臣，就乘机大肆抢掠。李忠臣"以收华州为名，帅所部兵大掠，自潼关至赤水（在今陕西华县西）二百里间，财畜殆尽，官吏有衣纸或数日不食者"。② 由此可见，一个藩镇奉命去讨伐另一藩镇，是另有企图，为所欲为；决不是为了加强皇权，更不是为了国家的统一。

李忠臣，本名董秦，曾是安禄山的麾下。安禄山叛乱后，他背离安禄山，站在唐军一边。在平定安禄山、史思明的叛乱中，他立过很多战功。乾元二年（759）九月，史思明大举南进，身为濮州刺史的董秦曾一度投降史思明。到了十月，董秦随史思明进攻河阳（今河南孟县）时，于夜间率500骑归附唐军统帅李光弼。十一月，肃宗为了笼络董秦遂以他为陕西、神

---

① 《资治通鉴》卷224，大历元年十二月。
② 《资治通鉴》卷224，大历二年正月。

策两军兵马使,并赐其姓李,名忠臣。

李"忠臣性贪残好色,将吏妻女多被诱胁以通之。又军无纪纲,所至纵暴,人不堪命。而以妹婿张惠光为衙将,恃势凶虐,军中苦之,数有言于忠臣,不之信也。俄以惠光为节度副使,令惠光子为衙将,陵横甚于其父"。① 在这方面,李忠臣和周智光是一丘之貉。他们对朝廷是阳奉阴违或公开对抗;对百姓则是为害一方,使人不堪忍受。

其他藩镇,也大同小异。他们"据要险,专方面,既有其土地,又有其人民,又有其甲兵,又有其财赋,以布列天下"。在安禄山、史思明彻底覆灭以后,"方镇相望于内地,大者连州十余,小者犹兼三四。故兵骄则逐帅,帅强则叛上。或父死子握其兵而不肯代;或取舍由于士卒,往往自择将吏,号为'留后',以邀命于朝。天子顾力不能制,则忍耻含垢,因而抚之,谓之姑息之政"。② 朝廷之所以实行姑息政策,一来是朝廷无力消灭他们,二来是吐蕃不断向内地进攻,又需要他们抵抗吐蕃,三来是朝廷欲利用这些藩镇去对付另一些藩镇。总之,朝廷是既痛恨藩镇又欲利用藩镇,故而姑息政策也就不可避免了。这种现象,是安禄山、史思明叛乱结束后出现的又一社会特点。

3 战争对经济的破坏

安禄山、史思明的叛乱,使北方广大地区都遭到战事的破

---

①《旧唐书》卷145《李忠臣传》。
②《新唐书》卷50《兵志》。

坏。接着，又有吐蕃的向内地发展，藩镇之间的相互攻伐，都为北方经济的发展造成了极大的困难。长安、洛阳，先后遇到叛军的破坏，回纥、吐蕃、唐军以及一些地方无赖又都乘机抢劫，两都所遭损失，自然难以数计。至于其他地方所遭的战争灾难，也极其严重。

史书记载，当时京师的情况就非常严重。"时新承兵戈之后，中外艰食，京师米价斗至一千，官厨无兼时之积，禁军乏食，畿县百姓乃挼穗以供之"。潼关到郑州之间，也是一片凄凉景象，"函（函谷关）、陕（陕州）凋残，东周（洛阳一带）尤甚。过宜阳（今河南宜阳）、熊耳（即熊耳山，在洛阳西），至武牢（即虎牢关，在今河南荥阳西）、成皋（即虎牢），五百里中，编户千余而已。居无尺椽，人无烟爨，萧条凄惨，兽游鬼哭"① 另一处记载，所谈到的地区范围更大，情况更为严重。

当代宗为避吐蕃进攻长安之难逃往陕州时，宦官程元振曾劝代宗东去洛阳，兵部侍郎张重光阻止道："夫以东周之地，久陷贼中，宫室焚烧，十不存一。百曹荒废，曾无尺椽，中间畿内，不满千户，井邑榛棘，豺狼所嗥，既乏军储，又鲜人力。东至郑（今河南郑州）、汴（今河南开封），达于徐（今江苏徐州）方，北至覃怀（今河南沁阳一带），经于相土（今河南安阳），人烟断绝，千里萧条。"② 非常明显，这一记载，地域范围远远超过前者。前者所谈范围指潼关以东到郑州以西，这一记载所谈范围指洛阳到徐州，还包括黄河以北的相当一部

---

①《旧唐书》卷123《刘晏传》。
②《旧唐书》卷120《郭子仪传》。

分地方。实际上的战争灾难远远不止这些地区。

永泰二年（即大历元年公元766年），道州刺史元结用对比的方式说明安禄山、史思明叛乱前后北方经济的显著变化。他说："开元天宝之中，耕者益力，四海之内，高山绝壑，耒耜亦满。人家粮储，皆及数岁，太仓委积，陈腐不可较量。……当今，三河膏壤，淮泗沃野，皆荆棘已老，则耕可知？太仓空虚，雀鼠犹饿。至于百姓，朝暮不足，而诸道聚兵百有余万，遭岁不稔，将何为谋！今欲劝人耕种，则丧亡之后，人自贫苦，寒馁不救，岂有生资。"① 这种前后的巨大变化，正说明从安禄山叛乱开始的各种战争对北方经济的严重破坏。这段记载所谈到的地域范围更为广泛，三河，指河南、河北、河东（今山西）广大地区；淮泗，指今江苏、安徽北部大部地区。总的看来，用现在的地理概念说，从关中到苏北，从淮河以北到河北，在这样广大的地区内，都遭到了战争的破坏，破坏的后果极其严重。

4 宦官干预政事，朝廷涣散无力

宦官是皇室的奴才，在一般情况下，宦官只能唯命是从，不能随心所欲。不过，这只能是在皇帝奋发有为，积极进取，勤于政事的前提下，宦官才能安于奴才的地位。像太宗那样的皇帝，很有作为，事必躬亲，千方百计要把国家推向富强。在这时候，宦官只能是顺从皇帝，不能为所欲为。所以，太宗时宦官的地位不高，内侍省不置三品官，内侍省的长官内侍才是

---

①《全唐文》卷380《问进士·第三》。

四品。内侍省是宦官机构,当时的宦官只是从生活方面为皇室服务,根本不能参与政事。所以,未曾出现名见史册的宦官。

玄宗即位初期,颇有朝气,很有作为,实行各种改革,对国家的富强有很大贡献。到了后期,他满足于现状,不再进取,逐步沉湎于酒色之中,成为骄奢淫逸,怠于政事的皇帝。既然皇帝懒于理政,整日为其服务的宦官自然就有了参与政事的可乘之机。因为他们接触皇帝的机会最多。

高力士是玄宗的亲信宦官,由于玄宗懒于理政,"每四方进奏文表,必先呈力士,然后进御,小事便决之"。高力士代替玄宗处理政事,玄宗不仅没有感到是对自己的威胁,反而高兴地说:"力士当上,我寝则稳。"[1] 不难看出,高力士参与政事的作用已经非常明显了。

李辅国是肃宗的心腹宦官。安禄山叛军入关,玄宗逃往成都,他支持肃宗到灵武即位,故而受宠于肃宗,受到重用。于是,他也参与政事,"四方奏事,御前符印军号,一以委之"。回到长安后,"宰臣百司,不时奏事,皆因辅国上决"。他可以随意处分各级官吏,"无敢异议者"。后来,他竟敢把玄宗逼出兴庆宫,又做了朝廷官员,为兵部尚书,还要求为宰相,全面掌握朝廷大权。这样的宦官当然不是皇室的奴才,而是朝廷的主宰了。后来,因他支持代宗即位,自恃有功,公然要求代宗听他处理一切政务。代宗敢怒而不敢言,"政无巨细,皆委参决。"[2]

鱼朝恩是肃宗、代宗时在军事方面发挥作用的宦官。安禄

---

[1]《旧唐书》卷184《高力士传》
[2]《旧唐书》卷184《李辅国传》。

山被杀后,安庆绪退守相州(治所在今河南安阳),郭子仪、李光弼等九节度使进攻安庆绪于相州。肃宗错误的认为宦官可靠,遂于九节度使之上不设统帅,而以鱼朝恩为观军容宣慰处置使,负责处理全面作战事宜。结果作战失败,鱼朝恩嫁罪于郭子仪。史思明再次进攻洛阳,他率禁军镇守陕州(治所在今河南陕县)。后来,吐蕃进攻长安,代宗出走,他又率禁军迎代宗到陕州。为了显示他是文武全才,特请一些迂腐儒生讲《五经》大义,作文章,表示他既能统军打仗,又是学者。当然,其目的是为了向皇帝邀宠。事实上他也达到了目的,史书所载:"朝恩恣横,求取无厌,凡有奏请,以必允为度,幸臣未有其比。"[1] 这就是说,皇帝对鱼朝恩来说,是有求必应。这样的宦官,实际上是皇帝的任意摆布者。

随着宦官势力的日益发展,宦官在政治上的作用愈来愈大,宦官不仅左右政局,甚至可以废立皇帝。由于宦官地位的日益提高,权力越来越大,必然影响以宰相为首的政府官员发挥作用。政府官员徒有其名,没有权力,当然不能坐视宦官势力的膨胀。于是,又产生了南衙北司也就政府官员与宦官之间的权力之争。不管是宦官专权,还是南衙北司之争,都意味着皇权的削弱,朝廷涣散无力。这又是在安禄山开始叛乱以后逐步形成的另一特殊现象。

---

[1]《旧唐书》卷184《鱼朝恩传》。

十九 安禄山、史思明评说

安禄山、史思明都是唐代历史上的反面人物,他们发动了大规模的叛乱战争。战争所及的范围,有大半个中国。这场战争,破坏了安定的社会局面,使已经在全国统一之后未再遭受大规模战争之苦的广大人民,又陷入战争带来的水深火热之中。北方广大地区的经济遭到严重破坏,民众的生命财产都遭到重大损失。他们的叛乱,虽然也冲破了玄宗醉生梦死的氛围,促使肃宗不得不改弦更张,为恢复唐在全国的统治尽心竭力;但随着战争的发展所产生的各种错综复杂的矛盾,再加上战争的直接破坏,严重的削弱了唐朝的国力;同时,唐朝也没有再出现像高祖、太宗、早年的玄宗那样智勇兼备的君主,故而唐朝的元气始终没有恢复起来。因此,如果说安禄山、史思明叛乱是唐朝由盛而衰的转折点,是完全符合实际的。

1 安禄山、史思明叛乱的性质

安禄山、史思明都是杂种胡人,在其叛乱的队伍中有大量的胡人,特别是其亲信力量,是安禄山"养同罗及降奚、契丹曳落河(健儿)八千余人为假子,及家童教弓矢者百余人",

用笼络的手段,"推恩信,厚其所给"① 组成的。不仅如此,安禄山在他叛乱前的天宝十四载(755)的二月,还要求以蕃将32人代替汉将。根据这些事实,是否可以说安禄山、史思明的叛乱是民族战争呢?回答只能是否定的。

首先,安禄山、史思明都是唐皇朝的边将,他们都是唐朝廷任命的官员。安禄山是对玄宗采取阳奉阴违的手段,逐步取得玄宗的信任,而日益权大位尊的。固然,安禄山的阳奉阴违手段对玄宗发挥了作用,但也不容讳言,安禄山在守边过程中对奚、契丹等人作战时,也确有战功。天宝十三载(754)二月,安禄山要求玄宗:"臣所部将士讨奚、契丹、九姓、同罗等,勋效甚多,乞不拘常格,超资加赏,仍好写告身付臣军授之。"② 玄宗答应了他的要求,对其部属任命为将军者500余人,命为中郎将者2000余人。安禄山还自恃有功,要求要做宰相。杨国忠反对道:"禄山虽有功,目不知书,岂可为宰相!制书若下,恐四夷轻唐。"③ 杨国忠与安禄山是誓不两立的政敌,杨国忠承认他有功,自然不会是虚构。他的部属中虽然有相当数量的北方各族的成员,但也主要是利用这些成员过去曾有过的反唐情绪,因为这些成员多是战败降服者。他利用这些成员的反唐情绪,主要是为了实现他阴谋叛唐的目的。

从另一方面说,唐朝廷承认他对奚、契丹、同罗作战有功,也说明安禄山在民族战争中是代表了唐皇朝的利益。再者,他向唐朝廷邀功求赏,也说明他视为唐立功颇为光荣。这都说明安禄山与唐朝廷是地方官员与中央政府的关系,根本不

---

① 《安禄山事迹》第12页。
②③ 《资治通鉴》卷217。天宝十三载二月。

是与唐为敌的民族和政府的关系。

其次,安禄山、史思明的叛乱根本不代表任何民族的利益。安禄山开始叛乱的导火线,是他与杨国忠在玄宗面前争宠的失败。天宝十三载(754)正月,玄宗曾经打算任命安禄山为宰相,由于杨国忠反对而未能实现。为此,安禄山当然耿耿于怀。由此可见,安禄山是想做朝廷的大官,掌握国家的实权。杨国忠是宰相,安禄山也想做宰相,显然这是统治集团内部争权夺利的斗争,根本不存在民族关系的问题。安禄山是打着反对杨国忠的旗号开始叛乱的,他反对杨国忠,不是为了某一民族的利益,而是为了实现自己的阴谋,取杨国忠而代之,再取玄宗而代之。他叛乱打进洛阳后,立即建国称帝,正说明这个问题。从另一方面说,他的队伍中虽然有许多北方各族的成员,但也有不少汉人,还有唐的降官降将。他利用这些汉人和唐的降官降将,建立自己的朝廷,大体上也模仿唐的建制。这又说明他叛乱的目的是为了取唐而代之,并非为了某一民族的利益。最能说明问题的,是安禄山、史思明的叛乱没有为任何一个民族带来好处。因此,安禄山、史思明的叛乱是为了统治集团内部权利的再分配,根本不是因民族关系紧张而爆发的战争,故而它是唐的地方势力反对中央政府的战争,是叛乱的性质。

2 安禄山、史思明叛乱的影响

受安禄山、史思明叛乱影响最大的是唐与西域的关系。自从西汉张骞通西域以后,中原与西域的交往日益频繁,关系日益密切。从唐初到开元、天宝年间,由于唐的国力强盛,高度发展的经济和文化富有魅力，唐和西域的关系有了进一步发展。《旧唐书·西戎传》和《新唐书·西域传》都详细记载了唐与西域交往的情况。这些记载，主要是安禄山叛乱以前的情况，安禄山、史思明叛乱后的情况就非常简单了。这种前后不同的原因，主要是安禄山开始叛乱后，唐在西北的军队东调，吐蕃乘虚而入，割断了唐与西域的联系。史书记载："有唐拓境，远极安西，弱者德以怀之，强者力以制之。开元之前，贡输不绝。天宝之乱，边徼多虞，邠郊之西，即为戎狄，蕞街之邸，来朝亦稀。"① 古代史家的这种论述，完全符合事实。西域的范围很广，包括现代中国的新疆维吾尔自治区和亚洲西部广大地区。唐和这些地区的交往遭到破坏，实际上是影响了相当范围内的国际间的经济文化交流。这种影响是非常深远的。

安禄山、史思明的叛乱，最严重的影响是加速了社会矛盾的发展。由于藩镇割据，大大缩小了唐朝廷统治的范围。例如，田承嗣、李宝臣，各据河北七州之地，梁崇义据有今湖北、豫南六州之地，他们"相与根据蟠结，虽奉事朝廷而不用其法令，官爵、甲兵、租赋、刑杀皆自专之，上宽仁，一听其所为。朝廷或完一城，增一兵，辄有怨言，以为猜贰，常为之罢役；而自于境内筑垒、缮兵无虚日。以是虽在中国名藩臣，而实如蛮貊异域焉"。② 这样的藩镇，决不止田承嗣、李宝臣等人。他们既是独立王国，不向朝廷贡赋，当然减少了朝廷的财政来源。当然，这还是史朝义彻底失败以后的情况，至于战

---

①《旧唐书》卷198《西戎传·史臣曰》。
②《资治通鉴》卷225，大历十二年十二月。

争进行期间，战争涉及的范围之内，更不可能向朝廷贡赋了。

财政来源范围的缩小，必然加重朝廷直接控制地区的负担。例如，宝应元年（762）正月，租庸使元载认为江淮一带民较富裕，遂向这里征收从天宝十三载（754）到上元二年（761）共8年租调。他选择豪吏为县令，督促执行。这些官吏，"不问负之有无，赀之高下，察民有粟帛者发徒围之，籍其所有而中分之，甚者什取八九，谓之白著（无故而被夺财物）。有不服者，严刑以威之。民有蓄谷十斛者，则重足以待命，或相聚山泽为群盗，州县不能制"。① 百姓"相聚山泽为群盗"，当然是负担太重的缘故。就在这一年，台州（治所在今浙江临海）爆发袁晁起义，也同样是因百姓负担过重的结果。袁晁连续攻陷浙东许多州县，"民疲于赋敛者多归之"。② 这就是说，东南一带的百姓，虽然少遭或未遭战争之苦，但对朝廷的沉重负担，也使他们走投无路，铤而走险。这正是社会矛盾的发展甚至激化的标志。当时，史朝义还在垂死挣扎。本来，李光弼所部也是对史朝义作战的重要力量，但由于袁晁起义，李光弼不得不去对袁晁作战。镇压袁晁起义，当然分散唐军的力量。由此看来，社会矛盾的加剧严重影响着唐皇朝政权的巩固。

3 历史的经验和教训

安禄山能够发动叛乱的战争，首先是玄宗不能居安思危，

---

① 《资治通鉴》卷222，宝应元年建寅月。
② 《资治通鉴》卷222，宝应元年八月。

从而使自己由一个很有作为的皇帝转变为骄奢淫逸的醉生梦死者。在这方面，玄宗和太宗形成了鲜明的对比。

太宗非常重视历史的经验和教训。贞观十六年（642），太宗问魏徵道："观近古帝王有传位十代者，有一代两代者，亦有身得身失者。朕所以常怀忧惧，或恐抚养生民不得其所，或恐心生骄逸，喜怒过度。然不自知，卿可为朕言之，当以为楷则。"魏徵回答道："嗜欲喜怒之情，贤愚皆同。贤者能节之，不使过度，愚者纵之，多至失所。陛下圣德玄远，居安思危，伏愿陛下常能自制，以保克终之美，则万代永赖。"① 其实，魏徵的看法和太宗正是不谋而合。太宗在评论晋武帝时说："见土地之广，谓万叶而无虞；睹天下之安，谓千年而永治。不知处广以思狭，则广可长广；居治而忘危，则治无常治。"② 二人的观点集中起来，就是最高统治者必须居安思危，不可居治而忘危。正因为在这个基本问题上太宗与魏徵完全一致，故而魏徵颇得太宗赏识。魏徵虽然也批评过太宗后来不如以前，但太宗基本上做到了居安思危，所以，贞观年间社会安定，经济发展，政权巩固。呈现出长期被人赞颂的所谓"贞观之治"局面。

玄宗就不同了。他即位之初，也颇有作为，实行各种改革，重用贤人，注意缓和社会矛盾，也促使出现了所谓的"开元之治"。但他不能始终如一，而是"居治而忘危"，故而"治无常治"。在他的晚年，贪酒色，爱逸乐；不理政事，大权旁落；投其所好者被重用，忠言逆耳者被贬退；闭目塞听不知天

---

①《贞观政要》卷10《慎终》。
②《晋书》卷3《武帝纪论》。

下大事，形势突变惊慌不知所措。所以，司马光对他评论说："明皇恃其承平，不思后患，殚耳目之玩，穷声技之巧。自谓帝王富贵皆不我如，欲使前莫能及，后无以踰，非徒娱己，亦以夸人。岂知大盗在旁，已有窥窬之心，卒致銮舆播越，生民涂炭。乃知人君崇华靡以示人，适足为大盗之招也。"① 这就是说，玄宗不仅是居治而忘危，而且还要向别人炫耀他的富贵是前无古人，后人也不可逾越。但他不知道他的这种炫耀正起了招引大盗的作用。安禄山、史思明正是玄宗招引的大盗。

盗者与被盗者是互相对立的。盗者时刻在窥伺被盗者的动静，寻找可乘之机；被盗者如果严加防范，时刻准备对盗者进行打击；盗者自然难以得逞。在这方面，太宗以古为镜，善于总结历史的经验和教训，居安思危，使其成为值得赞扬的历史人物。为其总结经验和教训的《贞观政要》，受到历代中外政治家的重视。玄宗则完全相反，他抛开了太宗的经验和教训，刚愎自用，欲使自己成为史无前例，后无来者的富贵皇帝。这种梦想，终于被铁的事实所粉碎了。由此看来，最高统治者是否能够以古为镜，懂得前车覆，后车诫的道理，是其成功与失败的重要原因。玄宗的悲剧，进一步证明了必须重视历史的经验和教训有其深远的意义。

太宗说："以古为镜，可以知兴替。"② 这正是从总结历史的经验和教训中得出的结论。

---

① 《资治通鉴》卷218，至德元年七月。
② 《贞观政要》卷2《任贤》。

附 录

安禄山、史思明事迹系年表

年 月	年 龄	事 迹
长安三年（703）	1岁	安禄山、史思明出生。
开元二十四年（736）	34岁	安禄山为平卢将军，当年三月，安禄山奉范阳节度使张守珪之命对奚和契丹作战。因战败被张守珪问罪，将其执送京师。曾与安禄山同为互市郎的史思明，因负官债逃亡奚中。他冒充唐使，诱骗奚良将琐高入朝，然后，他又勾结平卢军使裴休之，执送琐高至幽州并坑杀琐高的所有随员。史思明因此而受到张守珪与玄宗的重视。
开元二十八年（740）	38岁	安禄山为平卢军兵马使。
开元二十九年（741）	39岁	御史中丞张利贞为河北采访使，至平卢，安禄山对其阿谀奉迎，尽力贿赂。张利贞回京，大加称

		赞安禄山。安禄山遂被命为营州都督，充平卢军使，两蕃、勃海、黑水四府经略使。
天宝元年正月（742）	40岁	安禄山为平卢节度使。
天宝三载三月（744）	42岁	安禄山以平卢节度使兼范阳节度使。
天宝六载正月（747）	45岁	安禄山以范阳、平卢节度使兼御史大夫。安禄山逐步受宠于玄宗，玄宗命杨铦、杨锜、贵妃三姊皆与禄山叙兄弟。安禄山被允许出入禁中，又请求为杨贵妃儿。安禄山野心勃勃，借口御寇，筑雄武城，大贮兵器，准备发展势力。
天宝九载五月（750）	48岁	玄宗赐爵于安禄山为东平郡王。唐将帅封王自此开始。
八月		安禄山又奉命兼河北道采访处置使。安禄山多次诱杀奚、契丹兵将，以报战功，请求入朝。玄宗为其在昭应（今西安临潼区）修建住宅，并命杨剑前往戏水（在今西安临潼区东）迎接安禄山进京。
天宝十载正月（751）	49岁	玄宗又于长安亲仁坊为安禄山修建住宅，豪华壮丽，难有可比

		者。杨贵妃为安禄山过生日。
	二月	安禄山又兼任河东节度使。严庄、高尚劝安禄山叛乱,安禄山组织8000人的亲兵。谓之"曳落河"(壮士)。又以严庄、高尚、史思明等为其骨干,准备叛乱。
	八月	安禄山率军6万征讨契丹,因遇雨又深入敌境而遭失败,史思明乘混乱之机逃亡山谷20天,在安禄山狼狈不堪时,史思明出见安禄山,安禄山对其大加称赞。
天宝十一载三月（752）		50岁	安禄山发兵20万进击契丹,欲雪去秋失败之耻。因突厥投降唐的将领阿布思(玄宗赐其名李献忠)叛离北去,安禄山未能得逞。
	十二月	平卢兵马使史思明兼北平太守,充卢龙军使。
		安禄山与哥舒翰素不协调,高力士奉命举办宴会欲和解其关系,二人在宴会上互相责骂不止。
天宝十二载正月（753）		51岁	杨国忠诱使安禄山诬李林甫与阿布思谋反,当时,李林甫已死未葬。
	二月	李林甫被削官爵,子孙有官者除名,近亲及党羽坐贬者50余人。

		安禄山与杨国忠进一步勾结。
五月		安禄山因蔑视杨国忠,使杨国忠大为不满。
天宝十三载正月(754)	52岁	杨国忠言称安禄山必然造反,建议玄宗试召安禄山入京,安禄山肯定不会应召。不料,安禄山召之即到。自此,玄宗更加相信安禄山。玄宗欲以安禄山为宰相,杨国忠以他"目不知书"为由,极力反对,玄宗遂以安禄山为左仆射。玄宗以安禄山为闲厩、陇右群牧使。安禄山又要求为群牧总监,玄宗又满足其要求。
二月		安禄山为了笼络人心,以其所部对奚、契丹作战有功为由,要求不拘常格,超资加赏。于是,所部任将军的500余人,中郎将的2000余人。
三月		安禄山离京回范阳,玄宗解御衣以赐之,安禄山受宠若惊,又怕杨国忠阻留,急速离开长安,昼夜兼行,回到范阳。
四月		安禄山俘虏奚王李日越。
天宝十四载二月(755)	53岁	安禄山使其副将何千年入奏,要求以蕃将32人代替汉将,玄宗

	立即同意。宰相韦见素、杨国忠极力说明安禄山必反，玄宗派宦官辅璆琳到范阳了解情况。辅璆琳受安禄山贿赂，回京盛言安禄山竭忠奉国，无有二心。玄宗更对安禄山信任不疑。
四月	杨国忠在京捕杀安禄山客李超等人。
七月	安禄山上表要献马3000匹，每匹马有执控夫2人，遣蕃将22人护送。自此，玄宗始对安禄山有所惑疑。恰巧辅璆琳受贿事被发现，玄宗遂命宦官冯神威持玄宗手诏命安禄山进京。安禄山对冯神威傲慢无礼，玄宗才感到问题严重。
十月	安禄山与亲信严庄、高尚等人密谋策划，准备造反。
十一月	安禄山以讨伐杨国忠为名，发兵15万，号称20万，反于范阳。玄宗闻安禄山反，命安西节度使封常清赴东京（今河南洛阳），募兵御敌。安禄山军进至博陵（今河北定县）、藁城（今河北藁城）、常山（今河北正定）太守颜杲卿密谋

	抗拒叛军。玄宗命斩安禄山子安庆宗（在京），命朔方右厢兵马使、九原太守郭子仪为朔方节度使，又命荣王琬为元帅、高仙芝为副元帅，统诸军东征。
十二月	高仙芝统军5万人离开长安东进，屯兵于陕州(今河南陕县)。
	安禄山自灵昌(今河南延津东北)渡河，攻陷陈留(今河南开封东南)，斩河南节度使张介然。
	平原(今山东平原)太守颜真卿准备抗拒叛军,附近诸郡多有响应。
	安禄山攻陷荥阳(今河南荥阳)后，继续西进。唐军封常清部在武牢(今河南荥阳西)战败，退守洛阳。
	安禄山进据洛阳。封常清退到陕州。河南尹达奚珣等投降安禄山。封常清与高仙芝共同退军于潼关。
	颜真卿杀安禄山使者,加强守备,被附近各郡推为盟主,坚决抵抗叛军。
	玄宗偏听监军边令诚诬陷，斩封常清、高仙芝于潼关。另外，又遣河西、陇右节度使哥舒翰镇守潼关。
	朔方节度使郭子仪、左兵马使李光弼先后于振武军(今内蒙古和林格

		尔西北)、静边军(今山西右玉)大破叛军。
		颜真卿、颜杲卿与太原尹王承业联络,准备断安禄山的归路。颜杲卿杀安禄山的使者,公开反对安禄山,河北诸郡响应者甚多。
		安禄山南进后,留在河北的史思明、李立节部,进击博陵(今河北定县)、常山(今河北正定)。
		安禄山本来预备攻取潼关,因知颜杲卿、颜真卿在河北反对叛乱,至新安(今河南新安)后又回到洛阳。
		安禄山部将蔡希德自河内(今河南沁阳)进攻常山。
至德元载正月(756)	54岁	安禄山自称大燕皇帝,改元圣武。史思明、蔡希德攻破常山,颜杲卿战至粮尽矢竭被俘。史思明进攻饶阳(今河北饶阳)。
		李光弼为河东节度使。
		玄宗命南阳太守鲁炅为南阳节度使,屯兵叶县(今河南叶县南)北,防止安禄山南进。
二月		史思明围饶阳29天,未能攻下。
		李光弼东出井陉(今河北井陉西北),攻下常山(今河北正定),史思明撤饶阳之围,欲夺回常

	山,被李光弼打败。 真源(今河南鹿邑)县令张巡在雍丘(今河南杞县)举兵抗拒安禄山。
三月	叛军将领李怀仙、杨朝宗、谢元同等,以4万余众围攻雍丘,被张巡击败。
四月	郭子仪引兵东进,与李光弼在常山会合。李光弼与郭子仪联军于九门(今河北正定东)大败史思明。
五月	郭子仪、李光弼联军于嘉山(在今河北曲阳)又一次大败史思明,史思明落荒而逃。安禄山知史思明失败,颇感恐惧,曾有放弃洛阳,回到范阳的打算。
六月	玄宗迫使哥舒翰出潼关与叛军交战,结果,于灵宝(今河南灵宝)西原被叛军打败,叛军攻克潼关。哥舒翰投降安禄山。 玄宗知潼关失败,决定逃亡成都。行至马嵬驿(今陕西兴平西),陈玄礼发动兵变,杀杨国忠、杨贵妃等人。太子李亨离开玄宗,前往灵武(今宁夏灵武西北)。

	安禄山未曾料到玄宗很快出走,遂命攻克潼关的崔乾祐暂留潼关,10天后,始命孙孝哲进兵长安。安禄山命搜捕唐留在长安的百官、宦者、宫女等,送往洛阳。
	李光弼、郭子仪闻知长安失守,遂撤兵井陉以西。
七月	太子于灵武即皇帝位,是为肃宗,尊玄宗为太上皇,改天宝十五载为至德元载。
	安禄山命孙孝哲杀霍国长公主(睿宗女)及王妃、驸马等以祭安庆宗。凡杨国忠、高力士之党以及安禄山素恶者皆杀之,共杀83人。又杀皇孙及郡、县主20余人。
	太上皇(玄宗)到达成都。史思明、蔡希德进攻九门(今河北正定东)失败。
八月	肃宗命郭子仪为武部(兵部)尚书、灵武长史,命李光弼为户部尚书、北都留守。二人都为宰相。
	史思明攻陷九门。
	史思明攻陷藁城(今河北藁城)。

九月		史思明先后攻陷赵郡（今河北赵县）、常山（今河北正定）
十月		史思明攻陷河间（今河北河间）、景城（今河北沧州西），又遣兵进攻平原，颜真卿力不从心，弃城渡河南走。史思明攻陷饶阳（今河北饶阳）。
十二月		安禄山遣军攻陷颍川（今河南许昌）。张巡与睢阳太守许远联合大破叛军。肃宗命张巡为河南节度副使。
至德二载正月（757）	55岁	安禄山被严庄、安庆绪、李猪儿等人所杀。史思明从博陵（今河北定县），蔡希德从太行山，高秀岩从大同（在今山西朔州东），牛廷介从范阳（今北京），共10万人，共同进攻太原（今山西太原）。李光弼守军不过万人，史思明等围攻月余不下，安禄山死后，安庆绪命史思明回范阳，留蔡希德继续围攻太原。张巡应许远之约，引兵入睢阳（今河南商丘）。张巡、许远以少胜多。初战获胜，杀叛军2万余

	人。
二月	郭子仪自洛交（今陕西富县）攻取河东（今山西永济西），叛军守将崔乾祐只身逃走。肃宗进至凤翔（今陕西凤翔），叛军游兵进至大和关（今陕西凤翔东），离凤翔仅50里。 安庆绪以史思明为范阳节度使。因为安禄山取得两京后，将长安、洛阳所得物资全都运到范阳。史思明既有地盘，又有财富，故而骄横不听安庆绪之命。 郭子仪使人袭击潼关，未能取胜。
四月	肃宗以郭子仪为天下兵马副元帅，使其统兵赴凤翔，保卫肃宗。
九月	郭子仪建议借回纥兵平叛，回纥怀仁可汗遣其子叶护带兵4000余人赴凤翔。唐军进至长安南香积寺（在今陕西长安南）北，大败叛军，收复京师。郭子仪引蕃、汉兵追叛军至潼关，连克华阴（治所在今陕西华县）、弘农（治所在今河南灵宝）二郡，关东献俘百余人。

	十月	叛军攻陷睢阳，张巡、许远至死不屈，虽粮尽矢绝，仍坚持到底。被俘毫无惧色。郭子仪率军继续东进，攻取陕州（治所在今河南陕县）。
		安庆绪放弃洛阳，退走河北，临走时杀害俘虏的唐将哥舒翰、程千里等30余人，许远被害于偃师（今河南偃师）。肃宗回到长安，居大明宫。安庆绪走保邺郡（即相州，治所在今河南安阳）
	十二月	太上皇（玄宗）回到长安，居兴庆宫。
		安庆绪认为史思明强大骄横，欲将其除掉，史思明看到安庆绪已到穷途末路，遂向唐投降，肃宗以史思明为归义王、范阳节度使。
乾元元年六月（758）	56岁（以下指史思明）	史思明又背离唐朝，继续进行叛乱。
	九月	肃宗命朔方郭子仪、淮西鲁炅、兴平李奂、滑濮许叔冀、镇西·北庭李嗣业、郑蔡季广琛、河南崔光远、河东李光弼、关内·泽潞王思礼等九节度使共同进攻安

		庆绪。九节度使之上不设元帅,没有人统一指挥,只有宦官鱼朝恩为观军容宣慰处置使。
十月		安庆绪向史思明求援,史思明发范阳兵13万救邺,但只是虚张声势,观望不进。
乾元二年正月(759)	57岁	史思明筑坛于魏州(治所在今河北大名北)城北,自称大圣燕王。
三月		唐军60万布阵于安阳河北,双方正在大战之际,大风忽起,吹沙拔木,咫尺不辨敌我,叛军向北溃退,唐军向南溃退,双方都有重大损失。唐军因无主帅,缺少统一指挥,更加混乱不堪。
		安庆绪、史思明互相猜忌,史思明诱杀安庆绪。原来安庆绪的兵众、地盘全归史思明所有。
		肃宗命郭子仪为东畿、山东、河东诸道元帅,权知东京留守。
四月		史思明自称大燕皇帝,改元顺天,立其妻辛氏为皇后,其子史朝义为怀王,改范阳为燕京。
七月		肃宗命郭子仪还京师,以李光弼代之为朔方节度使,天下兵马副元帅。
九月		史思明使其子史朝清守范阳,自

		己率军渡河而南。史思明先后攻取汴州（治所在今河南开封）、郑州，西向洛阳，李光弼放弃洛阳，移军河阳（今河南孟县）。
十月		史思明屡攻河阳，接连失败；李光弼多次智胜叛军，战功卓著。
十二月		史思明遣其将李归仁进攻陕州（今河南陕县），被唐军击败。
上元元年二月（760）	58岁	李光弼进攻怀州（今河南沁阳），大破叛军，杀敌3000人。
四月		李光弼于河阳又一次大败史思明，杀敌1500余人。
七月		宦官李辅国迫使玄宗（太上皇）迁居太极宫。
十一月		李光弼攻取怀州，生俘叛军将领安太清。
		史思明遣其将田承嗣进攻淮西（指淮南道西部），王同芝进攻陈州（治所在今河南淮阳），许敬江进攻兖郓（今山东兖州、郓城一带），薛鄂进攻曹州（治所在今山东菏泽南）。
上元二年二月（761）	59岁	李光弼被迫向史思明发动进攻，结果战败，死数千人。李光弼退守闻喜（今山西闻喜东北）。
三月		史朝义在鹿桥驿（在今河南洛

	宁）杀其父史思明。史朝义即皇帝位，改元显圣，同时，暗中使人到范阳杀其弟史朝清及朝清母辛氏等数十人。史朝义命李怀仙为范阳尹、燕京留守。
五月	肃宗以李光弼为河南副元帅、太尉兼侍中，都统河南、淮南东、淮南西、山南东、荆南、江南西、浙江东、浙江西八道行营节度，出镇临淮（今江苏盱眙）。
十一月	唐神策节度使卫伯玉进攻史朝义，夺取永宁（在今河南洛宁北）、渑池（今河南渑池）、福昌（在今河南宜阳西）、长水（在今河南洛宁西）等县。
宝应元年正月（762）	李光弼攻取许州（治所在今河南许昌），生俘史朝义的颍川太守李春；史朝义遣兵救援，又遭失败。
	唐政府因财政困难，租庸使元载认为江、淮一带民富，强征其8年租调，迫使人民聚山泽起义。
二月	太原、绛州（治所在今山西新绛）唐军先后发生兵变，肃宗更换当地节度使；又命郭子仪赴绛州处理遗留问题。

四月	太上皇（玄宗）去世，年78岁。肃宗去世，年52岁。代宗即位。
九月	代宗遣使要求回纥帮助唐军对史朝义作战。
十月	代宗命雍王李适为天下兵马元帅，仆固怀恩为副元帅，准备对史朝义作战。
	雍王李适至陕州，去拜见先期到陕州黄河北岸的回纥可汗。回纥可汗无端指责李适对他未行君臣大礼，并鞭打李适僚属药子昂、韦少华等，使李适受尽侮辱。
	唐军进至洛阳附近，经过激战，史朝义败退，唐军进据洛阳。史朝义东走郑州（今河南郑州），又被打败，再经汴州（今河南开封）北去濮州（今山东鄄城北）。回纥军入洛阳，大肆烧杀抢掠，将其抢掠的财富全都运往河阳（今河南孟县）。
十一月	史朝义从濮州北渡黄河，又被唐军追败于卫州（今河南卫辉）。
	史朝义的邺郡节度使薛嵩、恒阳节度使张忠志等，先后向唐投降。
	史朝义逃向贝州（今河北清河

	西），又与唐军大战于下博（在今河北深县东南），再遭失败。史朝义逃奔莫州（今河北任丘北），唐军仆固怀恩等追史朝义至莫州。
广德元年正月（763）	史朝义与唐军交战失败，选精锐骑兵5000前往范阳求援。当时，其范阳节度使李怀仙已经向唐投降，故而史朝义不能进入范阳。史朝义在众叛亲离之中，欲北走奚或契丹，但由于李怀仙穷追不舍，史朝义于走投无路之际，到温泉栅（在今河北唐山东北），自缢于林中。至此，以安禄山、史思明为首的叛乱最后结束。

后 记

按照规定，我于1994年离开了工作30多年的教学岗位，退休了。退休，是奉命休息，如果饱食终日，游手好闲，是无可非议的。但是，多年来养成的按时作息的习惯很难改变，长期培养的对史学工作的浓厚兴趣实在不忍心抛弃。所以，我还是一如既往，始终不渝地坚持原来的史学研究。特别值得庆幸的是，社会上的一些朋友、同行还没有视退休者为不下蛋的鸡，有米也不使其食之；而是从实际出发，给我安排了力所能及的任务。

退休后这几年中，我除过发表了一些论文外，还应上海古籍出版社之约，与杨希义先生共同撰写了《唐书》(《二十五史新编》之一)；又应人民出版社之约，撰写了《唐高祖传》(已被美国博库(Bookoo)公司推入因特网)；再受三秦出版社之约，写了这本《安禄山史思明评传》。完成这些任务，兴奋异常，既感到自己在社会上还可以发挥一个人的作用，不必与不下蛋的鸡同日而语；也使自己受到鞭策和鼓励，可以继续前进。

我的座右铭是："发愤忘食，乐以忘忧，不知老之将至云尔。"(《论语·述而》)年逾古稀，自然精力不足，但只要有这种精神，即使像老牛拉破车一样，行速极其缓慢，但总是在前进之中。

我回想起这本小书的写作过程，得到不少友人的帮助，马驰、魏全瑞、刘志清、王双怀、贾云、任士英等同志，有的提出了很好的建议，有的提供了资料、照片或图片，都在不同方面为这本书的完成发挥了作用。当今天重印此书之际，写完后记的最后一个字，画上句号的时候，我不能不感到以上诸位同志和我一样，都是这本书的完成者。当然，其中的缺点或错误是应当由我负责的。

　　现今在新冠疫情仍然影响人类健康生活的情形之下，出版社能够重印我的这部旧作，我内心是十分欣慰的！

2020年10月1日

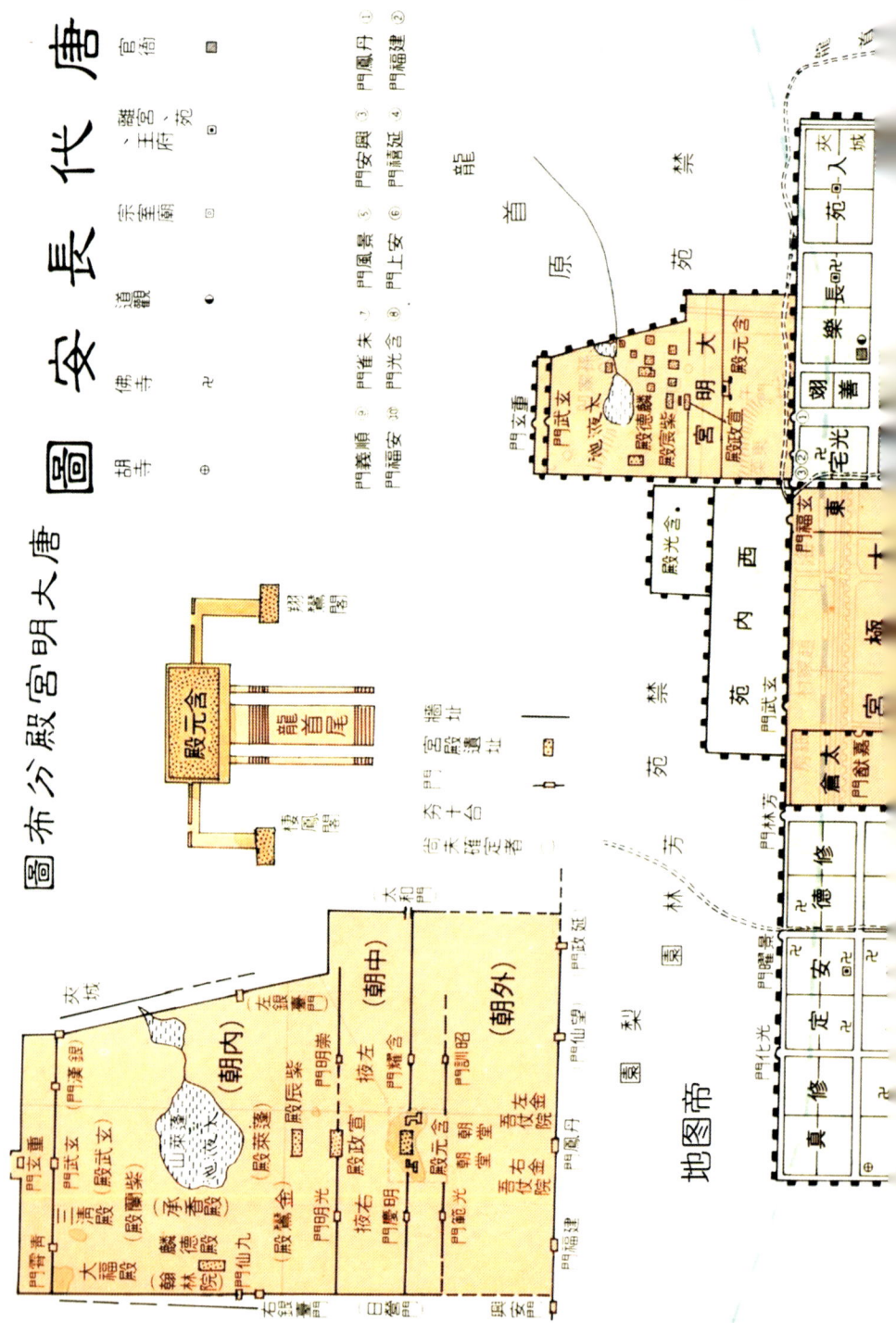